中宣部2022年主题出版重点出版物

"十四五"国家重点图书出版规划项目

纪录小康工程

全面建成小康社会

山东变迁志

SHANDONG BIANQIANZHI

本书编写组

山东人民出版社

责任编辑：谭　天
封面设计：石笑梦
版式设计：王欢欢

图书在版编目（CIP）数据

全面建成小康社会山东变迁志／本书编写组编著 . — 济南：山东人民出版社，
　2022.10

　（"纪录小康工程"地方丛书）

　ISBN 978 - 7 - 209 - 13802 - 4

I.①全…　II.①本…　III.①小康建设 - 成就 - 山东　IV.① F124.7

中国版本图书馆 CIP 数据核字（2022）第 071537 号

全面建成小康社会山东变迁志

QUANMIAN JIANCHENG XIAOKANG SHEHUI SHANDONG BIANQIANZHI

本书编写组

山东人民出版社出版发行

（250003　济南市市中区舜耕路 517 号）

山东临沂新华印刷物流集团有限责任公司印刷　新华书店经销

2022 年 10 月第 1 版　2022 年 10 月济南第 1 次印刷

开本：710 毫米 ×1000 毫米 1/16　印张：27.75

字数：350 千字

ISBN 978 - 7 - 209 - 13802 - 4　定价：97.00 元

邮购地址 250003　济南市市中区舜耕路 517 号

山东人民出版社市场部　电话：(0531) 82098027

总　序

为民族复兴修史　为伟大时代立传

　　小康，是中华民族孜孜以求的梦想和夙愿。千百年来，中国人民一直对小康怀有割舍不断的情愫，祖祖辈辈为过上幸福美好生活劳苦奋斗。"民亦劳止，汔可小康""久困于穷，冀以小康""安得广厦千万间，大庇天下寒士俱欢颜"……都寄托着中国人民对小康社会的恒久期盼。然而，这些朴素而美好的愿望在历史上却从来没有变成现实。中国共产党自成立那天起，就把为中国人民谋幸福、为中华民族谋复兴作为初心使命，团结带领亿万中国人民拼搏奋斗，为过上幸福生活胼手胝足、砥砺前行。夺取新民主主义革命伟大胜利，完成社会主义革命和推进社会主义建设，进行改革开放和社会主义现代化建设，开创中国特色社会主义新时代，经过百年不懈奋斗，无数中国人摆脱贫困，过上衣食无忧的好日子。

　　特别是党的十八大以来，以习近平同志为核心的党中央统揽中华民族伟大复兴战略全局和世界百年未有之大变局，团结带领全党全国各族人民统筹推进"五位一体"总体布局、协调推进"四个全面"战略布局，万众一心战贫困、促改革、抗疫情、谋发展，党和国家事业取得历史性成就、发生历史性变革。在庆祝中国共产党成立100周年大会上，习近平总书记庄严宣告："经过全党全国各族人民持续奋斗，我们实现了第一个百年奋斗目标，在中华大地上全面建成了小康社会，历史性地解决了绝对贫困问题，正在意气风发向着全面建成社会主义现代化强国的第二个百年奋斗目标迈进。"

这是中华民族、中国人民、中国共产党的伟大光荣！这是百姓的福祉、国家的进步、民族的骄傲！

全面小康，让梦想的阳光照进现实、照亮生活。从推翻"三座大山"到"人民当家作主"，从"小康之家"到"小康社会"，从"总体小康"到"全面小康"，从"全面建设"到"全面建成"，中国人民牢牢把命运掌握在自己手上，人民群众的生活越来越红火。"人民对美好生活的向往，就是我们的奋斗目标。"在习近平总书记坚强领导、亲自指挥下，我国脱贫攻坚取得重大历史性成就，现行标准下9899万农村贫困人口全部脱贫，建成世界上规模最大的社会保障体系，居民人均预期寿命提高到78.2岁，人民精神文化生活极大丰富，生态环境得到明显改善，公平正义的阳光普照大地。今天的中国人民，生活殷实、安居乐业，获得感、幸福感、安全感显著增强，道路自信、理论自信、制度自信、文化自信更加坚定，对创造更加美好的生活充满信心。

全面小康，让社会主义中国焕发出蓬勃生机活力。经过长期努力特别是党的十八大以来伟大实践，我国经济实力、科技实力、国防实力、综合国力跃上新的大台阶，成为世界第二大经济体、第一大工业国、第一大货物贸易国、第一大外汇储备国，国内生产总值从 1952 年的 679 亿元跃升至 2021 年的 114 万亿元，人均国内生产总值从 1952 年的几十美元跃升至 2021 年的超过 1.2 万美元。把握新发展阶段、贯彻新发展理念、构建新发展格局、推动高质量发展，全面建设社会主义现代化国家，我们的物质基础、制度基础更加坚实、更加牢靠。全面建成小康社会的伟大成就充分说明，在中华大地上生气勃勃的创造性的社会主义实践造福了人民、改变了中国、影响了时代，世界范围内社会主义和资本主义两种社会制度的历史演进及其较量发生了有利于社会主义的重大转变，社会主义制度优势得到极大彰显，中国特色社会主义道路越走越宽广。

全面小康，让中华民族自信自强屹立于世界民族之林。中华民族有五千多年的文明历史，创造了灿烂的中华文明，为人类文明进步作出了卓越贡献。近代以来，中华民族遭受的苦难之重、付出的牺牲之大，世所罕见。中国共产党带领中国人民从沉沦中觉醒、从灾难中奋起，前赴后继、百折不挠，战胜各种艰难险阻，取得一个个伟大胜利，创造一个个发展奇迹，用鲜血和汗水书写了中华民族几千年历史上最恢宏的史诗。全面建成小康社会，见证了中华民族强大的创造力、坚韧力、爆发力，见证了中华民族自信自强、守正创新精神气质的锻造与激扬，实现中华民族伟大复兴有了更为主动的精神力量，进入不可逆转的历史进程。今天，我们比历史上任何时期都更接近、更有信心和能力实现中华民族伟大复兴的目标，中国人民的志气、骨气、底气极大增强，奋进新征程、建功新时代有着前所未有的历史主动精神、历史创造精神。

全面小康，在人类社会发展史上写就了不可磨灭的光辉篇章。中华民族素有和合共生、兼济天下的价值追求，中国共产党立志于为人类谋进步、为世界谋大同。中国的发展，使世界五分之一的人口整体摆脱贫困，提前十年实现联合国2030年可持续发展议程确定的目标，谱写了彪炳世界发展史的减贫奇迹，创造了中国式现代化道路与人类文明新形态。这份光荣的胜利，属于中国，也属于世界。事实雄辩地证明，人类通往美好生活的道路不止一条，各国实现现代化的道路不止一条。全面建成小康社会的中国，始终站在历史正确的一边，站在人类进步的一边，国际影响力、感召力、塑造力显著提升，负责任大国形象充分彰显，以更加开放包容的姿态拥抱世界，必将为推动构建人类命运共同体、弘扬全人类共同价值、建设更加美好的世界作出新的更大贡献。

回望全面建成小康社会的历史，伟大历程何其艰苦卓绝，伟大胜利何其光辉炳耀，伟大精神何其气壮山河！

这是中华民族发展史上矗立起的又一座历史丰碑、精神丰碑！这座丰碑，凝结着中国共产党人矢志不渝的坚持坚守、博大深沉的情怀胸襟，辉映着科学理论的思想穿透力、时代引领力、实践推动力，镌刻着中国人民的奋发奋斗、牺牲奉献，彰显着中国特色社会主义制度的强大生命力、显著优越性。

因为感动，所以纪录；因为壮丽，所以丰厚。恢宏的历史伟业，必将留下深沉的历史印记，竖起闪耀的历史地标。

中央宣传部牵头，中央有关部门和宣传文化单位，省、市、县各级宣传部门共同参与组织实施"纪录小康工程"，以为民族复兴修史、为伟大时代立传为宗旨，以"存史资政、教化育人"为目的，形成了数据库、大事记、系列丛书和主题纪录片4方面主要成果。目前已建成内容全面、分类有序的4级数据库，编纂完成各级各类全面小康、脱贫攻坚大事记，出版"纪录小康工程"丛书，摄制完成纪录片《纪录小康》。

"纪录小康工程"丛书包括中央系列和地方系列。中央系列分为"擘画领航""经天纬地""航海梯山""踔厉奋发""彪炳史册"5个主题，由中央有关部门精选内容组织编撰；地方系列分为"全景录""大事记""变迁志""奋斗者""影像记"5个板块，由各省（区、市）和新疆生产建设兵团结合各地实际情况推出主题图书。丛书忠实纪录习近平总书记的小康情怀、扶贫足迹，反映党中央关于全面建成小康社会重大决策、重大部署的历史过程，展现通过不懈奋斗取得全面建成小康社会伟大胜利的光辉历程，讲述在决战脱贫攻坚、决胜全面小康进程中涌现的先进个人、先进集体和典型事迹，揭示辉煌成就和历史巨变背后的制度优势和经验启示。这是对全面建成小康社会伟大成就的历史巡礼，是对中国共产党和中国人民奋斗精神的深情礼赞。

历史昭示未来，明天更加美好。全面建成小康社会，带给中国人民的是温暖、是力量、是坚定、是信心。让我们时时回望小康历程，深入学习贯彻习近平新时代中国特色社会主义思想，深刻理解中国共产党为什么能、马克思主义为什么行、中国特色社会主义为什么好，深刻把握"两个确立"的决定性意义，增强"四个意识"、坚定"四个自信"、做到"两个维护"，以坚如磐石的定力、敢打必胜的信念，集中精力办好自己的事情，向着实现第二个百年奋斗目标、创造中国人民更加幸福美好生活勇毅前行。

目　录

一、就业创业篇

近年来，山东深入学习贯彻习近平新时代中国特色社会主义思想，全面贯彻党中央、国务院决策部署，大力实施就业优先战略和更加积极的就业政策，不断健全完善促进就业的政策法规体系、公共服务体系、职业培训体系、就业援助体系、目标责任考核体系，全力保持全省就业局势稳定。全省城镇新增就业每年保持在 110 万人以上，2021 年达到 124.2 万人，占全国十分之一左右，超额完成年度目标任务；城镇登记失业率持续控制在 4% 以内，城镇调查失业率保持在 5.5% 左右，2021 年城镇调查失业率持续控制在 5.5% 以内，回落至疫情前水平；高校毕业生毕业去向落实率保持在 90% 以上，农民工总量达到 2300 多万人。2021 年，全省共发放创业担保贷款 10.97 万笔、225.66 亿元，发放创业担保贷款总量和增量连续两年保持全国第一。2021 年，全省共开展职业技能培训 322.96 万人次。2021 年，共审核通过以工代训职业培训补贴 18.97 亿元，惠及企业 5.3 万家，涉及企业职工 147.07 万人。2021 年，累计组织举办线上线下各类招聘活动 6950 场次，组织 21.1 万家企业参加招聘活动，累计提供就业岗位 379.6 万个。习近平总书记在视察山东时，对黄河滩区迁建居民就业工作给予充分肯定。我省就业工作先后两次受到国务院表扬激励，以工代训、"稳就业 24 条"等政策举措得到中央领导批示肯定，创业大学建设、稳就业组合拳等工作做法先后入选国务院大督查发现典型经验做法，高校毕业生就业、创业担保贷款、稳岗留工等多项工作在国务院和有关部委工作会议上介绍经验。

"扶贫车间"里的故事：全国首创，近 3500 个"车间"建到家门口

一间间小小的"扶贫车间"，五年间，从山东走向了全国。

作为一个劳动力大省，近年来，山东坚持把就业作为脱贫济困的长效措施。在全国创新打造"扶贫车间""劳务扶贫合作社"等一系列就地就近就业扶贫模式，为就业扶贫提供了"新样本"。五年来，全省共建成"扶贫车间"3437 家，累计吸纳贫困人口就业 7.1 万人次。

从一个市到遍布全省，"扶贫车间"里的山东故事，担起了许多人的生计与幸福，也为全省乃至全国开发式扶贫蹚出了新路，创造了经验。

建在家门口的"扶贫车间"

70 岁的杨银亭，家住菏泽市定陶区天中街道办事处南城社区。每天，他都和老伴李庆芳到离家仅 1 公里的种植专业合作社"扶贫车间"上班，工作说来也简单，老两口只需给食用菌削根。

在"扶贫车间"内，工人挑剪菌菇，一派繁忙景象；一旁整齐排列的温室大棚内，鸡枞菌、羊肚菌、赤松茸等各种菌菇"扎堆"疯长。在特色产业的带动下，群众稳定增收。

　　载满蘑菇的物流车辆不时驶出合作社,食用菌坐上飞机销往北京、上海等各大城市。

　　"菌菇订单已经排到春节后,'扶贫车间'24小时不断电,因为要出货,白天晚上都有工人在干活儿,车间的利用率非常高。"合作社负责销售的马周说。

　　"农户只要一心一意种蘑菇,就能走上小康路。"当年,合作社负责人马化彬说这话时,大部分群众听了心里却打着退堂鼓。

　　2015年,马化彬牵头成立茗嘉兴农作物种植专业合作社。次年建成食用菌示范棚100个及"扶贫车间"一座,主要从事灵芝、平菇、毛木耳、鸡枞菌的栽培和菌菇的分拣加工。

茗嘉兴鸡枞菌加工车间

短短几年过去，合作社越做越大，带动贫困户就业，兜底种植户利益，共帮扶 22 个村、536 户贫困户脱贫致富，走出了一条特色产业振兴之路。

一条条小藤条，在编制工的手里上下翻飞，左右穿插，犹如注入了生命，这些编制工是来自菏泽市鄄城县箕山镇箕山村的贫困户、留守妇女及老人，他们正用精湛的技艺，编制着脱贫致富之路。

正是这些藤条，让在外闯荡的菏泽人赵希贵与家乡的"扶贫车间"结下了不解之缘。赵希贵早年到江浙一带打工，十几年打拼，他攒下了一些积蓄，也把藤编行业上上下下的门道摸了个清。有着家乡情结的赵希贵一直想把藤编产业引回老家，经过一番考察，他决定从江浙的工厂接订单，然后在老家进行创业。

回到家乡后，赵希贵生意越做越大，接到的订单也越来越多，经验和技术都有了，唯独缺的就是资金和厂房。

2017 年，扶贫车间开始在当地大面积复制推广。据菏泽市扶贫开发办公室副主任李玉如介绍，为发展壮大扶贫车间，政府出台了一系列政策，如优先选址、减免租金等。

依托扶贫车间，赵希贵的厂房规模扩大了、吸收的劳动力变多了、凝聚力变强了，客户更加认可他了，赵希贵原先的一些小想法也慢慢实现了。据了解，赵希贵的藤编厂，现在有 8 个扶贫车间，60 多个加工点，3000 多名工人，顺利带动了 300 多名滩区居民脱贫。

马化彬、赵希贵的"扶贫车间"仅仅是菏泽打造扶贫车间的一个缩影。

近年来，菏泽首创性地一步步立足当地产业优势，引导企业把加工车间建在村里，吸引贫困群众、留守妇女到车间打工挣钱，被群众称为"扶贫车间"。

这之后，菏泽还不断探索"扶贫车间"的转型升级模式，逐步把原材料生产、加工、包装、销售、物流、电商等凝聚在"扶贫车间",形成全产业链,实现从车间到工厂,再到工业集聚区的转型。

如今,菏泽建成、运营扶贫车间超过 3100 个,安置带动了超过38 万名群众在家门口就业。

全国首创 "扶贫车间" 模式唱响全国

菏泽的"扶贫车间"故事,正是山东就业扶贫的一个缩影,也给山东的就业扶贫打开了一扇"创新之窗"。很快,山东省人力资源和社会保障厅总结提炼菏泽鄄城县的扶贫经验,在全国最早提出"就业扶贫车间"模式,帮助劳动能力偏弱、无法外出务工的贫困人口在家门口就业,实现"挣钱顾家两不误"。

泰安、临沂、济南……从那以后,山东多地建起了"扶贫车间",在全国引起了关注。

"这个厂实行的是计件工资,我在这里每月都能赚 2000 元以上。在这里上班离家近,骑着电动车就来了,农忙时还可以帮帮家里,比在外面一个月挣 3000 多元还强。"在临沂市沂南县蒲汪镇的"扶贫车间"里,当地村民刘世玲感慨地说。

刘世玲介绍,她所在的这家工厂是一家工艺品公司,公司租赁了当地的"扶贫车间"搞玩具加工,帮助 70 多名村民实现了就近就业,其中贫困群众占了三分之一。

"扶贫车间就是要把工作送到群众的家门口,让贫困人口实现就地就近、离土不离乡就业。同时,将适宜分散加工的产品如玩具、制鞋等半成品加工延伸入户,推进居家就业,解决了贫困人口难以离家

就业扶贫车间工人正在生产中国结

的困难，使得厅堂变车间，足不出户就实现了就业增收。"沂南县扶贫办主任付启华说。

在刘世玲所在工厂的几十千米外，沂南县双堠镇佛住村的一个扶贫车间也成了村集体增收、贫困户脱贫的好地方。走进车间，120个煎饼鏊子整齐地排列成三排，30余位身穿白色工作服、头戴一次性卫生帽的大嫂有序地忙着手中的活儿。

由于交通闭塞，基础设施落后，该村被评为省定重点贫困村，村里97户168名贫困人口如何摆脱贫困、摘掉贫穷的帽子，一度让县、镇、村三级扶贫干部头疼。给钱给物式的"输血"扶贫，永远解决不了当地的贫穷景象。

2016年，双堠镇扶贫办立足实际，协调使用产业扶贫资金11.584万元，将1500平方米的村办公场所建为扶贫车间，为当地的贫困群众定制了"授人以渔"式的"造血"脱贫方案。现如今，这个扶贫车间一方面通过带动就业帮助村内及周边村 40 余人共同致富，另一方面通过将收取的 1.4 万元承租费进行项目分红，使 14 户贫困户直接收益。

在家门口就业，挣钱顾家两不误，这样的"扶贫车间"的故事在山东各地唱响。五年来，山东全省共建成"扶贫车间"3437 家，累计吸纳贫困人口就业 7.1 万人次。"扶贫车间"模式被纳入中央政治局集体学习的精准扶贫案例之中。

近年来，山东省人社厅在就业扶贫中，既注重"输血"，更注重"造血"，有序推进就业扶贫、技能扶贫、社保扶贫、人才扶贫的工作布局，为决战决胜脱贫攻坚贡献了人社力量，彰显了人社担当。

如今，脱贫攻坚任务早已完成，"车间"里的山东扶贫故事仍留在人们心中。未来，这些车间或许将变成更多的"幸福车间"，助力"乡村振兴"。

从"马路市场"到"零工之家"，全面推进零工市场高质量发展

2022年3月2日，周胜春一早就来到临沂市零工市场等活儿。

大厅里的电子屏幕上，每隔半小时就会刷新用工信息。零工市场里，餐饮、超市、休息室等一应俱全，让他颇有归属感。喝完一杯热水的工夫，零工市场就帮他对接到了一个管道工程的活儿。"挺方便！解决了我们匹配难、吃住难、交通难、维权难的问题，让我们这些漂泊多年的务工人员有了从未有过的归属感！"周胜春说。

就业是最大的民生。近年来，随着互联网不断发展，灵活就业人数不断增加，这种就业方式激发了劳动者的创业活力和创新潜能，成为吸纳就业的"蓄水池"。为更好保障零工群体就业，山东省创新工作思路，加快推进零工市场建设，让零工者有了歇脚地，给用工方吃了"定心丸"，带动了更多群众就业增收。

"规范布局＋提升效能"高品质提升零工市场

周胜春至今对多年前在马路边找零活儿的情景记忆犹新。"早上四五点就要到马路上去'抢'活儿。会一点技术的就举着牌子，不会技术的就拿着铁锹、扫帚蹲在路边等，风吹雨淋是常有的事。"周胜

零工正在零工市场求职招聘信息栏查看企业招聘信息

春说，最麻烦的是有的时候干了活，还拿不到钱。

为破解零工市场散、乱、服务能力低等问题，2022年1月，山东省人力资源和社会保障厅等七部门在深入调研基础上，联合印发《关于支持推进零工市场高质量发展的实施意见》，从方便劳动者就业增收出发，围绕规范布局建设、提升服务能力、促进健康发展、落实扶持政策、加强组织保障等五大方面，制定了14条措施，全面加强零工市场建设。

山东省公共就业人才服务中心市场服务处有关负责人表示，零工市场既要因地制宜、合理布局，又要灵活高效、优化服务。通过深入摸排全省零工市场数量、基本现状及动态变化情况，结合城乡建设发展规划，选择交通便利、求职人员集中的地点设立零工市场。同时，完善功能设施，优化洽谈交易、遮风避雨、规范停车、秩序维护等基础功能，提升服务能力。

在探索发展过程中，山东逐步形成了两类模式，实现了市、县两个层级布局。第一类是综合服务中心模式，在济南、青岛等灵活就业劳动力集中输入输出地，建设综合性农民工服务中心，提供招工、就业、维权等一揽子服务。第二类是零工市场模式，在吸纳灵活就业劳动力较多的县（市、区），建设公益性零工市场，实现零工市场"退路进院"。目前，潍坊已建成 7 处功能齐全、配套完善、运行高效的"零工客栈"，日均服务 4000 余人次；临沂建设了 9 所零工市场，实现了县区全覆盖。

不求"大而全"，重在"小而精"，是山东零工市场的显著特点。在济南、青岛、潍坊等地的零工市场，大厅宽敞明亮，窗口一应俱全，智慧平台实现"云端"求职，跨区域输出助力外出务工……零工市场由马路边散、乱、差的存在状态，摇身一变，换了模样，变了气质。

"全链条服务＋精准对接"当好贴心"店小二"

服务单一、质量不高，难以有效满足灵活就业人员需求，是制约零工市场高质量发展的一大瓶颈。山东打破部门界限，推动各类公共服务事项进驻零工市场，全面提升零工市场服务功能。

济南市外来务工人员（农民工）综合服务中心承载了数以万计的来济务工人员的梦想，被农民工朋友称为他们的第二个"家"。这里整合人社、住建、司法等二十一个职能部门力量集中办公，为灵活就业人员提供求职招聘、劳动维权、法律援助、住房保障、子女教育、户籍管理咨询、社会保障、培训咨询、技能鉴定等"一揽子"服务，受到了务工者的广泛好评。

2022 年 2 月份，临沂市河东区的吴晓玲拿着《育婴师结业证》喜不自禁："很庆幸参加了育婴师培训班！学到了真本领，我对重新找工作充满信心！"近期，零工市场联系组织的为期 7 天的育婴师培训班相继开班，一大批失地农民、下岗工人等灵活就业人员拥有了就业新技能。

在全面规范提升线下零工市场的基础上，山东深入发展线上零工市场，推动建立零工求职登记和用工需求信息库，利用大数据对工种、技术、工作时间等信息进行筛选匹配，制发零工市场"电子地图"，完善共享用工余缺调剂平台，实现"岗位找人"、供求有效对接。

"动动手指、刷刷手机，我就找到了雇主。"高密的焊工师傅刘杰说。潍坊高密零工市场创新服务模式，专门开发了微信小程序"打工宝"，用户登记后，系统会根据其个人信息精准推送岗位信息，实现务工人员与就业市场的无缝衔接，随时随地满足零工群体求职需求。

"搭建供需对接平台、促进人岗精准匹配，是就业服务的重要内容。"山东省公共就业和人才服务中心负责人表示，人性化、规范化、高效化打造"零工之家"，既是广开就业门路的重要渠道，也是缓解招工难题的有效途径。2022 年底前，山东各县（市、区）将至少规范发展一家公益性质的零工市场，为灵活就业人员免费提供基本公益服务。

"政策帮扶＋权益保障"增强群众获得感

灵活就业人数日益增多，挖掘灵活就业的空间、增强其韧性更显必要。山东省创新就业补贴政策，将灵活就业人员纳入社会保险补贴、一次性创业补贴、职业培训补贴、创业担保贷款等补贴范围，在

高密市零工客栈

全国首创灵活就业意外伤害保险补贴，全面增强灵活就业人员的获得感、安全感、幸福感。

"潍坊市奎文区人社部门为'零工客栈'设计了小程序，为零工和用工者提供即时自动生成劳务合同、购买意外伤害保险等周到服务，让我们用工双方合法权益保障有载体。"潍坊新世界装修装饰工程有限公司总经理宿良瑞说，立体式的权益保障，不仅让零工们暖了心，也让我们企业用工很放心。

"短、平、快"，是零工市场多年存在的直接原因。雇佣时间和劳动量不固定、无规律，给零工们带来自由、便利的同时，也容易导致其权益保障的缺失。山东强化零工权益保障，指导督促零工市场依法开展招工用工服务，依法严厉打击恶意欠薪等违法行为，保障劳动者合法权益；同时，依托各类零工市场，提供维权服务，确保务工人员权益得到有效保障。

"自从有了这个服务中心，我们务工人员找活儿有底气了，用工价格越来越透明了，务工市场越来越规范了，我们务工人员收入和权益更有保障了，生活也更加有奔头了。"青岛市城阳区农民工综合服务中心的务工人员韩明房说。规范化的零工市场让灵活就业者有了归属感、安全感、舒适感。

零工微服务，就业大文章。在场所蜕变和服务升级的背后，是技术含量的提升、服务资源的整合、规范化标准化建设的推进，是山东紧扣时代脉搏，创新方式方法，全力稳就业、保就业的决心和实践。山东省人力资源和社会保障厅主要负责同志表示，人社部门将把零工市场建设作为"我为群众办实事"的重要载体，作为提高就业质量的重要举措，紧贴市场需求，紧贴劳动者诉求，创新思路举措，推动零工市场高质量发展，托稳托牢托好零工群体就业。

返乡创业的山东"棚二代"：
从繁华都市回家乡，成为乡村振兴生力军

乡村振兴，人才先行。近年来，在山东各地，"棚二代"返乡创业成为热潮。无论是沿海的"中国蔬菜之乡"寿光，还是地处山东西部的聊城耿店村等地，一批批曾在城市打拼的年轻人，毅然决定返乡创业。

如今，山东的"棚二代"们在全国闯出了名气，订单纷纷"飞"来，产品热销全国。他们逐渐成为当地乡村振兴生力军，有的成为全国年轻人创新创业的典型。

为何众多年轻人离开繁华城市，返回家乡创业？事实上，山东这片广阔的土地，早已为他们的创新、创业准备好了平台和机遇。从他们返乡的那一刻起，就注定了这批脑子活、眼界广、敢做致富路上追梦人的"棚二代"们，将成为乡村振兴生力军，为乡村发展带来更多活力、更大动力。

"棚二代"辞职回乡　建起 21 个大棚，年入百万

在山东省聊城市茌平区耿店村的蔬菜大棚内，一棵棵新品辣椒长势喜人，怒放的白色小花，惹人注目。望着这些绿意盎然的小辣椒，

耿店村温室大棚航拍图

30多岁的耿店村民耿付征有了底气："今年还是一个丰收年。"

一口气包下三个温室大棚的耿付征，是耿店村100多个返乡创业的年轻人之一。这些年轻人，有"70后""80后"和"90后"，他们有文化、有见识、懂技术，善于将新成果种到地里，利用新技术卖出去……在官方文件中，他们有个统一的名字——"棚二代"。

在耿店村返乡青年创业园里，30多岁的曹有忠正在和外地客商洽谈发货事宜，曹有忠肤色黝黑，利索地摘青椒、分品类，乍一看就是地地道道的庄稼人。别看他现在种大棚有模有样，作为村里为数不多的大学生，回来种大棚，可不是件容易事儿。曾在湖南上学的曹有忠当初决定返乡，也曾遭到家人反对，但他毅然回乡，经过一番实干，最终利用淘宝店、拼多多等线上销售方式，把村里的果蔬卖到了全国。

在耿店村，越来越多像耿付征、曹有忠这样的"棚二代"回乡创业，他们既成就了产业，也成就了自己。村民任传华曾在北京、天津等地打工，现在一人种了 21 个大棚，年收入过百万元；耿付建 9 年前回村建了 5 个大棚，平均下来每年都能净赚 10 多万元，赶上行情好的年份，一年能赚 20 多万元……"棚二代"耿立财说，他们这一代人种棚，已经与上一代不一样了。

"敢闯敢试，才有了耿店的今天。时代在发展，未来的农村属于年轻人。"耿店村党支部书记耿遵珠说，耿店村现有的蔬菜产业，为年轻人创业提供了优质平台。他一直鼓励年轻人要靠脑子挣钱，做敢想敢干、敢闯敢试的耿店人。

在茌平区扶贫办党组书记张金涛看来，耿店村蔬菜产业崛起，带头人耿遵珠以身作则，"棚二代"回流是关键因素，但其将"五根指头"攥成"一个拳头"的致富模式也值得关注。正因为有了耿店产前、产中、产后的一体化服务平台，越来越多的"棚二代"带着"棚媳妇""棚女婿"回村创业。"棚二代"，新技术，重品牌，这三大关键词使得耿店蔬菜畅销市场，并收获了"鲁西小寿光"的美誉。

耿店村年轻人返乡创业的故事，正是山东返乡"棚二代"们的一个缩影。

正如耿遵珠所说，乡村振兴是一出大戏，戏好要靠唱戏人，我们就是要紧紧抓住"唱戏人"。如今的山东"棚二代"脑子活、眼界广，敢做致富路上的追梦人，相信他们会为乡村发展带来更多活力、更大动力。

年轻人带回新科技 "棚二代"的地里结出"智慧果"

在山东，越来越多的"棚二代"开始返乡创业。

事实上，年轻人回乡，不仅意味着更多人才"回家"了，更意味着新的科技和智慧跟着他们一起返乡。

上午 9 点，王聪轻轻摁下遥控器，大棚外的卷帘自动升起，2 亩多地的茄子棚里顿时亮了起来。虽然正值销售旺季，但王聪两口子每天只需忙活 4 个多小时。

"90 后"王聪是山东省寿光市孙家集街道三元朱村人。"我这是第五代棚，足够用了，别人还有更高级的呢。"王聪说。他扯了扯绳子，放风口展开，新鲜空气涌入棚中。

寿光被誉为"中国蔬菜之乡"，全年蔬菜种植面积 60 万亩，年产量 450 万吨，是我国冬暖式蔬菜大棚的发源地。1989 年，三元朱村人用麦穰和泥夯筑成第一代棚。王聪的父亲就是最早种棚的人之一，但在王聪的记忆里，父亲种棚时格外忙。"父辈种棚全靠出大力，用铁锹翻地得干一个多星期，摘下来的黄瓜还得一筐筐背到棚外，一筐就是 100 多斤，汗一身一身地出，经常累得腰酸背痛。"他说。

随着大棚的升级迭代，种棚已不再像过去那样只用蛮力。2016 年，从青岛理工大学毕业的王聪不顾父亲反对，辞掉了城里的工作，和妻子回到家乡，当起了"棚二代"。"父亲就想让我去城里，但我觉得种棚不丢人，好好干肯定有出息。"他说。

王聪先后花费 10 万元给"老棚"安装自动卷帘机、喷灌设备、自动打药机等，用钢筋加固棚体，并将棚顶的被褥、草帘升级为专业的防雨雪棉被。在大棚入口处，一辆电动小推车十分惹眼。王聪说："这是我花 600 块钱组装的'运菜机'，运菜再也不用肩挑手提咯。"他的大棚变"聪明"了。不仅如此，与父辈种棚只追求产量不同，王聪两口子更看重质量。王聪的妻子董俊艳说："茄子生长的时候，一株保留两个枝蔓，能有效保证茄子的质量和口感，每斤还能多卖点钱。"

2021 年，王聪两口子年收入 20 多万元，是父亲当年收入的数倍，父亲常感叹"孩子们'耍着玩'就把棚种了"。

三元朱村党支部委员王岩涛说:"回乡发展蔬菜产业的年轻人越来越多,村里专门请技术人员全程帮扶,还给予资金支持,眼看着地里就结出了'智慧果'。"

如今,三元朱村的千亩地里"长"着200多个"聪明棚",菜农们通过接受专业的现场培训、观看讲座、网络咨询等方式学会了用"巧劲儿",村里还有人搞起了农家乐、采摘园,村集体年收入超百万元。

新的一年,王聪计划去高端蔬菜大棚"取取经",争取创造更高的收益,而他的父亲也没"退休",他去了新疆喀什,帮助当地农民种植蔬菜。

山东返乡"棚二代"王立超也是寿光人,老家在潍坊寿光田柳镇闫家庄子村。每年春天一到,在王立超的种业公司,每个育苗棚内都绿意浓浓。

"我们公司的主打产品是大刺瘤旱黄瓜苗,年产销1000多万株。"见到王立超时,他正蹲在育苗棚里查看育苗穴情。"苗好三成收,秧好一半功。以前,亲朋好友想买到好苗子,并不像现在这样方便,所以我就想专门研究种苗培育,为乡亲们提供方便。"王立超说。

出生在农村的王立超,在大学时期就对农业十分感兴趣,课余时间,他经常去旁听学校的农学课程。每当有农业方面的培训、讲座,他也会尽量参加。

近年来,针对农业生产,市、镇、村都有优惠政策,不少年轻人回到农村从事农业生产或选择个人创业,这给了他十足的信心。深思熟虑之后,王立超向公司递交了辞职信,决定回到农村创业。2016年,王立超投资200万元创建了自己的育苗公司。

"那时候,苗场有3个高温棚和1个4000余平方米的智能温室。"起初对于育苗等技术,王立超也不是很懂。"聘技术员的成本很高,

寿光"棚二代"王立超

第一年忙下来，除去技术员的薪酬，几乎没有什么利润。"不服输的王立超下定决心，要自己学习育苗知识，不能被技术卡住公司发展的"喉咙"。聪明好学的他，在当地找专家求教，外出参加育苗培训，不断总结经验，终于在2017年下半年，他"学业有成"，公司业务几乎不再需要技术员指导了。

"做农业确实辛苦，又脏又累，特别是育苗，每年7月至次年3月，几乎是天天连轴转，遇到雨雪天，更是一刻也不敢歇。"虽然工作很累，但是王立超无怨无悔。"当初我返乡时的心愿，就是让咱们寿光的菜农用上我育出的好苗子，现在我的心愿实现了。"王立超笑着说，如今他的公司育出的苗子被菜农们争相采购，颇受市场欢迎。

一年又一年，山东返乡创业青年年年增多，逐渐成为一股热潮，山东也涌现了越来越多的返乡创业典型。

事实上，无论是"中国蔬菜之乡"寿光的返乡大学生王聪、王立超，还是聊城耿店村100多位返乡创业的年轻人，他们决定从繁华都市回家乡之前就深知，山东这片广阔的大地，早已为他们的创新、创业准备好了平台和机遇。从返乡的那一刻起，就注定了他们这批脑子活、眼界广，敢做致富路上追梦人的"棚二代"们，将成为乡村振兴的生力军，为乡村发展带来更多活力、更大动力。

农民就业记：政府搭台，家门口端起"金饭碗"

在村里开网店月销售额上千万、在家门口的鞋厂就能上班……在山东，有一批手捧"金饭碗"的农民，他们不用千里奔波外出打工，仅在家门口，就能就业、创业，有的人还能月售千万。

这样的"金饭碗"故事是如何发生的？近年来，山东大力实施就业优先战略和更加积极的就业政策，不断健全完善促进就业的政策法规体系、公共服务体系、职业培训体系、就业援助体系、目标责任考核体系，全力保持全省就业局势稳定。

2021年，山东城镇新增就业124.2万人，超额完成年度110万人的目标任务，城镇登记失业率持续控制在4%以内。

一个个创业、就业故事流传开来，越来越多的普通人在家门口创业，越来越多的人留乡、返乡就业，找到了属于自己的"金饭碗"。

全省第一个　黄河滩搬迁社区里建起鞋厂

2021年6月22日下午，在泰安市东平县耿山口社区鞋厂车间里，流水线上的工人闫芳正在熟练地打样、裁剪、拼接，生产靴子。

闫芳曾是黄河滩老村居民，住在当地一个拥有600年历史的黄河

东平耿山口鞋厂车间中忙碌的工人

滩古村——耿山口村。2015 年，这个小村子被纳入山东黄河滩区迁建试点工程，耿山口人民迎来了命运的转折。

花园社区、电梯洋房、家门口上班……如今，闫芳和邻居们搬离了黄河滩，住上了高楼，过上了好日子。令她惊喜的是，驻村"第一书记"陈涛和派出单位东平税务局一起，为耿山口村引进了际华集团的项目，成立了耿山口银河鞋业公司，主要生产靴子。这个建在社区里的鞋厂，让村民下楼就能上班。

"我以前常年在家看孩子，没有任何收入，现在到厂里上班，效益好的时候一个月能挣四五千，我们家的生活越来越好了。"闫芳说，在鞋厂里，像她一样的妇女还有很多，有的一个月甚至能挣到六七千元。

她做梦也没想到，自己这样一个以前在黄河岸边天天守着旧房在家看孩子的农村妇女，现在变成了穿着整洁的工作服在窗明几净的工厂里上班的女工。

"我们家现在也有房有车了，日子过得太好了！"闫芳说，她以前从来没想过，有一天会搬进花园式的社区楼房，还能在家门口上班拿"高薪",这对她来说,就像做梦一样。

在这个鞋厂里,还有数百个像闫芳一样的妇女。这些妇女们当了几十年农民,如今在政府的帮助下,成功就业,在家门口端起了"金饭碗"。

令她们没想到的事还有很多,她们没想到一家社区里的鞋厂,不仅配备了中央空调、24 小时热水,还为员工建了食堂和儿童托管中心,大家每天能在家门口上班,就连孩子放学后都有人帮忙照顾。

万里黄河日夜奔流,千里滩区换了人间,搬出黄河滩的村民们日子过得越来越好,越来越有滋味。

"宇宙中心"曹县创业忙 每 5 人中就有 1 人从事电商

2021 年 11 月 3 日,菏泽曹县安蔡楼镇王善庄村党支部书记王云营的演出服、汉服生产厂房中,进门左手边的小屋里,一位妇女正一手抱着 4 个月大的女娃,一手按着手机打字,与客人聊天,电脑上还不时响起网店的信息提示音。

她就是店里的客服李可心,她不是"外人",是王云营的嫂子。

王云营说,2021 年"双十一",店里报名参加了不同平台的满减活动,提前备的货主要是汉服,都已在生产线上,能保证客户下单三天内把货发出去。

2019 年、2020 年,王云营的网店营业额都达到了 1000 万元。今年演出服销售火爆,王云营 7 月的营业额即已达到 1000 万元。"在我们村属于中上水平。"王云营表示,他的网店营业额在村里"平平无奇"。

菏泽曹县是全国最大的汉服生产基地,拥有电商企业超过 5000家,吸引返乡创业 5 万余人、本地劳工约 30 万人。

　　"我们总结了我们曹县的经验，草根创业、老百姓致富，一店带动一户，一户带动一街，一街带动一村，一村带动一镇，以星星之火成就燎原之势。"曹县电子商务服务中心主任张龙飞说，电商平台一般会在县城或者市里开招商会，但现在有平台把招商会开到了曹县的村里，也从侧面说明曹县的电商产业基础好。

　　据张龙飞介绍，曹县依托分布全国各地的 33 个返乡创业服务站，大力宣传曹县电商发展的优越条件和良好的营商环境，已累计吸引了 5 万余人返乡创业。

　　曹县大力吸引人才返乡，还成立了"曹县电商发展专家咨询委员会"为曹县电商发展出谋划策，委员会由商务部电子商务研究院、中国社科院、人民大学、浙江大学、南京大学等高校和科研院所的电商专家学者组成，曹县亦曾聘请南开大学副教授王金杰、浙江大学教授郭红东挂职科技副县长。

　　大连理工大学材料加工专业的博士生胡春青就是返乡创业的代表，他是曹县大集镇人，博士毕业的他和妻子返乡开启了电商路，在家门口捧起了"金饭碗"。

　　"我们尽量想办法让在外发展的曹县人回乡，他们更容易在家乡落地生根。我们曹县毕竟是个县城，从北上广'挖人'，来做临时的设计、拍摄、短视频制作这些都可以，但让他们长久地留下，恐怕还是不现实。"曹县电子商务工作领导小组办公室主任、曹县电子商务服务中心负责人说。

从 60 名农民到 5000 人　德州"乐陵港务工人"成全国劳务典型

　　42 年前，60 名山东乐陵的农民在乡镇政府组织下，北上天津塘

正在进行装卸作业的乐陵劳务工

沽新港承担港口公路、码头附属设施修建任务，拉开了乐陵港务工人劳务品牌建设的序幕。

从60名农民工起步，经过40多年的传帮带，从"燎原星火"发展到"群星璀璨"，乐陵如今已形成了拥有5000余人的"乐陵港务工人"品牌，活跃在天津港、青岛港的港口生产一线，并在全国叫响红色劳务、规模劳务、技能劳务、诚信劳务、责任劳务五大"金字招牌"。

如今，在全国创业就业服务展示交流活动上，德州市申报的"乐陵港务工人"获选全国典型劳务品牌，并作为山东劳务品牌主题展厅三大国字号劳务品牌之一重点展示，吸引了全国关注。

"'乐陵港务工人'作为山东省劳务品牌的典范，用40多年的实干和成效诠释了'山东劳务、诚就天下'的服务理念，为全省发挥劳务品牌促进转移就业、推动自主创业提供了样板，为全省就业创业工作提质增效作出了积极的贡献。"山东省公共就业和人才服务中心主要负责同志表示。

　　黄河滩搬迁社区家门口就业、曹县人人争相搞电商创业、60位农民干劳务创业成为全国典型……这些故事仅仅是山东人就业创业的缩影。如今，越来越多的山东人跟着好政策奋力向前，过上富裕日子。

　　"再也不用跑大老远去外面打工了！特别幸福，特别知足！在鞋厂干活有的能挣到七千多元，熟练工大多能挣到三四千。"正如耿山口社区的多位居民所说，越来越多人不用外出奔波，下了楼就能上班，以前做梦也想不到在家门口就能"打工"。

一张"金卡"背后的人才故事：
为顶级人才做好"保姆式"服务

量子通信领域屡创世界纪录；"十三五"期间获得国家科学技术奖174项；北京大学现代农业研究院落户山东，进军全球顶级农业科技；具有完全自主知识产权时速600公里的高速磁浮交通系统成功下线……这一系列骄人的成绩，是山东近年来人才工作取得的喜人成果。

人才是第一资源，创新是第一动力。山东如何爱才、留才？一张"金卡"背后的山东人才故事令人印象深刻。近年来，山东大力加快人才强省建设，建起"金鸟巢"，引来"金孔雀"。山东惠才卡、泉城人才服务金卡……一张张山东爱才、留才的"代言卡"，让各类人才在山东工作更顺心、生活更安心、留下来更放心。

一张人才"金卡"的故事

"以前来济南的时候，都说'去济南'，现在我们变成了'回济南'，感觉济南有我们的家，有我们的家人。"泉城金卡A类人才山东建筑大学资源与环境创新研究院院长、日本工程院外籍院士陈飞勇说。

陈飞勇院士

陈飞勇院士作为一名全职引进院士，2019年与山东建筑大学签订协议。他还有一个身份，是泉城人才服务金卡A类人才。据介绍，在济南市高层次人才分类中，根据不同标准，将人才分为了A到E五大类，其中A类是国内外顶尖人才，享有山东省、济南市提供的一系列定制化、个性化人才服务待遇。陈飞勇院士正是国内外顶尖人才中的一位。

人才需求什么，山东就服务什么。济南便捷的服务和政策的优厚待遇，让陈飞勇院士选择了留下。

陈飞勇院士手中的"泉城人才服务金卡"，是济南针对高层次人才量身打造的。持卡人才只需扫描济南市统一制作的服务场所二维码，即可享受绿色安检通道、免费健身、免门票旅游等18项优惠政策及绿色通道服务。截至2021年底，这张"金卡"累计引入市场服务主体36家，服务对象群体由2700人扩大至23400人。济南还开发了泉城人才服务金卡附属卡，实施绿色通道服务 4652 人次，为 118 名 B 类以上人才配备家庭医生。

"上了一定年龄之后，免不了有各种各样的小毛病，对我来说，家庭医生这个服务真的非常贴心，有专职的医生全程跟进，观察我的身体状况，告诉我该怎么吃药，怎么留意身体，感觉很亲切。"陈飞勇院士说。

济南市为 B 类及以上人才靶向配备了家庭医生，这一项领先国内大中城市的标准，实现了高层次人才服务由"一站式"向"一键式"的华丽转身，做到了"引才更引心"。

让陈飞勇院士感到贴心的还有绿色通道服务。在机场，陈飞勇院士体验了金卡服务带来的便捷。"由于工作原因经常需要乘坐交通工具往返，机场、高铁站等交通的服务给我提供了很多便利。"陈飞勇说。

"我们还提供了像观影、购物、汽车检修、加油等低价优质的市场化服务，通过扫码金卡，可以让他们在彰显身份的同时，享受更多的优惠政策，让越来越多的人才对济南有了归属感。"济南市人才服务中心待遇保障部副部长崔晓飞说。

济南"泉城人才服务金卡"仅仅是山东重视人才的一个缩影。在山东各地市，几乎每个市都有这样的"金卡"故事。

近年来，山东聚焦高层次人才关心关注的大事小事，创新服务手段，重塑服务流程，发放了"山东惠才卡"，让各类人才在山东工作更顺心、生活更安心。落实高层次人才服务绿色通道服务政策，累计为 7110 位高层次人才颁发"山东惠才卡"，为其在山东创新创业提供交通出行、子女上学、医疗保健、物品通关、金融信贷、职称、岗位等 29 项绿色通道服务。同时，持有"山东惠才卡"的高层次人才，凭卡直接享受全省各地绿色通道服务事项，实现"同城待遇、叠加服务"。

山东省还不断优化政策供给，着力为高层次人才提供更好服务。2020年，全省高层次人才服务窗口总数达到203个，服务体系不断向下延伸，基本实现全省经济技术开发区、高新区和各类产业功能区的全覆盖。全年主动访问服务高层次人才6225人次，年服务高层次人才超过5万人次。

"金孔雀"齐鲁飞，背后有何深意？

"济南在生活保障方面提供了非常好的配套政策，可以让我们把精力更多地放到科研上，更重要的一点，国家超算济南中心的计算资源在某些程度上比我在美国的时候还要丰富，而且在科研团队、资源、研究方向上都给予了很大的自由度，可以开展自己感兴趣的课题。对于一个科研人员，这样的科研平台无疑更加吸引我。"近年入职国家超算济南中心的青年科学家刘召远谈到了自己从美国博士毕业来济工作的心路历程。

作为全球首家以"超级计算"为主题打造的科技园区，国家超级计算济南中心科技园内的"人才密度"可想而知。那么，对于高端人才，济南以及国家超级计算济南中心又有哪些吸引力？为此，"百千万"人才工程应运而生。国家超级计算济南中心按照一流机构、一流学科、一流人才、一流成果、一流产业、一流管理建设规划的要求，通过实施"百千万"人才工程，吸引、留住、用好高层次杰出人才、领军人才、精英人才以及优秀博士，统筹兼顾其他各级各类人才引进，逐步形成优势突出、结构合理的高层次人才队伍。

"抢人才是第一位的。"国家超级计算济南中心副主任、济南超级计算技术研究院院长潘景山表示，未来的竞争很大程度上将是人才的

由青岛市人力资源社会保障局、市创业城市服务办公室打造的 2022 年青岛市"创业第一课"创业公益培训课堂在青岛创业总部正式开课

竞争。在他看来，吸引人才的同时更要留下人才，这需要为人才打造良好的工作圈、生活圈、生态圈。"工作圈就是适合人才发展的工作岗位和环境；生活圈就是住房、子女教育、交际休闲方面的良好条件，让人才生活定居下来才能留住人才；生态圈就是完善的引人留人机制，这样高端人才就会互相介绍，形成良好的'口碑'，从而吸引更多人才进来、留下。"

除了济南，"孔雀"飞山东的故事还有很多。这一个个故事，正是山东重视人才的生动写照。

从北京理工大学产品设计专业毕业后，连续创业者成哲谢绝了南方城市的邀请，在山东省淄博高新区扎下了根。成哲说："在新旧动能转换的国家战略下，山东淄博充满了机遇。"

成哲的选择并不是个例。在一年半时间里，近 8 万名大学生成为淄博的"城市发展合伙人"，同比增长 25.6%，淄博市人口由净流出转为净流入，一举改变了过去人才流失严重、城市活力不足的局面。

什么样的城市最吸引年轻人？山东淄博给出的答案是打造好包括平台、政策在内的人才生态。淄博将关注点放到吸引人才、留住人才、为人才服务的生态打造上，他们将之定义为打造"青年创业友好型城市"。

"人才贷"是淄博专门为高层次人才或其长期所在企业提供的开展科技成果转化和创新创业活动的无抵押、无担保信贷产品。

淄博是山东第一个出台"人才贷"风险补偿实施细则的城市。该细则专门服务市级以上高层次人才或其长期所在的企业，单户贷款额度最高达到 1000 万元，贷款总额居山东首位。

近年以来，山东聚焦高层次人才关心的各个方面，做好人才服务。山东省人社厅把优化人才服务作为"我为群众办实事"的重要内容，着力打造有温度的人才服务品牌。

近年来，山东人才服务体系从"有"到"优"，实现全省的一体化、全覆盖运行，逐步形成覆盖全省、上下贯通的高层次人才服务网络，做到"人才集中到哪里，窗口就服务到哪里"。山东还建立高层次人才服务专员，对高层次人才实行全过程"一对一"服务。对工商、税务、海关的审批许可事项实行"店小二式"预约定制服务，对日常工作、生活服务实行"保姆式"代办服务，确保高层次人才服务事项得到全面落实。目前，全省各级各类高层次人才服务专员总数已达 12386 人。

山东紧盯人才引进培养的成长链条，量身打造更具吸引力的支持举措，让各类人才"引得进、留得住、用得好"。启动实施"万名博士、十万硕士、百万大学生"来鲁留鲁就业创业计划，持续开展"山东——名校人才直通车"活动，促进青年人才"智"汇齐鲁。深入实施青年优秀人才集聚计划、海归英才汇聚计划，举办博士后、留学人员创新创业大赛,为集聚海内外英才来鲁创新创业搭建广阔舞台。

山东注重人才创业服务,建成 158 个创业孵化示范基地和创业园区;设立超过 20 亿元的创业带动就业扶持资金,个人创业担保贷款最高 20 万元,创办小微企业的最高可达 300 万元。省财政对于"泰山产业领军人才工程"科技创业类入选者,择优给予股权投资支持。

山东关注支持人才成长,建立人才职称评审"直通车",持有"山东惠才卡"以及博士后等高层次人才,可直接申报正高或副高职称;从省外国外引进的高层次人才,可以直接参加相应职称评审。截至 2021 年,全省 1300 余人通过"直通车"获评高级职称。同时,山东出台创新人才薪酬激励若干措施,1565 名事业单位高层次人才享受绩效工资倾斜,1633 人实行年薪制、协议工资制等灵活分配方式。

从人口大省到人才大省，"稳就业"背后有何高着儿

就业是最大的民生，就业稳则大局稳。山东作为拥有过亿常住人口，2300多万农民工的劳动力大省，就业更是重中之重。

近年来，山东全省城镇新增就业每年保持在110万人以上，仅2021年就达到124.2万人，超额完成年度目标任务，约占当年全国城镇新增就业人数的十分之一。山东这样的大省是如何做到的？这背后有哪些措施和努力？

山东坚持将"稳就业"置于"六稳"之首，通过减负稳岗、扩大增量、稳住基本盘等政策措施，精准打出"组合拳"，确保就业局势稳定。2020年2月，山东出台24条惠及企业、个人、创业者的稳就业措施，受到广泛欢迎。仅从创业担保贷款这一项来看，山东全省发放的创业担保贷款总量和增量都十分稳定，连续两年保持全国第一。

山东稳就业"24条" 企业：得到"真金白银"的实惠

"'24条'条条都是解决企业、社会关注关心的问题，切中企业现实困难，确实是雪中送炭。"2020年2月23日，位于青岛市即墨区科技创新园的东洋热交换器公司综合部部长赵永俊说。

青岛市人社局等 8 部门为春节在岗务工人员发放生活用品

2020 年 2 月，山东出台 24 条惠及企业、个人、创业者的稳就业措施，受到广泛欢迎。措施紧紧围绕复工达产、援企纾困等 7 个方面，含金量高、操作性强，是社会对"24 条"的普遍感受。

"看了这'24 条'，既振奋又温暖，心里踏实了。"赵永俊说，中小企业抗风险能力较弱，"24 条"让中小企业得到"真金白银"的实惠，自己一直焦虑的心情也轻松了不少。

正如赵永俊所说，设立用工补贴、降低社保成本、加大稳岗返还力度等若干举措，瞄准的都是企业受疫情影响所面临的突出问题，有针对性地帮助企业渡过难关。

企业稳，则就业稳。近几年，山东紧盯援企纾困，打出"减缓返补"的"组合拳"，全力帮助企业渡难关稳岗位：阶段性减免社保费，阶段性降低失业保险费率、工伤保险费率和职工基本医疗保险单位缴费费率；对不裁员或少裁员的参保企业，返还其上年度实际缴纳失业保险费的 50%。

"当时我们很快就全面复工生产防护物资。"2020年4月，山东新华医疗器械股份有限公司副总经理屈靖说，得益于政府出台的多项稳就业政策，2020年1月份，公司全员到岗，开足马力安心生产防护物资。

屈靖算了一笔账，当时企业就已获得失业保险稳岗返还补贴119.28万元，还将获得疫情防控重点物资生产企业一次性用工补贴50万元，社保缴费将减少520余万元，职工基本医疗保险单位缴费减少349万元，累计享受优惠政策红利1000余万元。

在稳定现有岗位的同时，山东把发展作为稳就业的根本，加大金融支持返乡入乡创业力度，各城商行、农商行县域吸收存款优先用于支持返乡入乡创业。

对此，聊城澳健生物技术有限公司的管理人员深有感触。该公司是一家生产、加工、销售软硬胶囊和制剂的企业，疫情期间，产

"春风行动"招聘活动期间，青岛市级层面与各区市协同联动，密集举办线上线下招聘活动

品需求量增加，但扩大生产存在资金缺口。高唐农商银行了解情况后，仅用两天，便为企业发放了490万元贷款，企业用工人数也增加了很多。

像这样的企业还有很多。事实上，仅2021年，山东全省就发放创业担保贷款10.97万笔、225.66亿元，发放创业担保贷款总量和增量连续两年保持全国第一。

求职者"安心" 家门口有了公益岗，贫困户出门能上班

"既能照顾家人，每月还有600元的收入。"在山东德州庆云县徐园子乡赵集村，40岁的牟俊伟在家门口实现了就业。

牟俊伟是一名建档立卡贫困户，他的工作岗位是招聘公益专岗。这是庆云县在疫情防控期间专门为贫困户开发的公益性岗位。2020年初，全县有135人上岗，帮助324家企业招工1.22万人，既缓解了企业用工需求，也让贫困户通过就业增加了收入。

近几年，山东将解决好农民工、高校毕业生以及生活困难人员等重点群体的就业作为重点，因人施策、分类帮扶，着力稳就业。

像牟俊伟这样的临时公益性岗位，山东在2020年4月前就已开发近7000个，安置就业困难人员1.63万人。同时，山东还将失业保险金标准提高至最低工资标准的90%，将生活困难下岗失业人员一次性临时生活补助政策延长，为更多就业困难人员灵活就业提供社保补贴。

另外，山东借势发展新技术、新产业、新业态、新模式等"四新经济"，释放"宅经济"新潜能，集中培育线上零售、在线教育、网络培训、居家办公、远程服务、虚拟会务等功能性服务平台企业，带来了新的就业空间，"灵活就业"正成为就业增量。

聊城临时公益岗位

山东"云培训"受欢迎 "全职宝妈"足不出户就能免费学技能

"今天的课程是冲泡技巧……"2020年2月23日，关于茶艺的线上直播课程正在进行着，苑丽拿起茶具跟着做了起来。家住潍坊市奎文区的苑丽因为生娃，已经在家待业两年，她本想年后出去找工作，岂料疫情突如其来，所有的计划全被打乱。

一次，苑丽偶然看到政府提供免费线上职业技能培训的消息，其中正好有自己感兴趣的茶艺培训，她便报了名。"免费技能培训，为我找工作打基础，这下心里不慌了！"苑丽说。

山东"24条"中一个重要内容就是全力加强职业教育和职业培训。因为疫情影响，职业技能线下培训停止，给劳动者造成较大影响。为此，山东省指导各市加大在线培训供给、扩大在线培训规模，帮助劳动者"足不出户免费学技能"。

值得关注的是，山东省还制定了一项在全国首创的政策，那就是对疫情防控期间参加线上培训并考核合格的农民工、离校两年未就业大学生、建档立卡贫困劳动力及贫困家庭子女，按照5元/学时标准给予生活费补贴。

"各地把消息推送出去后，很受劳动者欢迎。"2020年，山东省公共就业和人才服务中心职业培训处相关负责人表示。

实际上，山东省出台的稳就业"24条"，既是应对疫情影响的现实之举，更是一直以来山东稳就业政策"工具箱"的升级与深化，其目的就是通过抓住重点领域的重点、难点和痛点问题，精准发力，让劳动者能够把"饭碗"端得更稳。

2021年，山东省共开展职业技能培训322.96万人次；共审核通过以工代训职业培训补贴18.97亿元，惠及企业5.3万家，涉及企业职工147.07万人。2021年，累计组织举办线上线下各类招聘活动6950场次，组织21.1万家企业参加招聘活动，累计提供就业岗位379.6万个。

在中国劳动和社会保障科学研究院原院长、研究员刘燕斌看来，山东稳就业"24条"政策实、目标准、出手快，暖人心、强信心、聚民心，既为抗击新冠肺炎疫情提供了有力支持，又为实现全年经济社会发展目标提供了人力资源支撑。

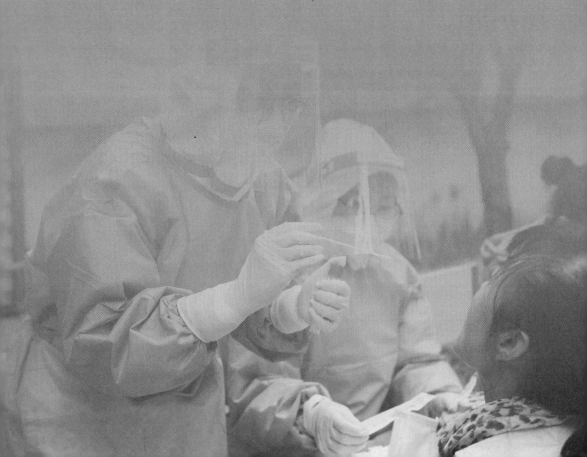

二、医疗篇

山东深入贯彻以人民为中心的发展思想，认真落实新时代党的卫生健康工作方针，健康山东建设迈出新步伐，全民健康进入新时代。

人民主要健康指标不断提升。全省人均期望寿命由新中国成立前的35岁上升到2020年的79.13岁；孕产妇死亡率、婴儿死亡率由1949年的1500/10万、200‰分别降至2021年的7.67/10万、3.31‰；5岁以下儿童死亡率降至4.12‰。人民主要健康指标提前6年实现联合国千年发展目标，总体上优于中高收入国家平均水平。

医疗卫生服务能力不断提升。截至2020年，全省每千人口医疗卫生机构床位数达到6.42张，每千人口执业（助理）医师、注册护士达到3.25人和3.53人；全省二级及以上医院增加到911家；基层医疗卫生机构数由2015年的7.32万家增加到8.11万家。截至2021年，全省累计建成省、市级示范村卫生室和中心村卫生室6012个，超1.3万个县级以上示范标准村卫生室配备了重点人群智慧随访设备及康复理疗设备。

重点人群保障水平不断提升。对老年人，完善老年人优待政策体系，在全国率先出台60周岁及以上老年人不分地域在全省一律享受免费乘坐城市公共交通工具等6项优待政策；414所二级以上医院设置老年医学科、康复科或治未病科；全省医养结合示范乡镇（街道）总数达1294个。持续优化妇幼保健服务质量，落实母婴安全五项制度，完善出生缺陷三级预防质控体系；持续开展农村适龄妇女"两癌"免费检查工作，2021年目标人群覆盖率95.45%；完善生育支持政策，截至2021年，全省通过备案的托育机构593家。对贫困群体，全面完成脱贫攻坚规划确定的健康扶贫目标任务。截至2020年，贫困患者健康状况得到显著改善，实现了生活自理、恢复了劳动能力。创新开展"业务院长"选派工作，帮扶重点扶持乡镇卫生院建成特色科室723个，培养业务骨干2244名。深入实施"大病集中救治一批、慢病随访服务一批、重病兜底保障一批""三个一批"分类救治行动，截至2020年，全省累计救治重点大病贫困患者64.3万人次；持续开展"健康助力奔小康"系列公益救助活动，共筛查救助贫困患者1629名，减免医疗费用1360余万元。

打通"最后一公里"，互联网医保
大健康服务平台"云"上就医解难题

创新"一站式"服务模式，打通医保服务"最后一公里"；"线上＋线下"打造慢病服务新模式；创新"事前＋事中＋事后"医保监管模式，管好百姓"救命钱"……

2020年4月，作为全国首个省部共建的省级互联网医保大健康平台，也是全国首个"政府支持、国有控股、整合优势资源、市场化运作"的开放式综合服务平台，山东省互联网医保大健康服务平台启动运行。该平台创新应用互联网和数字技术赋能医疗健康产业，构建起覆盖全省的"互联网＋医保＋医疗＋医药"保障服务体系。

山东互联网医保大健康集团有限公司揭牌暨山东省互联网医保大健康服务平台启动活动举行

一部手机、一个电话，打通医保服务"最后一公里"

　　家住济南的陈女士年过六旬，患有高血压等慢性疾病，需要长期服药。以往，她会定期前往济南市中心医院复诊拿药。但疫情袭来，陈女士和家人都很担心去医院有交叉感染的风险。"不去吧，又怕耽误了病情，自己也不敢擅自停药。"陈女士犹豫再三，最终只好全副武装做好防护到医院。

　　2020 年初夏，在济南市中心医院慢病服务中心，工作人员详细了解她的需求和担忧后，向她推荐了线上就医新模式。在工作人员手把手帮助下，陈女士在微信中搜索并关注了"山东医保大健康"公众号，一键申领医保电子凭证后，按照平台的提示，不到十分钟就完成了在线复诊、购药、医保结算等一系列流程，而且还可享受药品包邮到家服务。

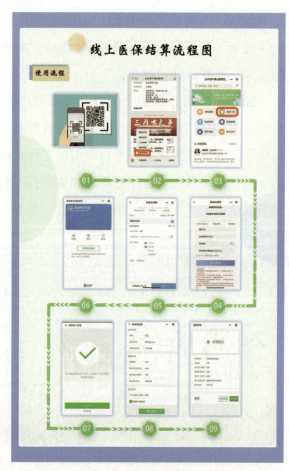

开通线上医保结算

当前，山东省各大医院积极投身于疫情防控工作，部分医院提倡患者灵活使用线上预约挂号、病历邮寄、互联网在线复诊开药等方式来满足医疗健康需求。

一部手机，就医购药全搞定。亲身享受到线上就医购药的便利后，陈女士赞不绝口，第一时间便把这项便民服务推荐给了家人和病友。

和陈女士不同，刘先生患有冠心病多年。年过八旬的他孤身一人，不会操作智能手机，去趟医院也颇为不便。一个偶然的机会，他从经常就诊的医院得知可以拨打95169000热线电话复诊购药。

2020年8月，午休过后的刘先生觉得酷暑难耐，忽然想起之前听说的热线电话，便尝试拨打。电话另一端，工作人员了解情况后，立即赶往刘先生家中，协助其进行电话签约，并为他详细讲解电话复诊、购药流程。很快，刘先生就可以完成自主下单，隔天药品就送到了家。

刘先生拨打的95169000热线电话，正是由山东省互联网医保大健康服务平台提供的。该热线主要为解决老年人、失能半失能人群操作手机和线上支付困难等问题而特别开通，患者完成首次签约后，拨打热线电话就能享受复诊购药、医保结算、送药到家、预约护理上门等帮办代办服务。

全国首个落地以数字化驱动医保大健康服务创新改革的省级行政区

很多市民通过山东省互联网医保大健康服务平台享受到了互联网医疗带来的便利。

据山东互联网医保大健康集团执行总经理王漠介绍，2020年4

月 25 日，山东省互联网医保大健康服务平台上线启用并开出全国首张平台型互联网医院医保电子结算单，首次打通了互联网医疗、医药、医保"三医联动"的全流程，助力山东成为全国首个落地以数字化驱动医保大健康服务创新改革的省级行政区，首创了"送医＋送药＋送护＋送检＋送保"五送上门，通过协调省市医疗保障部门，实现互联网医保大健康平台的全省互联互通。

该平台针对老年人、慢病人群、失能半失能人员及困难群众，开通热线电话（95169000）、微信公众号、数字健康服务车等入口，提供医保政策咨询、慢病复诊开方、在线医保结算、药品免费配送到家、移动巡检到家、护理服务上门等惠民服务，形成"送医＋送药＋送护＋送检＋送保"上门一站式、帮办代办"蓝马甲"服务模式，打通医保服务"最后一公里"。截至 2021 年 11 月，平台累计提供在线问诊服务超过 690 万人次，预约挂号服务超过 300 万人次，送药到家服务超过 17 万人次，累计服务山东参保人 1400 万人次。

此外，截至 2021 年 11 月，平台已连接 264 家长期照护机构、多家专业护理机构，建成"互联网＋长护服务"整层专区。

打好慢病管理"组合拳"，让数据"跑出"健康大效益

为了更好、更方便地管理慢病，山东医保大健康平台打出"组合拳"：依托互联网医院，线上打通复诊全流程服务，线下结合慢病服务中心、医保健康服务车等，打通医保支付结算环节，为山东居民提供数字化的慢病诊疗服务。线上为患者提供慢病复诊、在线处方、医保结算、送药到家的全流程服务。同时，在济南、泰安、潍坊、德州等市公立医院设立慢病医联体服务中心，配备专业医师、

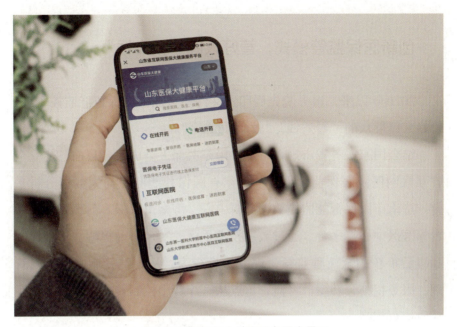

山东省互联网医保大健康服务平台界面

药师、健康管理师，慢病患者可以挂号、开方、结算、取药一站式办结。

王漠称，线上互联网医院和线下慢病服务中心结合的方式，让患者复诊购药时间由2—3小时缩短到10—20分钟，医院门诊压力减轻20%—25%，慢病医保基金使用效率提高10.2%，医疗费用显著下降，有效降低群众就医负担，推动传统的保障疾病诊疗向全流程健康管理方向转变，增强了患者医保改革获得感。

同时，为解决基层地区医疗保障需求，平台依托互联网医院，结合各地实体医疗机构打造了基层医联体，利用"一站（基层工作站）、一车（医保健康服务车）、一包（智能巡诊包）"构建起"网格化"基层数字健康服务体系，提升了基层医疗服务能力。医保健康服务车能完成7大类53小项检查检验，还创造性地实现了医保结算服务，云诊包方便基层医生携带上门为群众进行健康检查和随访。

创新医保监管模式，管好人民"救命钱"

2020 年以来，国务院先后印发文件要求加强医保智能监控管理，管好人民群众的"看病钱""救命钱"。

结合国家、各省市规划特点，山东医保大健康平台目前已建立全省互联网医院医保监管平台、山东省医保智能监控与大数据分析平台、济南市医保智能监控数据分析中心、济南市医保事前事中监控平台等医保中心端平台。通过数字技术手段，实现事前提醒、事中控制和事后审核的全流程监管，规范诊疗行为，从单纯管制向监督、管理、服务相结合转变，将监管重点从医疗费用控制转向医疗费用和医疗质量双控制。

通过事前事中实时监控的全面部署，将监管前移，阶段性提供报告，并且所有监管数据留痕，不仅提升了医保监管的效率，还通过信息化技术实现医保控费，同时又能避免恶意监管纠纷。

截至 2021 年 11 月，山东省已有 12 家互联网医院接入互联网医院医保监管平台；济南市 108 家医院已接入医保事前事中控管平台，章丘区成为全省首个所有医疗机构全部接入监管的区县，未来全市上千家机构将全部上线。

人民至上，生命至上。

山东医保大健康平台肩负惠及民生健康的重大使命。未来，医保大健康平台将以创新为驱动，医保为切入点，通过"政府＋医院＋企业＋患者"多方参与、合作共赢的方式，主动融入和服务新发展大局，加快建设更高水平开放型服务新体制，增强资源要素集聚配置能力，努力形成合作和竞争新优势，在高质量发展路上绘就万众瞩目的新画卷。

破解看病贵，医保"对账单"
刷出民生获得感

2020 年之于山东省济南市济阳区垛石镇江屯村的村民孟召宝，可以说是大悲大喜的一年。这一年，他和疾病顽强抗争。

2020 年 6 月 1 日，孟召宝突然胸闷难受，前往济阳区人民医院住院。在那之后，他经历了一场场手术，最终身体中被放入了 5 个支架和 5 个球囊。

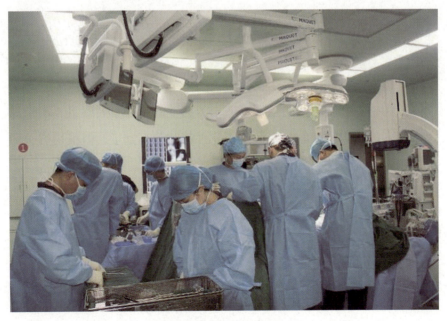

医护人员为患者手术

　　时年 72 岁的孟召宝的医疗费用高达 9 万余元，对于一个农村家庭来说，这是一个很大的负担。"多亏医保政策，咱现在不怕生病了，国家给报销一大部分！"孟召宝说。

　　医疗保障问题是人民最关心、最直接的利益问题。有关部门建立健全门诊共济保障机制，逐步将门诊费用纳入统筹基金报销，完善短缺药品保供稳价机制，采取把更多慢性病、常见病药品和高值医用耗材纳入集中带量采购等办法，进一步明显降低了患者医药负担。

　　数不清的暖心变化记录着百姓不断提升的获得感，见证着百姓持续上涨的幸福指数。让国家"大民生"照进你我"小家庭"，其中让百姓看得上病、看得起病、看得好病，是夯实民生之基的重点所在。

住院报销比例不断提升，全力破解"看病贵"

　　事情发生时，孟召宝正在家中。

　　因为感觉到胸前区的强烈不适，孟召宝赶紧和家属联系。不幸却也幸运，虽然当时他的心率、血压几乎都监测不到了，但很快被送到了济阳区人民医院。

　　接诊后，大夫及时为孟召宝持续地进行胸外按压，最终，他恢复了心跳。根据心电图的显示，医生高度怀疑他是急性心肌梗死发作。

　　虽然心跳恢复了，但时间就是生命，若不尽快进行急诊介入手术，时年 72 岁的孟召宝几乎没有生还的机会。

　　"做！"家属一锤定音，孟召宝被送进了介入手术室。

对于急性心肌梗死患者来说，早期开通堵塞的血管是降低死亡率的关键。大夫从其股动脉穿刺送入球囊，扩张血管恢复部分血流后，植入支架开通血管……造影显示，血液重新灌注到周围的心肌。伴随着"啊——"的一声惨叫，孟召宝"死而复生"。

这一年，孟召宝经历了一场场手术，最终身体中被放入了5个支架和5个球囊。

孟召宝这次所有医疗费用高达9万余元。通过其住院收费明细，可以明显看到其中合规外费用10337.54元，合规费用81228.92元。对于一个农村家庭来说，这是一笔很大的负担。

但幸好，如今住院医保的报销比例在不断提高。山东省医保局数据显示，2020年山东省居民和职工住院报销比例分别提高到70%左右和80%以上，一大批门诊慢特病纳入医保支付，居民高血压、糖尿病门诊用药报销比例达到50%以上。

按照居民住院医保报销的规定，孟召宝此次住院的基本医保报销为56370.24元。"再加上12908.14元的大病保险报销、8365.38元的医疗救助、3046.64元的卫计帮扶，合计报销80690.40元，合规费用报销比例达到99%。"当地医保部门工作人员说，同年6月份又及时为孟召宝办理了支架植入术后的门诊慢性病待遇，现在老人已经开始享受门诊慢性病待遇。

据山东省医保局工作人员介绍，截至2020年底，山东居民基本医保政府补助和个人缴费标准分别由不低于520元和250元提高到不低于550元和280元。居民大病保险最低段报销比例由50%提高到60%，最高段达到75%；大病保险特效药报销比例由60%提高到80%，封顶线由20万元提高到40万元；将三种罕见病特效药纳入大病保险保障范围。

一分钱也要谈，老百姓百元支架"放心"用

2020 年 11 月 25 日，小雪节气过后，济南寒风瑟瑟。济南市南郊宾馆俱乐部 3 楼会议室内，一群人正讨论得热火朝天。

那一天，在落实国家组织的三批共 112 个药品集中带量采购降价结果基础上，山东正在开展历史上首次全省药品集中带量采购工作。40 个患者反映价格高、医疗机构用量大、患者受众面广的药品纳入集中带量采购范围，涵盖了心脑血管、消化、呼吸、肿瘤等临床学科，全省年销售规模 50 亿元，在当时全国省级一次性集中带量采购中规模最大、药品数量最多。

采购现场，专家团队与企业代表人分厘必争，竭尽全力把药械价格降到最低。比如，申报酒石酸美托洛尔片的企业代表李先生，在当天就被专家们搞了个措手不及。当日竞价组的平均降幅为 67.73%，李先生经过一番计算得出其厂家生产的酒石酸美托洛尔片要降到 10.2115 元 / 盒。咬牙答应后，专家们再次提出了"抹零"的要求。

山东省第一批药品集中带量采购开标现场外等待的企业代表

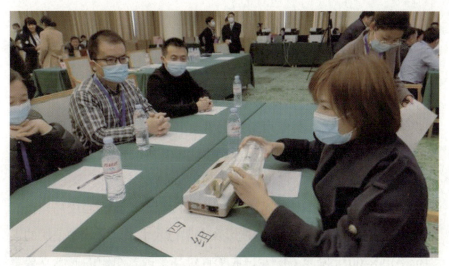

2020 年 11 月，山东省第一批药品集中带量采购开标现场

"要不就 10 块钱行吗？能不能接受？山东是用药大省，这么大的量，企业体现下诚意嘛。"

"专家，我们这已经很实惠了，一盒有 30 片药，折合每天才几毛钱，我们这个药质量在这摆着……"李先生随后要求向其领导请示。几个电话下来，李先生给了最终答复："10 块钱确实不行，我们一盒 30 片药，这个价格除以 30 的话，除不尽呀。"

为了替老百姓争取更大用药优惠，议价专家又提出了新的建议："10.06 元能除尽吗？"另一位议价专家表示仍然除不尽后，该议价专家说："那干脆 10.05 元 / 盒吧，这样能除尽。"

"您刚才不是说的 10.06 元吗？这一会儿就 10.05 元了？"李先生说，一个没注意，专家组就又降低了 1 分钱。

"10.06 元不是折合到每片药的价格除不尽嘛，10.05 元吧，你这个药质优价廉的话，老百姓会非常认可的。"

如此这般，几经议价，李先生最终以 10.05 元 / 盒的价格签字确认。

一分钱也要谈！自那之后，山东响应国家号召，又多次组织了药械集中采购，使百姓用上了越来越多的便宜药品和医疗器械。

来自山东省医保局的数据显示，山东创新开展了省级集中带量采购，首批 39 个药品平均降价 67.3%，最大降幅 98.6%，采购数量、规模均为全国最大，每年可节约药费 17.9 亿元；首批 5 类高值医用耗材平均降价 66%，最大降幅 95.6%，其中初次置换人工髋关节由92418 元降至 4133 元，每年可节约费用 10.63 亿元。

2021 年 1 月 26 日，高青县的翟女士因患不稳定型心绞痛，在当地县人民医院接受了冠状动脉造影及支架植入手术，手术中使用的支架价格由 8400 元降至 645 元，成了首位享受国家组织的冠脉支架集中带量采购福利的患者。"对于农村家庭来说，能少花几千元，就是给我们减轻了很大的负担。"翟女士的儿子说。

59 元保 250 万元，探索多层次医疗保障制度体系

一直以来，我国都在加强医疗保障制度体系建设，而且各地也都在积极探索中。

2020 年 10 月 24 日，普惠型补充医疗保险产品"齐鲁保"在山东健康大厦正式发布，标志着山东医保商保一体化初见成效。

该产品由山东省医疗保障局、济南市医疗保障局共同指导，太平养老、人保健康、国寿财险等多家保险公司联合山东医保大健康平台共同推出，面向济南市基本医保参保人和山东省省直职工医保参保人，提供最高 250 万元的补充医疗保障。

据介绍，"齐鲁保"紧密衔接济南市基本医疗保险，保障范围涵盖住院及门诊慢性病医疗费用和新特药品费用。济南市基本医疗保险

"普惠保险 美好生活"论坛暨"齐鲁保"2021年发布会

（含城市职工、居民）、省直职工医疗保险参保人，可通过微信在线投保，每年保费仅需59元。

保险期间，参保人在济南市医保定点医疗机构接受住院及慢病门诊治疗所发生的医疗费用，经医保报销后仍由个人负担的、医保范围内的部分最高可报销150万元。同时，"齐鲁保"将治疗白血病、肝癌、乳腺癌等高发肿瘤及重大疾病的15种治疗用药纳入《齐鲁保新特药目录》，在保障期内使用特定药品而产生的费用最高可报销100万元。

在高额保障的基础上，"齐鲁保"还将由山东医保大健康平台提供全时域、全人群、全方位、全周期的健康管理服务，做到主动服务、持续管理、增进健康，有效提升商业健康险产品在医疗健康服务方面的能力。

每一件民生大事，都会投射到千万个小家庭。每一项医疗保障政策，都体现着百姓不断提升的获得感和幸福指数。民生有温度，幸福有质感，一张张"民生账单"让人民追求美好生活的底气越来越足，也让全面小康的幸福底色更加绚丽。

紧盯重点人群保障，以创新之举 扎牢基本民生保障网

　　家住山东省济南市历下区甸柳新村街道的李功柱老人觉得自己的晚年生活多姿多彩。

　　平时，他会到甸柳新村第三社区养老服务中心打打太极、唱唱歌，也会和这里的其他老人聊聊天。2020 年，时年 91 岁的独居老人李功柱居然也赶了回时髦，戴上了智能手环。"我这个手环可厉害了！当感觉身体不舒服的时候，只要按下紧急呼叫按钮，呼叫信息就会发

历下区社区工作实务能力训练营结业式

送到之前绑定的手机号码上，我的家属和养老服务中心都会接收到，可以有效及时地进行救助！"李功柱没想到，自己能在 90 多岁时用上这么先进的设备，"子女放心多了。"

李功柱老人所在的甸柳新村街道，正是山东省卫生健康委公布的 1294 个医养结合示范乡镇（街道）之一。作为山东首批公布的省级医养结合示范乡镇（街道），近年来，甸柳新村街道多举措打造智慧养老"新模式"，让老人足不出户享受各种养老服务。

民生无小事。甸柳新村街道正是山东省加强民生改善创新的一个缩影。近年来，山东省紧盯重点人群，以创新之举扎牢基本民生保障网，让百姓有更多获得感。

打造智慧养老服务圈，在家门口享受便捷的医疗健康服务

2020 年 1 月初，在干净整洁的"桑榆天地"，几位老人正在一起练唱戏曲，还有的老人在休息、闲聊……

时年 91 岁的李功柱老人正在甸柳新村第三社区养老服务中心康疗驿站的按摩椅上放松身体："只要没事，我天天都来，在这里可以打打太极，唱唱歌，聊聊天。"隔壁还有几位老人在练唱戏曲，悠扬的曲调响彻整个养老服务中心。

李功柱的这个习惯开始于 2019 年 4 月。当时，他在电视上得知社区内有该养老服务中心后，几乎天天过去。"这里经常有太极、唱歌、跳舞等课程，像家一般温暖。"

就是在 2020 年，李功柱还佩戴上了时髦的智能手环。"别小看这小小的手环，对我们这些独居老人来说，可真是太方便了，关键时刻还能救命！"

济南老年人大学历下区社区教学点、志愿服务点挂牌启动

据介绍，这款智能手环采用无屏幕大按键设计，方便视力下降的老人使用，外观有两个按键，一个是紧急呼叫按钮，另一个是通话按钮，老人使用起来简单、方便。当老人感觉身体不舒服的时候，只要按下紧急呼叫按钮，呼叫信息就会发送到之前绑定的手机号码上，老人的家属和养老服务中心都会接收到，可以有效及时地进行救助。手环还具备定位、健康监测、跌倒判定等功能，可以实现实时定位、心率血压健康监测、跌倒警报、一键呼救、吃药提醒等具体功能。同时，还能够针对有需求的老人设定电子安全围栏，如果离开安全范围，系统将会主动向监护人推送预警信息，确保老人的安全。

除了智能手环外，甸柳街道的养老服务中心还有一系列智能设备：一台机器可以提供血压、血氧、尿酸、胆固醇等近 20 项生理指标的基础项目体检；具有远程功能的"大手套"，只需要将极点对准胸部，不到一分钟，病人的心电图就可以通过云平台发送到医生的移动端设备上，确保医生第一时间了解病患的情况，作出判断，相当于配备了一个 24 小时的私人医生；此外，还有超声骨密度仪、中频经络仪等先进的智能健康养老设备，让每位老人都可以在甸柳街道综合养老服务中心打造的"健康小屋"进行体验。中心还拥有两台国内先进的全自动智能洗浴机，全程 15 分钟，一键通智能化操作，具备深清洁和按摩功能，沐浴露可免冲洗，方便、快捷，真正做到"解老人之所忧"。

近年来，甸柳新村街道办事处依托养老服务中心打造"健康小屋"，通过云中心、电话、微信等途径，为老人提供"电话医生""远程诊疗"等线上医疗保健服务，先后改扩建养老服务场所 5300 多平方米，现有老年公寓两所、综合养老中心两所、日间照料中心五所，构建起智慧养老、医养结合、就近养老的新模式。

重点人群保障水平不断提升，兜住群众幸福底线

作为建档立卡贫困人口、低保对象，家住济南市历城区港沟街道蟠龙村的赵学美，是一名骨髓增生异常综合征患者。这是源于造血干细胞的一组异质性髓系克隆性疾病，治疗方式包括输血等支持治疗、免疫抑制治疗、免疫调节治疗等。

2020 年，赵学美因骨髓增生异常综合征住院 8 次，总费用为 17845.46 元，统筹报销 11569.86 元。8 次住院，相当于个人只花费了 6000 余元。同年 11 月 4 日起，她开始享受骨髓增生异常综合征医疗报销待遇。

这得益于我国医疗保障制度对特殊人群的政策关怀。为确保百姓不因病致贫返贫，山东省医保局努力使全省 197.9 万脱贫享受政策人员和 3.45 万即时帮扶人员应保尽保、参保资助应补尽补、待

创意灯笼闹新春——燕山综合养老服务中心迎春

遇政策应享尽享，贫困人口全年累计就医 616 万人次，医保支付 123.46 亿元。

"一老一小"及妇女关乎每个家庭，困难群众是最需要关怀的群体。加强民生改善创新，首先要保障他们的基本生活，要以改革创新为动力，优化民生资源配置，提升民生保障精准度。

事实上，近年来，山东省对于重点人群的保障水平也的确在不断提升。

来自山东省卫生健康委员会的数据显示，对老年人，山东完善老年人优待政策体系，在全国率先出台 60 周岁及以上老年人不分地域在全省一律享受免费乘坐城市公共交通工具等 6 项优待政策；414 所二级以上医院设置老年医学科、康复科或治未病科；全省医养结合示范乡镇（街道）总数达 1294 个。

对妇女儿童，山东持续优化妇幼保健服务质量，推进母婴安全和健康儿童行动提升计划，落实母婴安全五项制度，完善出生缺陷三级预防质控体系；持续开展农村适龄妇女"两癌"免费检查工作，2021

年目标人群覆盖率 95.45%；完善生育支持政策，截至 2021 年，全省通过备案的托育机构 593 家。

对贫困群体，山东全面完成脱贫攻坚规划确定的健康扶贫目标任务，贫困患者健康状况得到显著改善，截至 2020 年，47.9 万名患者得到治愈或者好转，实现了生活自理、恢复了劳动能力，患者自我照顾、自我脱贫的能力得到明显提升。创新开展"业务院长"选派工作，帮扶重点扶持乡镇卫生院建成特色科室 723 个，培养业务骨干 2244 名，新开展手术 304 种；深入实施"大病集中救治一批、慢病随访服务一批、重病兜底保障一批""三个一批"分类救治行动，2020 年集中救治病种扩大到 30 种，截至 2020 年，全省累计救治重点大病贫困患者 64.3 万人次；持续开展"健康助力奔小康"系列公益救助活动，共筛查救助贫困患者 1629 名，减免医疗费用 1360 余万元。

民之所盼，政之所向。多年来，山东盯住"一老一小"、家庭妇女、困难群体等重点人群，抓好普惠性、基础性、兜底性民生建设，以新思路、新招数办好民生实事，让群众就医有新体验、养老有新改善。

办好民生之事，多解民生之忧。在实践中，山东把"民生清单"变为百姓"幸福账单"，让发展的阳光照进每个人的生活。

为群众带去"民生红包"，
家庭医生搭建医患"连心桥"

家住青岛市即墨区鹤山路小区的兰奶奶，患有高血压、糖尿病，因病长期卧床留置了导尿管。导尿管需要每月更换，而每次更换导尿管，都是个大工程：全家出动搬抬老人、就医缴费、排队等待，每次更换都要折腾一整天。

2020年初，新冠肺炎疫情肆虐。那年春天，正当兰奶奶的家人为疫情期间如何去医院换尿管而发愁的时候，当地和平社区卫生服务中心的张军文家庭医生团队在电话随访中得知这一情况后，主动与其家人沟通。经家人同意，约定时间上门为兰奶奶更换尿管，同时为其测量血压和血糖，指导家人做好患者康复护理和个人防护。

时年80岁的兰奶奶躺在床上，一直想起身表达对张军文家庭医生团队的感谢。其女儿更是一直把张军文和团队护士送到小区出口："真谢谢你们啊，给你们添麻烦了，没想到签约家庭医生有这么多好处，家庭医生真是俺家的贴心人！"

家庭医生又称全科医生，是指接受过全科医学专门训练的医生，可以为个人、家庭和社区提供经济有效、一体化、持续性的医疗保健服务。近年来，山东省大力推进家庭医生签约服务，上线山东省"家庭医生地图"，为群众带去"民生红包"，不断提升百姓的幸福感。

把"流动药房"搬到慢性病患者家门口

家住即墨区安居一小区的杨瑞玉老人患有高血压、糖尿病等多种慢性病,需要长期服药。此前,她在即墨区第三人民医院办理的大病门诊签约,每月都需要自己坐公交车去看病和取药。

2020年春节前,杨奶奶去医院拿过一个月的药物,按说2月底或3月初又到了取药的时间。但当时疫情形势严峻,一想到要去医院取药,她就犯了愁。哪怕儿子说要开车带她去,杨奶奶心里还是有疑虑。

2020年2月28日下午,杨瑞玉老人突然接到了即墨区三院家庭医生的电话:"您最近身体怎样?药物是不是要吃完了?"

"我当时就很纳闷,家庭医生怎么知道我的药物快吃完了?"杨奶奶说,家庭医生在电话里表示,有不少患者的药都快吃完了,所以

2020年疫情期间,即墨区第三人民医院的家庭医生为群众上门服务

医院决定把药物送到患者家门口，并让杨奶奶于 3 月 1 日带着身份证和社保卡到小区门口，上午 10 点会有医院的专家团队在小区门口为她看病，当场开药。

"说实话，我一开始不大相信。"杨瑞玉老人坦言，但又觉得自己没啥好被骗的，还是决定去看看。第二天她准时到达了小区门口。

当看到大夫拿着笔记本电脑工作时，杨奶奶立马走上前。"大夫给我测了体温，量了血压，开好了药，当场刷卡交费。然后就和变戏法似的，从车里拿出了药品箱，找出了已开好的三种药物。"大夫还叮嘱杨奶奶，疫情期间要加强锻炼，按时服药，感觉不舒服就及时给家庭医生打电话。

"大夫，我今年 70 多岁了，真没想到还有这样的好事！我正愁没有药了，你们就送药上门了，这下省了我跑腿，把什么事都办了。"

杨瑞玉老人所说的"这样的好事"，就是即墨区第三人民医院推出的"流动诊室""流动药房"进社区活动。针对疫情期间慢性病患者到院看病、取药不方便问题。即墨区第三人民医院"急病人所急、想病人所想"，紧急组建三支家庭医生团队，开展送医送药上门活动。家医团队自发成立"流动诊室"，把"流动药房"搬到慢性病患者家门口，搭建起特殊时期家庭医生团队服务的新模式，体现疫情无情、医者有情的医患真情。

担当疫情"歼灭战"的先锋战士

"本来心里挺恐慌，听你们一解答就安心了。我们一定配合大局，好好宅居在家。"2020 年 2 月 8 日，山东淄博丽景苑社区居民杨峰因自觉身体不适，详细咨询自己的家庭医生吕义珍后，终于如释重负。

　　如今在淄博，居民哪里有点不舒服，首先想到的是给自己的家庭医生打个电话问问，而不是外出就医。2020 年年初的疫情期间，淄博市由全科医生、护士、公共卫生医生、其他人员组成的 1447 个家庭医生团队的 6941 名家庭医生，在全民防疫重心下沉到基层的时刻发挥着不可或缺的作用。

　　据介绍，2020 年 1 月 25 日，淄博市市级机关医院市委社区卫生服务站接到通知，小区内有一位 1 月 17 日从武汉归淄的休假居民。家庭医生秦德鸿立即以最快速度装备完毕，赶往居民家中。先对其进行情绪安抚，再测量体温，仔细询问流行病学史及近日身体状况，嘱咐戴口罩、勤洗手、多通风，早晚量体温，如出现发热、乏力、干咳、腹泻等症状，立即做好防护到定点医疗机构就诊。秦德鸿的医者专业素养与细心关爱，让居民从一开始的略带抵触情绪变得主动配合，自愿签署了《居家隔离书》。

　　同年的 2 月 3 日一早，淄博市市级机关医院公园街道卫生服务中心家庭医生薛颖接到电话：居民区有新冠肺炎疑似患者的密切接触者！她以最快速度穿好防护衣，带上出诊箱，同社区及公安人员一同赶到居民家中，量体温、查体，详细询问症状及流行病学史，并安全护送居民到隔离点进行隔离。

　　在此基础上，淄博家庭医生团队积极利用签约覆盖网络，对有慢性病基础的重点居民进行一对一指导，让其学会如何自我防护、科学用药；对专项服务的保健对象、签约居民、辖区居委会成员提醒宣教，指导居家消毒，实现防控知识普及率 98% 以上；中医特色的家庭医生团队还自制清毒中药茶、中药香囊等分发给居民。

　　此外，针对疫情期间社区门诊停诊的通知，家庭医生们纷纷开通线上问诊指导、必备药品配送、宅居期间心理辅导等服务，让"停诊不停医"成为社区医疗服务民众的新亮点。

"平时家庭医生就是我们社区居民的健康主心骨，疫情严峻的当下，更成了咱百姓安心居家的精神支柱。"不少淄博居民由衷地说。

社区是疫情的终结点，家庭医生就是这场"歼灭战"的先锋战士。

山东居民触手可及的健康获得感

其实在山东，不只是青岛、淄博的家庭医生履行着健康"守门人"的职责。来自山东省卫健委的数据显示，2016年以来，山东省卫健部门先后出台了签约服务工作指南等文件，不断完善保障机制，加强培训指导，规范服务流程，提升服务内涵，签约服务在试点基础上逐步在全省推开。

截至2017年底，全省3277个基层医疗卫生机构开展了家庭医生

医生对患者进行健康指导

签约服务，组建家庭医生服务团队 2.3 万个，家庭医生签约服务工作扎实推进。各地根据居民健康状况和需求制定了多层次签约服务包，济南、青岛等市出台了签约慢性病患者免费服药政策。327 个二级以上医院组建了专家指导团队，为基层提供技术支撑和服务保障，签约居民感受度和满意度不断提高。

2018 年 7 月 2 日，山东省人民政府发布关于印发《山东省医养健康产业发展规划（2018—2022 年)》的通知，指出要深入推进家庭医生签约服务，进一步拓展和深化家庭医生签约服务，将基本医疗、基本公共卫生和健康管理有机整合，为签约对象提供综合、连续的基本医疗卫生服务，到 2020 年，实现家庭医生签约服务制度全覆盖。支持各地结合实际，创新服务模式，丰富签约服务内涵，拓展个体化健康管理、社区医疗和双向转诊，促进家庭签约服务智慧化。探索通过购买商业医疗保险的方式，满足居民多层次、多元化的服务需求。

门诊大厅电视播放家庭医生签约服务情况

2021 年 5 月 19 日，山东省"家庭医生地图"在健康山东服务号正式上线。居民仅需动动手指，就能精准查询家庭医生签约服务提供机构的地理位置和服务范围。3 万多个家庭医生团队入驻平台。

近年来，山东省着力推行家庭医生签约服务，不断提升家庭医生服务能力，大力推进"互联网＋"签约服务，逐步提高签约居民的感受度和满意度，截至 2021 年 4 月底，全省已有近 4000 万人享受家庭医生签约服务。

"悠悠民生，健康最大。"家庭医生使山东居民享受着"小病不出门"的便捷服务，这与健康山东建设的持续推进和不断深化密不可分，彰显着山东居民触手可及的健康获得感。

三、教育篇

"教育兴则国家兴，教育强则国家强。"山东教育事业与时代同步、与祖国同行，取得了巨大成就。2021 年，山东继续推进城乡义务教育一体化均衡发展，实施"强镇筑基"行动，主要以提升乡镇驻地学校办学水平为着力点，针对其存在的短板弱项，靶向施策，重点打造，以此辐射带动乡村学校教育质量整体提高；实施"强校扩优"行动，办好老百姓家门口的每一所学校。以优质学校为着力点，通过组建教育联盟、集团化办学、区域间结对帮扶等，建立校际、城乡间、区域间的教育协作关系，促进党建、管理、教研、课程、资源、师资、评价等一体改革、共享互通，有效扩大了优质教育资源辐射面，满足了群众就近"上好学"的教育诉求。扎实做好课后延时服务，让优质的教育服务提升群众幸福指数。截至目前，全省义务教育学校课后服务实现了应开尽开、有需求的学生实现了应保尽保，惠及 826 万名中小学生，部分学校课后服务充分挖掘自有师资、利用校外资源力量，供学生选择课程达到 100 门以上。2021 年，山东省在先期成功试点的基础上，全面铺开义务教育"网上报名"工作，着力解决义务教育适龄儿童报名入学"材料多""手续繁"等问题，将其作为"我为群众办实事"重要内容，实现了义务教育招生入学"全程网办"，超过 70%的县（市、区）实现了报名"零证明"、资料"零提交"，惠及全省 260 万个家庭。

让教育有温度！多措并举打造"双减"政策的"齐鲁样板"

2021 年 7 月，中共中央办公厅、国务院办公厅印发《关于进一步减轻义务教育阶段学生作业负担和校外培训负担的意见》，为学生减负、给家长减压。这项政策一出台，便深受学生和家长欢迎。不过，对于很多山东的家长和学生来说，早在国家"双减"政策出台前，便已经享受到当地政府各项教育减负举措带来的"红利"。

山东多地为家长"减负"举措跑赢国家政策

在 2021—2022 学年第一学期，济南市山东师范大学附属小学的教师范新瑞格外忙碌。她是该校 4 年级 2 班的班主任，也是一名语文老师。这个学期，她还有一个"新身份"，就是全年级课后延时班的老师。这意味着，每天下午 4 点钟放学后，范新瑞只有 10 分钟时间把自己班的孩子送到校门口，然后就要马不停蹄地赶到延时课教室，进行点名。

为响应国家"双减"政策，2021 年 9 月 1 日，山师附小 1—6 年级的新学期课后延时服务就准时上线了，学校还推出了课后延时服务"π"课程，实行"52"课后服务新模式。范新瑞说，服务内容包括

自主学习，快乐课堂

满足 100% 的学生课后托管需求，课后延时"精准式"五点半看护课程，还有各种丰富多彩的兴趣社团。

"双减"政策出台后，山师附小的老师们能够迅速进入状态，主要得益于济南市近年来打造的"有温度的教育"。早在 2012 年，济南市便在全市外来务工人员随迁子女定点学校建立了针对学生课后延时服务的"三点半学校"。2017 年 9 月，济南又在全市所有学校全面推行"三点半课堂"。济南市也是全国较早开展"三点半课堂"的城市之一。

据统计，截止到 2018 年，济南市区所有学校都开展了课后延时服务，覆盖率为 100%，惠及学生超过 11 万名。

为防止"三点半课堂"异化为变相补课，济南市教育局当时还明确了两条重要红线：一是本着自愿参与的原则，学校不得以任何理由强行要求学生参与课后服务；二是坚决防止课后服务变相成为集体教学或补课，同时不得组织存在安全风险的活动。

除了以学校为主体开展课后服务外，山东的很多地方还依托社区、公益组织、高校等开展了各种有特色的课后服务。

在青岛市西海岸新区灵山卫街道窝洛子社区的办公室里，几乎每天下午放学后，都会有一群小学生围坐在这里，聆听着来自周边高校的专家带来的主题讲座。2017年初，西海岸新区先行先试，整合中国石油大学、青岛黄海学院等驻区高校资源，以灵山卫社区教育中心为依托成立灵山卫社区教育学院，高起点打造"四点半课堂"社区教育惠民工程。

目前，"灵山卫四点半课堂"已被全国全民终身学习活动周领导小组和中国成人教育协会评为全国终身教育品牌。

全国唯一！教育部推广的"双减"十大典型案例中山东占了俩

其实，山东不但功课做得早，即使在"同题"竞争中，山东也走在全国前列。

刚刚升入初中的潍坊市潍城区新青中学初中一年级学生张博宇发现，初中的作业竟然比小学时还轻松。"本以为升入初中后，会有很多作业，没想到和小学六年级时差不多。"张博宇说，相比于小学，现在的作业还变得丰富多彩，有实践类的、活动类的，也有调查研究类的，都是自己喜欢的类型。

自"双减"政策实施以来，潍坊市教育局坚持问题导向和目标导向，充分发挥政策引领和推动作用，建立作业管理长效机制，控总量、提质量，采取系列措施为学生作业"减负"。

该局还研究出台了"三个十条"，即《作业设计十项原则》《优秀作业十项标准》《作业评改十条策略》，以目标化要求、条目化表述的形式提出作业设计的基本原则、优秀作业的标准、作业评改的要求。

同时，潍坊市教育局明确要求，作业内容要分段分层科学设计，严格控制作业总量，小学一年级、二年级不布置家庭书面作业，小学三至六年级及初中书面作业平均完成时间分别不超过 60 分钟和 90 分钟。并倡导作业布置遵循"三布置三不布置"原则：布置思维型作业，布置实践型作业，布置创新型作业；机械重复的作业不布置，死记硬背的作业不布置，繁难陈旧的作业不布置。

"我们语文教师尽量不布置机械重复性作业，让学生在课后做紧扣教材、适当拓展的作业，尽量做到适量且有趣味、有质量。"潍坊市寒亭区实验小学教师姜亚文说。

在做好"减法"的同时，潍坊市教育局注重在立德树人上做"加法"，在提升学生能力上做"加法"。教育局着力提升教师专业素养，

潍坊市的初中生在实践基地

实施市、县、学校、教师"四位一体"的资源共享，开设"作业超市"，满足学生的个性化发展需求。

2021 年 9 月，潍坊市教育局的这项"建立作业管理长效工作机制"入选教育部"学校落实'双减'十大典型案例"，向全国推广。和它一起被推向全国的还有青岛市崂山区的"依托信息技术优化作业管理"案例。据了解，山东也是全国唯一有两个案例入选十大典型案例的省份。

山东三部门联合开展专项整治行动

和以往减负政策只停留在学生和学校层面不同，此次"双减"政策还剑指培训机构。在《关于进一步减轻义务教育阶段学生作业负担和校外培训负担的意见》印发后的第四天，山东省教育厅、山东省民政厅、山东省市场监督管理局就联合发出通知，将于 7 月 30 日至 8 月 30 日开展为期一个月的"证照不全"校外培训机构专项整治工作，进一步规范校外培训市场，切实减轻中小学生校外培训负担，并将各地校外培训机构治理规范情况作为重要督导评估内容，评估结果列入政府履行教育职责评价指标体系。

"济南一下子有 80 家校外培训机构因证照不全被通知停止办学！"济南一家全国连锁的培训机构负责人在接受媒体采访时曾坦言，山东这一次的"双减"行动令许多家长和校外培训机构老师印象深刻。

山东此次"证照不全"校外培训机构专项整治的范围包括未依法取得相关证照，面向中小学生实施与学校文化教育课程相关或者与升学考试相关的补习辅导、培育发展兴趣特长、拓展综合素质的校外培训机构。要求发挥网格化监管优势，深入社区、街道开展摸排，全面摸清校外培训机构底数，逐一建立"证照不全"机构档案，分类登记违规办学、虚假宣传、价格欺诈等违法行为，形成工作台账，做到底清数明。

青岛市停止面向三种类型校外培训机构的审批业务、德州市对"证照不全"的培训机构实施"关停"和"查封"处理……几乎一夜之间，山东各地便陆续行动起来，开足马力推动校外培训整治。

时任山东省教育厅负责同志还专门在《中国教育报》上撰文称："山东省坚决落实党中央决策部署，坚持政府和社会共同推动，统筹校内校外，双向发力、综合施策，推进'双减'工作各项任务落实落地，促进学生全面发展和身心健康，切实办好人民满意的教育。"

投入超千亿资金解决"大班额"
在齐鲁大地上"种出"253万个学位

"当我们改变规划，要建设这块大操场时，其实已经晚了！"山东菏泽郓城县南城中学校长谭金辉看着崭新的操场，还记得当时开发商已在开挖地基，但为了面向未来建一所更宽敞的学校，县委书记亲自出面协调，财政又补偿了1500万元，这才为孩子们多"抢回"了16亩地，也让眼前这所现代化学校的布局更加从容。

目前，南城中学建起了可容纳40个班的教学综合楼，各种功能教室一应俱全，原来学校70多人的超大班额，如今已降到标准班额以内。

南城中学成功扩地盘，只是山东省近年来创新机制着力化解城镇中小学大班额问题的一个缩影。2015年以来，山东省在大力推进农村学校全面改薄工程解决"农村弱"问题的同时，创新机制，强力推进化解城镇大班额工程，破解"城镇挤"问题。截止到2017年，山东省已累计投入1220亿元资金，在齐鲁大地的城镇地区"种出"253万个学位。

基础教育要提质发展，必须啃下大班额这块"硬骨头"

作为一个人口大省，山东省的学位一直处于紧张状态。尤其是城镇地区，较为普遍地存在着大班额和超大班额现象。作为城乡教育一体化"双轮驱动"的其中一轮，在农村义务教育"全面改薄"工程实施后，城镇教育资源的配置问题更显紧迫，这在一定程度上已上升为基础教育提质发展的主要矛盾。

而且，山东城镇化的不断加速令城镇地区学校承受着巨大压力。根据 2015 年山东省进行的调查，2014 学年全省超过标准班额的班数达到 10.6 万个。城镇大班额问题全省 17 个地市"无一幸免"，有的地市中心城区大班额比例达到 90% 以上，有的超大班甚至超过了标准班额上限的两倍。

在业内人士看来，教育学生和种庄稼一样，栽得太稠，势必会影响单株产量，学校班额太大，也一定会影响每名学生的受教育质量。大班额问题严重损害了学生利益，加重了教师负担，影响了教育教学质量，阻碍了教育改革发展。因此，必须要把这块"硬骨头"啃下来。

决心已下，很多现实问题迎面而来。大量地新建、改扩建学校，预计需要超过 1000 亿元资金，钱从哪儿来？更难解决的是土地问题，现在一个县每年新增城镇建设用地指标只有几百亩，教育用地怎么从中"抠"出来？

对此，山东省委、省政府解决问题的决心和一系列政策举措，让人们看到了解决大班额问题的希望，也给相关部门和学校吃了一颗"定心丸"。2015 年 9 月，山东省召开全省解决城镇普通中小学大班额问题电视电话会议，要求各地痛下功夫，按照特事特办、综合施策、用好存量、扩大增量的原则，两年内解决大班额问题。

强化财政金融投入，多方着力"找钱"

兵马未动，粮草须先行！山东首先做的就是加大财政投入。据统计,2015年至2017年,山东省财政安排以奖代补资金20亿元以上,用于奖补各地解决大班额问题发生的人员支出和建设费用。同时,要求各市、县(市、区)落实经费投入主体责任,保障解决大班额问题资金需求。

在加大财政投入力度的同时,山东省部分政策性银行、商业银行为解决大班额问题提供金融服务,全省累计获得银行贷款298亿元用于学校建设。

德州乐陵市是著名的金丝小枣之乡,但经济基础较为薄弱。在建设资金缺口较大的情况下,该市搭建起多元化学校建设融资平台,采取由建筑公司垫付资金,竣工后再分为三年,按照4:3:3比例付清款项的"433"模式,顺利启动了学校建设项目。

截至2017年8月底,山东有9个市、33所中小学采用了PPP模式(政府和社会资本合作)建设,累计投资达到58.7亿元。其中,德州禹城市城乡教育综合发展PPP项目,采用可行性缺口补助的回报机制,对城乡中小学校建设项目进行PPP模式运作,已被列为国家级PPP示范项目。

多方着力"找钱"的同时,山东省财政厅、山东省物价局、山东省教育厅等部门联合出台政策,免收中小学校舍建设涉及的24项行政事业性收费和政府性基金,同时减免了12项经营服务性收费。数据显示,这些政策直接降低学校建设成本15%左右,同时大大缩短了相关手续的办理时间。

省、市、县三级统筹,确保足够的教育用地

在建设用地指标日益紧张的情况下,学校建设用地无疑是解决大

班额问题必须攻克的难题。淄博市率先成立由九部门组成的解决大班额问题联席会议办公室，在短时间内拿到用地指标，把用地手续办结，这是化解城镇大班额工作成功的关键所在。

山东省委、省政府明确办法：需要新增学校建设用地指标的，通过"一校一案"的方式，由省、市、县三级统筹保障解决。省级层面首先单列，据统计，仅2016年，山东解决大班额问题等学校建设工作就单列新增用地指标两万亩。在编制年度用地供应计划时，新增挖潜的用地指标优先用于解决大班额等学校建设问题，支持通过梯次补位办学、盘活闲置废弃教育用地等方式，充分挖掘教育用地资源，优先满足城镇中小学发展需要。

此外，山东还把保障解决大班额问题和"全面改薄"工作用地列为"优先级"。多市国土部门出台专门工作意见，明确提出解决大班额问题和"全面改薄"用地未保障到位的县区，其余新增建设用地申请一律不批。

在土地清理上，各地也因地制宜动起脑筋。像淄博市张店区马尚一中扩建工程用地，就是几个村的集体用地、民宅等各种用途的土地凑起来的。类似马尚一中这样的学校，淄博市一共有21所，需要新增建设用地576亩。为了能够顺利解决用地指标，淄博市创新实施了"容缺受理"和"绿色通道机制"，对于前期材料不全的项目，出具符合相关部门要求的证明材料后，政府即可预先下达新增建设用地指标，提前开展土地征收报批工作。

此外，政府还从土地下达、增地报批、招拍挂供地到登记发证，做到专人送达、全程跟踪，对市级审核事项全部从纸质"串联审核"改为网络"并联审核"，有效保障了解决大班额用地审批手续的快捷高效。

在山东，创新工作方式、务求实效确保学校用地的办法有很多。

2015 年，莱芜当地决定在莲河学校已有小学部的基础上，再征土地 13 亩扩建初中部，将凤城高中的初中部合并搬迁到莲河学校办学，通过一次建设，"一条龙"联动解决小学、初中、高中 3 所学校大班额问题。

"然而，13 亩土地上既有住户和村民的坟墓，还有违章建筑，拆迁补偿要价数千万元，拆迁征地难度很大。"莲河学校校长张丰俭说。针对这一问题，政府多方协调，并结合创建全国卫生城市工作，推动违建依法拆除及合法建筑合理补偿工作，于 2015 年底前完成了拆迁工作，2017 年秋季开学前，完成了学校扩建任务。

济南市莱芜区莲河学校

　　据统计，截止到 2017 年底，全省学校建设开工面积 4049.35 万平方米，为总规划的 108.47%。值得一提的是，通过省、市、县三级统筹协调，全省未发生一例因缺乏新增建设用地指标而停摆的学校建设问题。

职教改革的"山东模式"为全国职业教育改革创新树立标杆

从小就喜欢钻研计算机的潍坊男孩王晓伟没想到，有一天，自己可以一边钻研爱好，一边实现"大学梦"。2020 年 8 月，本已接到潍坊市一所普通高中录取通知的王晓伟，在得知中职学校既可以学习计算机专业技能，又能参加职教高考上大学后，他最终选择了当地一所中职院校的信息技术专业。

2020 年 1 月，教育部、山东省共建国家职业教育创新发展高地启动。得益于此，越来越多像王晓伟这样有一技之长的学生，找到了一条适合自己发展的新途径。

从高考制度改革入手，打破职教只能读专科的"天花板"

由于分数低，只能读到专科，一般从事蓝领工作……以往，提起职业教育，大家往往很排斥。不过，在山东，由于一系列改革，职业教育越来越受到学生和家长的认可。

2012 年，山东省在全国率先建立"文化素质＋职业技能"春季高考（后升级为职教高考）制度，职业技能测试采取实际操作形式，当年安排本科招生计划 2600 个，报名人数 3 万多人。

2013 年，山东省推进现代职教体系建设，将职业教育考试招生制度改革作为"总开关"，职教高考本科计划增加到 5000 个，之后不断增加，达到 1.2 万人。

2020 年，山东作为全国首个部省共建国家职业教育创新发展高地，将职教高考本科招生计划增加到 1.5 万个，当年报名人数达到 15 万人。

2021 年，山东职教高考本科计划数在 2020 年 1.5 万个的基础上又增加了 5000 个。

青岛电子科技学校校长崔西展对于近年来的职教高考制度改革印象颇深，该校近年来也一直在享受改革带来的"红利"。数据显示，自 2012 年以来，青岛电子科技学校有 393 人考入山东师范大学、中国石油大学、齐鲁工业大学、青岛大学、山东交通大学、青岛理工大学等本科院校。

济南电子机械工程学校"理实一体化"教学现场

职教高考制度，打破职业教育的专科"天花板"。2015年参加春季高考取得电工电子类全省第二名好成绩的戴栋晨，2019年以优异成绩考入中国科学院机械电子工程专业硕士研究生。2017年参加春季高考取得电工电子类全省第一名好成绩的闫航，2021年被山东师范大学物理与电子科学学院录取为硕士研究生。

职教高考制度吸引了越来越多的普通高中学生转入中职学校学习。得益于好的升学口碑，青岛电子学校还与青岛当地的优质高中合作，开设了综合高中实验班、普职融通实验班，实现了与普通教育的"双轨双通"，增强了职业教育的适应性。2020年以来，已有数十名学生从普通高中转入该校普职融通班学习就读。

目前，山东省已初步构建起职教、普教并行的高考双轨道，基本形成上下贯通、左右衔接的人才成长立交桥基础框架，为技术技能人才成长拓宽了学业晋升、技术技能提升的渠道，社会满意度和综合影响力不断提升。

改革招聘制度、薪酬体系，让高水平教师享受到高层次人才待遇

办好职业教育，建设高水平的职教师资队伍是关键。近年来，山东按照"干什么，考什么"的原则，改革职业院校教师招聘制度，以测试专业技能和执教能力为主。同时，建立高水平教师引进"绿色通道"，对业界优秀人才采取试讲、技能操作、专家评议或直接考察的方式组织招聘。同时，让学校引进的工程、技术、技能人才担任兼职教师，财政参照高级专业技术职务人员平均薪酬水平来确定经费拨付标准。

在济南职业学院，一条条专为引入高水平教师设立的"绿色通

道"令人耳目一新。针对高技能人才，该校在提供安家费、科研启动经费、周转房等常规待遇的同时，采取"一事一议"政策，职称聘用不受岗位及名额限制，甚至为配合这些高技能人才在企业做项目的需要，灵活安排其教学科研时间。

改革也催生越来越多职业院校达成共识——不拘一格用人才。针对"想要的进不来、进来的不想要"问题，对教师招聘的要求以测试专业技能和执教能力为主。此外，对业界优秀人才，不少职业院校采取试讲、技能操作、专家评议或直接考察的方式组织招聘。

灵活的薪酬政策则为激发老师的创新活力再添"一把火"。通过改革教师绩效工资制度，山东明确公办职业院校绩效工资水平可达到基准线的 5 倍；职业院校开展技术开发、转让、咨询、服务取得的收入结余，可提取 50% 以上用于教师劳动报酬，不纳入绩效工资总量管理。同时明确专业教师可在校企合作企业兼职取酬。

在山东职业学院，该校全面推进校内综合改革，以改革校内绩效分配办法为抓手，逐步将奖励性绩效占绩效工资比例提高到 70% 以上，专任教师奖励性绩效以教学工作量为基数、教学质量为系数，实现多劳多得、优绩优酬，进一步提高了一线教师的育人积极性。

山东还明确将职业学校研发机构（学科专业）设置权、人才招聘权、职称评审权、内部薪酬分配权、科技成果转化收益处置权，全部下放给学校，支持学校自主设立内设机构，自主确定用人计划、招考标准、内容和程序，实行事后备案。"五权下放"同时被列入山东省委、省政府确定的重点改革攻坚事项。

以岗位竞聘改革为抓手，威海职业学院做足了职称自主评聘的改革文章。为破除职称评定"唯科研、唯论文""论资排辈"等痼疾，该校坚定推行全员竞聘，彻底打破岗位竞聘能上不能下的固有观念。同时，给予二级学院更大的自主权。

根据企业需求办学，学生未入学就已没有就业的"后顾之忧"

山东鼓励职业院校进行混合所有制办学，更是以前所未有的改革力度开全国风气之先。

2015 年起，山东率先以省为单位开展职业院校混合所有制办学改革试点。在前期试点的基础上，2020 年，山东 14 个部门联合出台全国首个混合所有制办学政策制度。截止到 2021 年，全省开展混合所有制改革的学校已达 40 余所，拉动社会资本近百亿元。

作为山东首家混合所有制办学实践院校，山东海事职业学院探索实践了"院校整体、二级学院、公共实训基地"等层面的"大混套小混"混合所有制办学模式，逐步完善了"多元主体办学机制"和"现代法人治理机制"，建立了各类资本、师资、课程、文化深度融合的"校企协同育人机制"。

职业院校教育培训

2015 年以来，该校以混合所有制模式先后引进 5 家企业社会资金 9300 万余元，共建 3 个混合所有制二级学院和 1 个中外合作项目。不仅如此，该校牵头成立全国职业院校混合所有制办学研究联盟，共有 116 所职业院校、32 家企业参与。

同在潍坊办学的山东畜牧兽医职业学院，也先后与国家级、省级龙头企业等合作建立了 6 个合资合作企业，与国内大型龙头企业合作共建了 6 个具有混合所有制特征的二级学院，建立了校企融合招工招生一体化、培养就业一体化人才培养模式。

不少学校还通过"学校根据企业具体需求来培养学生，企业免费给学校提供实训设备和最新下线的实体样本"的订单培养模式来解决学生就业的后顾之忧。青岛酒店管理职业技术学院有校企合作企业 200 余家，已通过订单培养、冠名培养方式培养学生 2099 人，目前企业拟接收就业学生 1837 人。

而山东商业职业技术学院目前合作企业提供的就业岗位，已经超出学校能提供的就业人员数量，毕业生就业形势大好。

更让人欣喜的是，山东的职教改革还在稳步向前。职教新高地建设已连续两年被写入山东省政府工作报告，同时被纳入全省经济社会发展规划和改革攻坚行动，成为创建高水平创新型省份的重要支撑。

2022 年山东省政府工作报告中还明确，将推进职业教育集团化发展，培育一批卓越工程师、齐鲁工匠和高技能人才。

让群众少跑腿！义务教育阶段入学报名实现"零证明"

2021 年 12 月，山东省教育厅副厅长在省政府新闻办新闻发布会上说，在 2022 年秋季招生工作中，除特殊类型外，全省将 100% 实现让家长凭一个身份证号码为子女办理报名，"零证明"入学。

从"跑断腿"到"零跑腿" 这是一场入学方式的根本变革

2020 年，日照市基于大数据赋能，在全省率先实现了家长凭一个身份证号码，让子女"零证明"入学。"那天工作间隙，我拿出手机输入身份证号注册登录，惊奇地发现关于我的个人信息，包括家庭住址等都立刻自动'跳'出来了。我根据入学政策，点中选项并提交了联系方式，只动几下指头，系统就提示'报名成功'了。"日照市东港区第五小学的学生家长沈女士回忆起给孩子报名入学的过程，仍记忆犹新："很快就收到审核结果，真是太便捷了，感觉给孩子报名入学就像网购下单那么方便。"

"零证明"入学不仅仅体现在小学新生入学办理过程中，而是贯穿整个义务教育阶段。日照市田家炳实验中学的学生家长张先生还记得，当年孩子上小学时，报名入学曾遭遇的"拉锯战""持久战"。

日照市田家炳实验中学

而 2020 年孩子小升初时，他惊喜地发现，流程简便到让人不可思议，完全免去了到学校现场登记填表、提交户籍证明、房产证明等手续，直接在手机上注册登录，根据提示点击选项，输入手机号就完成了。

入学方式的变革对家长是一种"解放"，对学校老师更是一种"解脱"。以往，新生入学报名时，校方要承担入学资格审核责任。老师们当时有"三怕"：一怕丢证，家长提交的是个人和家庭的重要证件原件，学校要逐一登记造册，妥善保管，生怕有任何闪失；二怕假证，学校收到的可能有假证，工作人员必须时刻保持警惕，练就火眼金睛，精准识别；三怕人情，人工审核难免会碰到有人请托，学校招生老师必须顶住这方面压力，做到公平公正。田家炳实验中学副校长说，以往招生季时，为了核实确认信息，学生负责招生的老师往往不得不深入街道、社区明察暗访。

如今，有了强大、权威的数据支撑平台，学校的"三怕"一扫而空。李伟说，工作人员可迅速核对家长提交的信息并作出及时妥当的处置，同时接受上级教育主管部门时时在线监督。"大数据入学"不仅高效、精准，而且堵塞了可能的漏洞，把公平、公正入学真正落到了实处。

历经三次改造升级　为全省"零证明"入学蹚出一条路子

中小学报名入学和招生历来是社会关注的焦点。由于教育资源分布不均衡等因素，落实公平公正的入学政策往往意味着复杂的程序和烦琐的证明事项，由此也增加了审核的工作量和难度。日照依托大数据技术，在全国率先成功探索的"零证明""零跑腿"入学新路径，无疑具有重要的示范意义。

闯出这条路并不容易。2017 年，日照市东港区教体局开始尝试"互联网＋义务教育招生"，设置了网页版招生平台，着眼于汇总统计辖区内各校的实际招生数据。日照市东港区教体局副局长潘维增把它形容为"网络招生 1.0 版"。

在此基础上，该区教体局在接下来的两年里上线了具有证件材料网络提交功能的 2.0 版，但操作上传烦琐，再加上网传证件材料照片像素、清晰度等不够且难辨真伪，后台审核难度极大，很多情况下依然需要家长提供证件材料原件，难以实质性脱离传统招生模式。

2020 年，包括东港区在内的整个日照城区迈出"一大步"，跨入"网络招生 3.0 版"，也就是推出大数据支撑下的"零证明""零跑腿"入学报名系统。

日照能够实现这"一大步"跨越，主要原因在于该市近年来持续大力推进大数据发展战略。2019 年 7 月，日照市政府印发《关于促进大数据发展的实施意见》，对全市大数据发展工作作出全面部署，明确提出"促进数据资源共享开放流通"和"推动大数据应用示范"等重点任务。日照市大数据发展局开展了两次"数据归集、数聚赋能"专项行动，通过集中办公会战方式，全面整合各级各有关单位数据资源。

2020 年 6 月，日照市教育局会同日照市大数据发展局协调推动市自然资源和规划、公安、住建、人社、市场监管等 5 个部门的不动产登记信息、常住人口信息、交易网签合同信息、租赁备案信息、个人参保信息、个体工商户登记信息和企业法人基本信息等 7 项数据资源全部接入义务教育招生系统，彻底消除了数据提取环节的技术障碍，大力支持建成义务教育"无证明入学"平台。

据统计，当年秋季入学季，日照市城区通过该平台实现义务教育入学报名数量超过 4.17 万人，占报名总人数近 97%。

山东争取在 2022 年秋季 100% 实现让家长凭一个身份证号码办理入学报名

日照的先进经验也在全省其他地市得到了大力推广。2021 年 4 月，东营市在义务教育招生阶段启用"东营市义务教育学校招生入学统一报名平台"，全市 196 所义务教育学校全部实现网上报名。

日照、东营等地进行的成功探索，不仅为自身进一步推进大数据发展战略，而且为全省广大中小城市推进大数据应用尤其是在民生领域应用取得突破，积累了丰富经验。

2021 年 12 月，山东省政府新闻办举行义务教育领域"我为群众办实事"新闻发布会。山东省教育厅副厅长介绍，2021 年全省统一组织各地建设和升级义务教育招生入学平台，已经实现了群众为子女

东营市 2021 年义务教育学校招生"一网通办"新闻发布会

报名入学的"网上办""掌上办",其中 70% 以上的县(市、区)已经实现了报名入学材料"零证明"。

山东省教育厅在组织各地总结 2021 年招生平台建设及应用情况下,进一步发现不足、改进提升,与大数据、公安、自然资源、住房建设、人力资源社会保障及卫生健康等部门积极协调对接,加强数据共享和端口互通,争取在 2022 年秋季招生工作中,除特殊类型外,100% 实现让家长凭一个身份证号码为子女办理报名,实现"零证明"入学。

城乡学校"抱团"发展、农村学校有了特级教师……山东蹚出一条义务教育均衡发展的新路子

2017年11月，山东省教育厅举行义务教育均衡发展新闻通报会，通报了国家督导检查组对山东县域义务教育均衡发展的督导检查结论。通报说，全省137个县（市、区）全部高标准通过义务教育均衡发展国家评估验收，成为整体通过评估认定人口最多的省份，通过总县数位居全国第一位。

实行职称改革，农村学校也有了特级教师

众所周知，师资是农村义务教育学校的一个薄弱环节，解决好"人"的问题，无疑是提高农村学校办学水平的重点。因此，山东省结合"乡村教师支持计划"等，不断强化薄弱学校师资保障。

淄博市淄川区西河中心校校长张云鼎还记得，2016年之前，全镇连一个中高级职称教师都没有。

2016年，山东省实行教师职称制度改革，在提高中小学中高级教师岗位比例的基础上，进一步向农村薄弱学校教师倾斜，提高1—2个百分点。据统计，仅此一项，乡村学校中高级教师的岗位就增加了2.8万个。

"这一政策落实后，西河镇一下子就有了 10 多个中高级教师职称晋级的名额。老师们看到了希望，干劲又上来了！"张云鼎说。

同时，山东还创新工作思路，实施"乡村学校特级教师岗位计划"，在每个农村义务教育学区设立一个特级教师岗位，聘期内可享受特级教师津贴，以示范引领农村教师专业成长。

2017 年，德州经济技术开发区教师王万红，以第一名的成绩评上了当地乡村学校特级教师。"我现在不仅被纳入省级教师培训计划，每年还能享受不少于 7 天的学术假期，还将按相关政策享受津贴。"王万红高兴地说，这在以前连想都不敢。

山东还创新教师编制管理办法，采用班师比和生师比相结合的办法，对农村薄弱学校年级学生数达不到标准班额数的学校核定编制，仅 2016 年山东就核定教师编制 37562 人。

山东还将"全面改薄"与教育精准扶贫相结合，遴选建设教育志愿者团队，利用周末和寒暑假，到 14 个财政困难县开展农村义务教

沂蒙老区小学教师利用现代媒体授课

育教师学科教学技能培训，受训教师已达到 3811 人。

通过志愿送教服务，贫困地区小学英语参训教师学科基本技能达标率从 49% 提高到了 78%，音乐参训教师学科基本技能达到高级水平的比例从 7% 提高到了 52%，农村薄弱学校教师学科技能整体水平大幅提升。

大力推行集团化办学，农村娃也能上城里名师的课

2022 年 3 月，临沂市沂水县第四实验中学教育集团南校区第一次在全县学校管理工作现场点评活动中，改变了以往成绩倒数的被动局面。这一成绩主要得益于当地一体化教育集团的建设和发展。

近年来，沂水县以集团化办学为突破口，通过"优质校＋新校""优质校＋潜力校"的形式组建一体化教育集团，着力推进管理体制和教育机制改革，推动全县基础教育走向优质均衡。

在管理模式上，各教育集团采取"紧密型单法人"的管理体制，以"一套班子、多个校区，统一管理、资源共享，条块结合、以块为主"的运作方式，实行人事管理统一、经费管理统一、管理制度统一、业务管理统一、评估考核统一的"五统一"管理模式，规范统一，集约高效。

在师资队伍建设方面，沂水县通过促进教师交流轮岗和统一调配、统一管理，实现优质师资共享。第四实验中学教育集团对南北校区 65 名教师进行了轮岗交流；实验中学教育集团从校本部选出 5 名优秀教干到东校区工作，优化提升师资结构。

沂水县只是山东各地大力推行集团化办学盘活优质教育资源的一个缩影。在青岛，用"名校＋新校""强校＋弱校""城区学校＋农

齐鲁乡村学子的青春背影

村学校""中小学＋高校""民办学校＋公办学校"及集团化办学等模式盘活优质教育资源，已成为该市中小学均衡发展的"助推器"。

早在 2014 年，青岛市教育局就印发实施《关于加快办学模式改革进一步扩大优质教育资源的指导意见》，全面推广名校办分校、委托管理、集团化办学、高校或科研院校辐射中小学、学区制管理等办学模式改革，或一加一，或一拖"N"，推动校际优质课程、教师等资源共享。教育、人社、财政等部门，共同研究和制定普通学校跨区域办学激励政策。

截止到 2018 年，青岛市参与办学模式改革的学校达 80% 以上，其中，城市学校对省定贫困村中小学结对帮扶率 100%，全市建成746 间同步课程教室，校际、区域内、城乡间义务教育学校的差距进一步缩小。

以青岛市市北区为例，该区教育局先后成立 4 个义务教育阶段教育集团，实施名校带新校、名校带老校策略。同时，在全市率先进行学区制改革，按照小学升初中的八大学区，成立涵盖幼儿园、小学、初中的8个教育联盟，联盟资源互通共享、协调发展，通过联盟内人力资源、设施资源、课程资源分享共用，探索校际游学、校本教材区域化、课题研究校际化、学生活动合作化，实现联盟内各成员学校教育教学和管理水平的提升。

山东省教育厅统计数据显示，"十三五"以来，山东省累计投入500亿元以上，先后实施了义务教育学校薄弱环节改善和能力提升工程，乡村学校"厕所革命""取暖工程"，农村幼儿园建设工程等，实现了县域内城乡学校建设标准、教师编制标准、生均公用经费基准定额、基本装备配置标准"四个统一"，乡村学校办学条件发生翻天覆地的变化，教育发展面貌焕然一新。

2021年4月，教育部批复山东省开展乡村教育振兴先行区试点建设。在当年的山东省政府新闻办新闻发布会上，山东省教育厅相关负责人表示，以此为契机，山东省将突出"补短提质"，坚持"软硬结合"，发挥"优势特色"。"十四五"期间，山东省将以乡村学校为重点，持续实施义务教育薄弱环节改善与能力提升工程，着力优化乡村学校、幼儿园布局，改善乡村学校办学条件，提高乡村教育信息化建设及应用水平，补齐乡村办学条件短板。

四、社会保障篇

近年来，山东深入贯彻落实习近平总书记关于坚决打赢脱贫攻坚战和全面建成小康社会的重要指示，将兜底保障工作作为民政部门的重大使命，坚持聚焦脱贫攻坚，聚焦特殊群体，聚焦群众关切，按照"兜底线、织密网、建机制"的基本要求，切实做到在全面小康的道路上"不漏一户""不落一人"。2020 年底，全省城乡低保人数达到 147.5 万人，全省城乡低保标准分别提高到每人每月 732 元和 560 元，较 2016 年底分别提高 47.3% 和 76.7%；全省特困人员达到 32.9 万人，享受困难残疾人生活补贴和重度残疾人护理补贴保障人数分别达到 58.9 万人、115.5 万人；保障农村留守儿童 3.78 万人；脱贫享受政策人口 197.9 万人中有 85.9 万人纳入低保、特困人员救助供养范围，占脱贫享受政策人口总数的 43.4%，有效保障了困难群众的基本生活。

山东把发展养老服务作为积极应对人口老龄化的重大举措，加快构建居家社区机构相协调、医养康养相结合的养老服务体系。山东调整优化省级养老服务资金补助政策，聚焦失能老年人刚性照护需求，引导社会力量优先发展护理型床位，2021 年，省级支出补助资金 4.5 亿元。增加有效供给，建立健全覆盖城乡、分布均衡、功能完善的县、乡镇（街道）、村（社区）、家庭四级养老服务设施网络。截至目前，全省共有养老机构 2287 家、床位 40.3 万张，其中护理型床位 20.9 万张，占比 52%，城市社区老年人日间照料中心 3180 处、农村幸福院 11197 处、农村养老周转房 4242 套、助老食堂 5696 处。强化兜底保障，全省失能特困人员集中供养率达到 60%；建立经济困难老年人补贴和高龄津贴制度，年发放资金 7 亿元，惠及 65.2 万低保老年人；建立走失联合找寻和关爱服务机制，为 3.4 万名具备行动能力的失智老年人发放定位手环。加强人才培养，将养老服务人员培训纳入职业能力提升计划，全省累计培训各类养老服务与管理人员 23 万人次；推动 66 所职业院校开设养老专业，在校生达 1.1 万人，数量居全国首位。

"物质＋服务"
特困人员受到专业照护

农村特困人员供养是兜底保障工作的最后一道防线。近年来，山东以困难群众需求为导向，积极推进社会救助由单一物质救助向"物质＋服务"模式转变，全面增强社会救助兜底保障功能。

服务送上门　孤寡老人享晚年

2021年12月22日一早，巨野县龙堌镇王寨村孤寡老人王曾朋的家中传来阵阵广播声。

"王大爷，又在听广播啦！"巨野县民政局分散供养特困人员照料护理片区经理王雯雯推门而进，与王曾朋打起招呼。

"雯雯，你又来了，真好。"王曾朋双目失明多年，平时都是一个人闷在家中，唯一的爱好便是听新闻广播。听到王雯雯熟悉的声音，王曾朋赶忙起来握手。

随后，王雯雯等4人开始帮助王曾朋清洗衣物，并进行家庭保洁等。不大的院子里，不时传来老人爽朗的笑声。

一个孤寡老人能得到4名专业人员的4项基础性服务，这是巨野县近年来积极探索的分散供养特困人员"E照护"新模式，也是近年

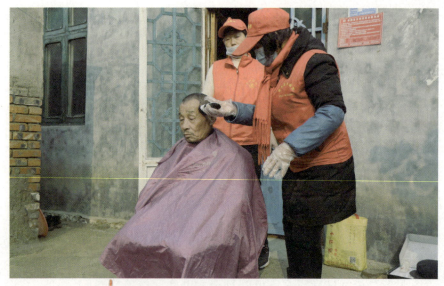

巨野县服务人员为分散供养特困老人开展入户服务

来菏泽市积极探索以满足特困人员多样化、个性化服务需求为目标，融合农村养老、统筹各方资源、创新服务体系，打造"我'菏'你"分散供养社会化服务品牌，着力破解分散供养人员照护服务难题的一个缩影。

"菏泽分散供养特困人员共 4.2 万人，平均年龄 65 岁，呈现出数量多、分布广、年龄大、护理要求高的特点。"菏泽市民政局负责同志说，"随着救助供养政策体系的逐步完善，他们的基本生活虽然得到了有效保障，但因生活圈子小、缺乏亲情温暖，平时生活无人照应、生病无人看护，造成了他们精神生活的极度匮乏，尤其是失能、半失能人员的生活更为困难，照料护理需求极高。"

为解决广大分散供养特困人员的照护难题，让老人们不离家、不离亲就能享受专业化供养服务，菏泽市按照"试点先行，示范引领，全域推开"的思路，创新救助模式，在每年提高救助供养标准的同时强化"服务类"救助供给，通过政府购买服务，由第三方专业照护机构为分散供养特困人员提供专业照护服务，先后打造出郓城县"虚拟养老院"、巨野县分散供养特困人员"E照护"等优秀案例，相继获评"山东省社会救助领域优秀实践案例"，实现全市特困人员救助供养工作从"发现金"到"送服务"的转变，并在全市推广该社会化服务模式。

目前，菏泽市共择优签约15家服务机构，配备1067名服务人员，116名专业管理人员，为全市3.71万名分散供养特困人员提供生活照料、家政服务、健康护理、精神慰藉、法律咨询等方面的服务。

"我们将特困人员分为自理、半自理、失能三个自理等级，实行'差异化'服务，按照《照护服务规范》，自理等级越低，服务内容、频次就越多，标准就越高。"赵斌说。

此外，菏泽各县区民政部门还会对服务机构的服务质量进行日常监管、定期考评，对服务质量不达标的服务机构，按一定比例扣除当

巨野县服务人员为分散供养特困老人开展入户服务

月服务费用，对考评不合格的按照退出机制予以退出，对认真履行责任、照护效果突出、服务对象满意度高的予以表彰。

目前，菏泽市社会化照护服务模式已覆盖所有县区，全市自愿接受第三方照料护理服务的分散供养特困人员达 3.71 万人，占分散供养人员总数的 89.2%，覆盖率全省最高。共计 15 家第三方照护服务机构承接照料护理服务，2021 年以来，全市总服务人次达 61.3 万人次，总服务时长达 114.2 万小时，服务对象满意率达 99% 以上。

集中供养愿进全进　特困老人住进"幸福园"

一日三餐精心配制，住的地方井井有条、干干净净，平日里有各种各样的文体活动，生病了有专门的医护人员送药……"这里环境比之前好太多啦，我在这住得好、吃得好、穿得好。"宋献祥今年 7 月份从镇敬老院搬到万福苑老年公寓，几个月来高品质的集中供养生活，让他每天都精神头十足。

针对有集中供养需求的特困人员，威海全面优化养老机构服务项目、服务设施、人员配备等内容条件，改善集中供养生活环境，全力提升集中供养水平。投入 7 亿元将 32 处乡镇敬老院升级改造为 14 处高标准区域性养老服务中心，同时，加强职业技能培训，实现所有养老护理员持证上岗，照护质量全面提升，真正让养老院变成了集中供养"幸福园"。

目前，威海市已实现集中供养愿进全进 100%，生活不能自理特困人员集中供养率达 78%，为全省最高。针对重度精神疾病患者需要看护人员多、投入精力多、专业要求高等实际问题，威海加强专业医护人员配备、专业设备配置，使集中供养机构重度精神疾患与专业

为了保证老人能吃上热乎的饭菜，养老院食堂专门配备保温餐具

医护人员比例提升至 4：1，每年支出资金 1400 余万元，在全省率先实现重度精神残疾特困人员集中收治 100%。

"为切实解决特困人员急事、难事、忧心事，我们还全面激发社会力量参与热情，凝聚社会各界力量，形成救助合力，探索走出一条'三驾马车'并驾齐驱纾困解忧的养护路径。"威海市民政局相关负责人介绍，通过开展"春风万家"行动，把宣传、工会、妇联等方面的工作力量统筹起来、一体使用，把全市各个部门 25 类 74 项政策整合成一个综合性大数据库，先后投入资金 3600 余万元，为全市 3.5 万名低保、特困等困难群众提供心理疏导、社会融入等多样化服务。开启"党建＋公益"模式，每年投入 300 余万元，为 60 个社会救助项目提供资金支持。打造"威救你"社会救助综合信息平台，推行"海贝分"信用制度，建立"幸福公益银行"，通过把参与社会救助与信用积分等即时挂钩折算、享受对等衣食住行游娱购 7 个方面的优惠，激励引导更多团体群众参与到"海螺姑娘"队伍之中，为特困人员提供医疗保健、生活照料、文化娱乐等五大类社会救助帮扶活动，逐步消除政府保障服务"盲区"，改善特困人员生活品质，实现特困供养服务由"量"上满足到"质"上跨越。

山东省民政厅负责同志介绍，近年来，山东指导各地按照"三清""五有"工作要求，全面落实分散供养特困人员照料护理责任，采取政府购买第三方服务方式为分散供养特困人员提供照料服务比例达到35%。2021年城乡特困人员照料护理标准较上年有了明显提高，各地提高幅度在10%—24%之间。全省各地持续开展社会救助创新实践活动，社会组织、专业社工、志愿者等社会力量参与社会救助的积极性越来越高，为救助对象提供心理疏导、资源链接、能力提升、社会融入等方面的服务，为困难群众解忧解困。

居家为基础，社区为依托，机构为补充，医养相结合，老有所养的山东样本

为了让老年人有一个更加幸福美好的晚年，山东省委、省政府高度重视养老工作，把养老事业作为重大民生实事来抓，紧扣老年人需求，健全居家为基础、社区为依托、机构为补充、医养相结合的养老服务体系，加快基本民生向品质民生转变。

截至目前，全省共有养老机构2287家、床位40.3万张，其中护理型床位20.9万张、占比52%，城市社区老年人日间照料中心3180

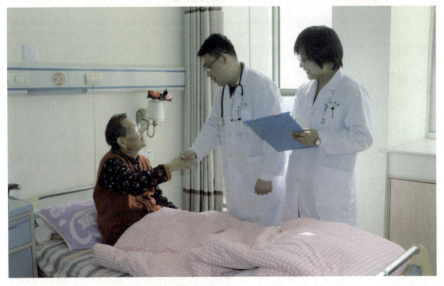

东营市东营区临家老年照护中心医养结合的养老院

处、农村幸福院 11197 处、农村养老周转房 4242 套、助老食堂 5696处。基层养老服务网络越织越密，承载支撑能力越来越强。

在山东，让所有老年人都能"老有所养、老有所依、老有所乐、老有所安"的美好愿景，正逐渐成为现实，为构建居家为基础、社区为依托、机构为补充、医养相结合的养老服务体系提供"山东样本"。

语音呼叫　线上点餐　这里的居家养老充满智慧

"小度小度，我需要家政服务。"家住山东省淄博市博山区峨嵋新村社区的 69 岁老人姜伟，最近的日子变得"智慧"起来。他只需对着一款名为"孝百通"的语音交互设备说出需求，很快就会有工作人员上门服务。

"平日里就我们老两口在家，孩子在外工作，老伴身体不好，有时候需要找家政帮忙打扫卫生。"姜伟对着"孝百通"说出家政需求后，屏幕上出现了养老护理员列表，他熟练地选择了提供过多次服务的护理员焦莉。很快，焦莉就来到姜伟家中，帮老人洗衣服、打扫卫生、做饭……

基层民政干部表示，目前，居家养老是绝大多数老年人的养老方式，存在巨大的养老服务需求，但相关服务供给不足，且缺乏专业化、规范化、精准化。而在博山区，越来越多的居家老人享受到了便捷高效服务，实现了"智慧养老"。

作为"智慧养老"服务商，华夏孝之源智慧居家养老服务有限公司董事长、总经理张梅介绍说，针对居家老人，他们利用"互联网＋养老"打造了没有"围墙"的养老院，通过搭建智慧养老服务平台，链接各类养老服务商 1.3 万余家，根据老年人个性化需求，提供养老

淄博市博山区城东街道居家老人李女士通过智慧居家养老终端产品"孝百通"进行远程问诊

护理、家政服务、代办代购、医疗保健等130余项标准化服务。

为方便老年人操作使用，孝之源投资开发了具有语音交互功能的"孝百通"，可提供双向可视化通话服务，一键呼叫就可实现老年人与子女、服务机构之间的视频通话，以便及时解决老年人的各种问题。

日间照料中心火起来　把服务阵地建在家门口

签到可得5个积分，帮忙包饺子能积10分……在青岛市市北区敦化路街道伊春路社区日间照料中心里，居民张元巧正拿着敬老积分卡向新来的朋友推荐："你看我以前经常参加社区组织的活动，现在来了就能积分换福利，有理疗、理发、送餐、旅游等，随便选。"张

淄博淄江社区日间照料中心

元巧说，年前她已经用积分兑换了三次肩颈理疗，她准备再攒半年的积分兑换一次蓬莱两日游。

2018 年 10 月份，伊春路社区日间照料中心推出"积福分、享福分"养老新模式，64 岁的韩俊第一批办理了敬老积分卡，如今卡内积分已经达到 410 分，是社区老年人中积分最多的。

"其实来签到不单是为了积分，主要是现在活动多了热闹，大家一起说说笑笑心情好了，还能干点力所能及的事，比一个人待在家里强多了。"韩俊说，这两年随着活动越来越多，助老食堂也办起来了，来日间照料中心的人越来越多，大家也都对这里的服务很满意。

街道办事处负责同志介绍，依托项目化管理的模式，街道引入三家高质量的社会组织来运营社区老年人日间照料中心。为了更好地开展服务项目，他们通过线上线下广泛征求居民意见，建立民情民意"信息库"，确定了 15 大类 70 余项服务。特别是伊春路社区"积福分、享福分"项目和西吴社区"互联西吴，社区关怀"独居老人融入社区项目的服务模式，都是依托积分的形式开展，在促进老人融入社区活动、参与社会治理的同时，还可以让他们享受社区服务，从物质上和精神上都得到满足。

依托 6 个社区老年人日间照料中心，2018 年，市北区仅敦化路一个街道就服务老年人 6 万余人次，提供上门理发、助洁助浴、便民配送等各类服务 70 余项，开展服务大集、健身文体、棋牌娱乐等活动 120 余场次，开办老年人兴趣班、健康讲座和大课堂累计500 余次。

医养融合发展　聚力建设"康养福地"

每天一早，泰安市财源街道更新社区的王太琴老人，都会准时来到社区养老服务中心，在这里，她不仅能享受到健康查体、日间照料等贴心服务，饭菜也可口。

王太琴老伴去世多年，儿女不在身边。像她这样的独居、空巢老人，更新社区有 300 多位。2021 年 10 月，社区与第三方机构合作，成立多维融合居家养老服务中心，为居家高龄、空巢、失能等老人提供专业化护理和远程监护等服务。

泰安市泰山区财源街道更新社区居家养老中心工作人员姬娜介绍："我们的采集器和我们服务中心的平台相连接，24 小时实时监控我们老人的心率、血压、血氧饱和度，如果老人的身体出现了特殊情况，我们的平台会第一时间接收到信息。"

为解决医疗机构不能养老、养老机构不能看病等问题，近年来，泰安市深入推动医养融合发展。泰山医养中心是山东首批医养结合示范机构，由政府投资建设、专业三甲医院运营。在这里养老的 2600位老人，足不出户就能享受到优质医疗服务。中心还配备有智能评估机器人、测温机器人、陪伴机器人等，为老人提供智慧化服务。

目前，泰安市已形成"医、养、康、护、配送"结合的八大综合模式，建成医养结合机构48家。

泰安市卫生健康委医养健康科科长表示："通过签约、合作、托管、派驻医护人员等形式，全面提升医养结合服务质量和智慧养老水平，切实夯实基层医养结合的服务能力。"

孟子故里邹城：政府购买服务，为贫困群众提供公益岗位

公益照料"老病残"，老吾老以及人之老

每天清晨，照顾老伴起床后，59 岁的党庆芝都要到村里 9 户生活自理能力困难的村民家走一走，看看他们有没有起床、打扫一下卫生、问问需要办的事……

党庆芝是山东省邹城市大束镇张家屋村村民，生活的磨难在他古铜色的脸上刻下了千沟万壑般的皱纹。让这位憨厚的鲁西南农民想不到的是，他这些平常得不能再平常的邻里间的关照问候，竟然成为 2020 年济宁市在邹城召开的扶贫现场会的主要内容之一。

济宁市扶贫干部们来学习的，正是发端于张家屋村，后被邹城市推广的政府聘请贫困群众开展的"老病残"照料行动。

从借钱看病到万元存款

党庆芝的妻子患有精神残疾，需要经常住院；女儿也有一些智力障碍，婚后无法照顾父母；而家里仅有的 3 亩地，年收入也就 1000 多元。

即便有政府的救助，党庆芝的日子也过得艰难。每次妻子住

党庆芝帮助贫困户米传文进行农业生产

院，他都要东家西家地借钱，然后就是想方设法还债，日子就在"借钱—还债—借钱"中循环，"也不知道什么时候是尽头。"党庆芝说。

2017年冬，正在院子里扫雪的党庆芝，迎来了走访的村党支部书记党庆红："老哥哥，你这长期在家里也不是办法啊，不出去打工挣点钱，日子可怎么过？"

"唉！"党庆芝一声长叹，"你嫂子生了病，我要是出去打工挣钱，她连吃喝都弄不了。"

一句"连吃喝都弄不了"，提醒了党庆红：全村有10户19名贫困群众，60岁以上的12人、有残疾的6人，其中3位60岁的老人患有残疾，这些群众的吃喝都要有人管。"要是村里出点钱，让党庆芝把这些困难群众一起照顾了，不就能让这些群众都受益吗？"

村党支部研究后，与党庆芝达成协议：村里补助党庆芝，由他负责日常照顾全村生活不能自理的贫困群众。

对于这份既能照顾妻子又能增加收入的工作，党庆芝打心眼儿里珍惜。每天他都要到服务对象家走一走，从日常护理到清洁卫生，从监督用药到代为采购，事情虽小却暖心。

2018 年 7 月 5 日，党庆芝到米传文家送东西，叫了几声没人应，只听到其患有精神残疾的儿子米计涛嘟囔了句"睡了，睡了"。党庆芝赶紧冲到米传文床前，发现米传文双眼紧闭，一动不动，眼睛睁不开、话不能说、连晃都晃不动，他立即向村里报告，和村干部一起把米传文送到邹城市急救中心，挽救了脑血管已经破裂的米传文的生命。

2019 年，邹城市推广了张家屋村的做法，政府提供扶贫公益岗位，优先聘请有劳动力的贫困户，为 60 岁以上独居老年人、"一户多残"家庭和患大病贫困户等特殊群体，开展以"扫扫院、做做饭、看看门、办办事"为主要内容的"老病残"照料行动。就在这一年，大束镇也为党庆芝每月增加了 300 元岗位补助。

尽管"工资"不高，但党庆芝很幸福，"算上低保和残疾人补助，每年有 14000 元左右的收入。现在不仅还完了债，而且有一万多元的存款，还有什么不满足的？"

办不了的事能办了

米传文家是典型的鲁西南农家院，四间平房、两间偏房围成的院子里大部分地面硬化，院子的角落里是政府帮助修建的厕所，旁边是一块绿油油的菜地，房间里电视、沙发老旧却干净整洁。

"菜是党庆芝帮忙种的，家里的卫生也是他经常来打扫。"65 岁的米传文说，自己先后两次突发脑梗，都是党庆芝及时发现，"他是我的救命恩人。"

看着坐在边上一言不发的儿子，米传文说："人老了病了，腿脚不便，想出去找人唠唠嗑，还不放心家里的儿子。要不是党庆芝每天来说说话，闷都闷死了。"

事实上，渴望看看外面的变化、与三五老友聊聊天，是党庆芝服务对象的普遍心愿。党庆芝做过非正式调查，大家最想做的事居然是"赶集"。

在邹城乡村，5天一次的赶集日，承载了老人们无数的记忆。那次调查以后，每逢赶集，党庆芝都开着三轮车，拉着老人们寻亲访友找人唠嗑。

唐村镇前葛村村民葛文全，操持着一个让人心酸的家庭。

72岁的葛文全，肢体残疾四级，走路需后仰才能保持平衡；妻子杨桂真，同样是72岁，肢体残疾四级，走路要前倾才能保持平衡；儿子葛井新45岁，精神残疾二级，常年在精神病院治疗。在许多人看来，这是一个没有希望的家庭。

老夫妻多年拾荒，废品堆满了院子。精准扶贫开展后，仅院子里这些废品，就用手扶拖拉机装了整整18车。

葛文全最担心的是，26年前建房用的电线当时是最便宜的，五六年前就严重老化，四处都能看到裸露的铜线，"自己换不了，也没有钱请人换，要是出了事可怎么办？"

2020年夏天，因残疾不能干重活的宗维年，被前葛村安排到扶贫公益岗。一"上岗"，他就为葛文全家换灯泡、换线路，"治"好了老葛多年的心病。

葛文全对此心怀感激，"以前院子里堆的都是废旧垃圾，现在清爽了。这些年来没有党和政府，我们家吃不饱；现在党和政府又派人来照顾，我们有什么理由不好好活？我打算开春了在院子里种些花，把日子过得亮亮堂堂的。"

看庄镇孟官村村民马昭岩，同样受益于扶贫公益岗的精心服务。

肢体残疾的他，卧床已七八年，前两年刚买了轮椅，一心想到屋外看一看，但家里到院外有台阶，妻子一个人实在是无能为力。

村里同样是扶贫对象的王召民，到任扶贫公益岗后，把马昭岩家所有的台阶改成了斜坡，让他终于能够再去看看外面的世界。

"你想到的，党和政府给办了；你没想到的，党和政府也给办了。"马昭岩说。

提升脱贫质量要久久为功

"邹城开展的'老病残'照料行动，实质是政府购买服务，优先为有劳动力或弱劳动力的贫困群众提供扶贫公益岗，聘请他们照顾生活不能自理的群众，让这些群众能够有尊严地生活。这是邹城持续提升贫困人口脱贫质量的一次积极探索。"邹城市扶贫办综合科负责人说。

截至 2018 年底，邹城市 12263 户、22581 名建档立卡贫困人口全部脱贫出列，但一些因病、因残、因学收入骤减的贫困家庭仍然零星出现。这是全面巩固脱贫攻坚成果的关键，也是未来持续提升贫困人口脱贫质量的难点。

"老病残"照料行动的开展，提供了 228 个扶贫公益岗位，既提高了"上岗"群众的收入，又照顾好了生活不能自理的贫困群众，实现了两全其美。

不仅如此，"老病残"照料行动还解放了这些贫困群众的家人。

邹城市孟子大道

　　扶贫公益岗上门照顾马昭岩后，其妻子李明玲就在镇政府的协调下，到附近的玩具厂做了临工。

　　邹城是孟子故里。2000多年前孟子"老吾老，以及人之老；幼吾幼，以及人之幼"的理想，正在共产党人的接力奋斗中成为现实。

"希望小屋"装满爱

"我心里一直藏着一个小秘密,希望有一个自己的房间。"日照市五莲县松柏镇前长城岭村14岁的小娜说。

"妈妈,我从没见过你。你知道吗,我有好多话想和你说。"临沂市河东区相公街道东朱团村12岁的小栋说。

……

孩子们的心声,被听见、被关注。聚焦无独立居住和学习环境的8岁至14岁困境儿童,"希望小屋"儿童关爱项目如春风一般,拂过齐鲁大地。截至目前,我省已建在建希望小屋16094间,惠及困境儿童1.6万多名,累计募资超过2.2亿元。

2020年6月,山东共青团启动这一民生项目:一间干净整洁的"希望小屋",爱心志愿者结对陪伴,实现了孩子们深埋心底的愿望,播种下希望的种子,探索新时代"希望工程"新路径。在这一民生之举的背后,还有很多温暖的故事。

"做梦都不敢想的事"成真了

"请进,这是我的房间。"前长城岭村14岁的小娜推开房门。

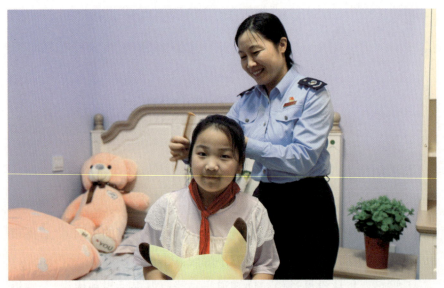

"爱心妈妈"为孩子梳头

　　这是一个粉色的"梦幻空间"：浅粉色的墙壁上，贴着中国地图、山东地图；柔软的床铺上，铺着粉色花朵图案的床单；崭新的书桌上，整齐地摆放着书本，桌角一盆小小的仙人掌碧绿鲜亮。小娜说，这个屋子以前堆满杂物，地面坑坑洼洼，墙皮也都剥落了。"但是，叔叔阿姨们真厉害，让这里焕然一新。"

　　小娜家原本幸福快乐，几年前，父亲意外致残，母亲离家至今未归，她仿佛在一夜间长大。在政策的帮助下，父女俩的生活渐渐有了起色。她最盼望的就是有一个属于自己的小房间，收拾得干干净净，放上自己喜欢的物品。如今，在五莲团县委和县义工联合会的帮助下，"之前做梦都不敢想的事"成真了。

　　"希望小屋"，质量是首位。五莲县以低山丘陵为主，房屋基础相对薄弱。"我们按照'一屋一策'的制度，严把小屋建设质量关。以前对装修着实不懂，为了保证小屋安全实用，在小屋建设中，我们也快成了半个行家。"团县委学少部负责同志举例说，选择纤维装饰板，不选刮腻子，是为了加固支撑；用大理石地板，不用木地板，这样耐磨、防潮效果更好。在基建施工环节，扎实调研、实地考察施工单位，选定具有二级装饰施工资质的公司进行设计施工，同时聘请第三方全程质量监督，确保施工过程符合要求。

"当然，孩子们的心思最重要，他们是设计的主导者。"团县委主要负责人说，经过多方努力，孩子们画在图上的房间，稳稳地落在地上。经过甲醛、线路安全等多轮检测，小屋质量完全达标后，迎来了它们的小主人。

小屋焕新，精神焕彩

"妈妈，今天尤妈妈又来家里辅导我们写作业了。她英语说得真好，和老师一样好。"东朱团村的小栋、小蓉是一对龙凤胎，自小父亲过世，母亲离家出走，他们和爷爷奶奶相依为命。小栋有给妈妈写信的习惯，他笔下的尤妈妈是临沂市河东区税务局纳税服务中心副主任尤红梅。

为小栋、小蓉各自建好"希望小屋"后，河东团区委为姐弟俩配备结对爱心志愿者尤妈妈。除了每周辅导作业、培养他们良好的学习、生活习惯，尤妈妈还与当地团委老师带他们"感知城市"。"我们去了省会济南，那是我第一次坐高铁。我们参观了动物园、科技馆、博物馆，吃到当地的小吃，比如油旋。"小栋说，我从来都没那么开心过，外面的世界真美、真大。

为做好"希望小屋"的后半篇文章，河东团区委为每户孩子配备1名爱心志愿者，开展课业辅导等常态化志愿服务活动。团区委负责同志说，每个孩子都有做梦的权利，帮助他们实现梦想，也是我们工作的应有之义。结合受助孩子"到城里看一看"的愿望，团区委组织 192 名受助儿童参加"感知城市"活动，帮助他们开阔眼界、增长见识。

小屋焕新，精神焕彩。截至目前，该项目已累计结对志愿者 3 万余名，与受助儿童进行"一对一""多对一"的结对帮扶。同时，结合当前防疫的特殊要求，开展线上线下儿童关爱帮扶活动，组织青年志愿者为孩子们普及防疫知识，赠送医用口罩、酒精等防疫物资。学习辅导、爱好交流、心理抚慰、亲情陪伴等线上帮扶活动正有序进行。目前，济南、青岛、淄博等地已开展线上志愿帮扶活动 110 次，惠及 3700 名儿童。

一间小屋，凝聚社会爱心

001，这个数字对山东故乡牧业有限公司总经理战泽业来说具有特殊的意义。30 年前，一张编号 001 的希望工程"结对救助卡"交到了他的手上，他成为德州市宁津县第一个"希望工程"受助学生。自此，"希望工程"的暖阳陪伴他度过求学生涯。

"当我知道山东'希望工程'推出转型升级项目——'希望小屋'时，我第一时间联系宁津团县委，表示想积极参与。"战泽业说，"如今我有能力回馈社会，一定要把'希望工程'给我的这份爱传递下去！"在战泽业的帮助下，德州市宁津县的小婕成为当地第一个拥有"希望小屋"的孩子。

这间同样编号为 001 的"希望小屋"，让战泽业回报社会的心更加坚定，"1 是开始，是希望。希望能带动更多的人参与其中，也期待受助者长大以后，反哺社会，让关爱和希望生生不息。"后续，战泽业又捐建了两间"希望小屋"。

"三年建起一万间希望小屋。"这是项目启动之初定下的目标。一间希望小屋建设成本约 1.2 万元,一万间就是 1.2 亿元。去哪里寻找资金?团省委在采取省级统筹、本地筹建和省内对口共建方式的基础上,开辟了一条新路径:紧跟互联网公益蓬勃发展新趋势,依托"互联网+公益"模式,与"腾讯公益""支付宝公益""新浪微公益"等互联网平台深度合作,并定期进行财务披露。

2020 年"99 公益日"线上募资 3280 余万元、2021 年"520 公益季"线上募资 3547 万余元、2021 年"99 公益日"线上募资 5070余万元……一场场爱心接力推动"人人公益",全省 1200 多万人次以不同方式参与或支持小屋项目,"希望小屋"承载的温暖与希望愈发浓烈。去年,团省委在充分调研、摸排基础上,将建设目标扩大为"3 年 2 万间"。

2021 年海阳市志愿者为"希望小屋"受助儿童过生日

为进一步深化"互联网＋公益"模式，"希望小屋"小程序今年开发上线，打通了社会参与公益的线上渠道。至此，"希望小屋"儿童关爱项目形成了线上、线下两条运行渠道：在线上，以"希望小屋"项目为切入点，全方位链接帮扶对象、公益项目、爱心捐助方和社会组织，推动实现透明化信息互动、社会化需求汇聚、精准化帮扶资助和标准化项目运作。在线下，聚合团属资源，延伸服务触角，将线上结对帮扶转化为日常关爱行动，为困境儿童提供学业资助、关爱守护、心理咨询、法律援助等服务。此外，项目组还将对已合作的170家社会组织开展评估甄选和培育赋能，择优孵化推广优质公益项目，构建"共青团＋基金会＋社会组织"全链条服务困境青少年的格局。

如今，"希望小屋"项目已走出山东省，为更多地区的孩子送去温暖和帮助。团省委向山东省对口支援地区西藏日喀则市、青海海北州两地捐赠200万元资金物资，帮助140多名藏族、回族、土族、蒙古族等困境儿童住进了属于自己的新房间。今年，团省委将为沿黄省区及我省黄河滩区困境儿童援建"希望小屋"1000间，还将在"一带一路"沿线国家打造"海外版希望小屋"。

团省委主要负责同志说，"希望小屋"项目是山东共青团关爱困境儿童成长的民心工程和凝聚社会爱心的公益品牌，通过小屋项目持续培育、发展、壮大社会组织，同步深度链接教育、民政、医疗等各类资源，进一步拓展项目帮扶内涵，形成团组织联动、团内外互动的共青团公益事业链，实效服务乡村振兴、促进共同富裕。

五、住房篇

近年来，山东省积极探索"多主体供给、多渠道保障、租购并举"住房制度，不断完善住房市场和保障体系，持续改善人民群众居住条件。一是加大调控力度，确保房地产市场平稳健康发展。2019—2021年，全省商品房网签面积分别为14954万、14760万和15617万平方米，网签面积持续保持在全国首位；二是大力发展绿色建筑、装配式建筑、超低能耗建筑和绿色智慧住区，不断提高工程质量，提升住宅品质；三是支持租赁企业发展、开展住房租赁试点，积极培育和发展住房租赁市场；四是大力发展保障性租赁住房，印发《山东省人民政府办公厅关于加快发展保障性租赁住房的实施意见》，2021年，保障性租赁住房开工7.5万套（间），着力解决新市民、青年人住房困难问题；五是扎实推进棚户区改造、老旧小区改造，持续改善群众居住生活条件。2019—2021年，全省累计开展老旧小区改造项目4640个，惠及群众137.97万户。"十三五"期间，全省累计开工改造各类棚户区255万套（户），总量居全国第一。2016年度、2018年度、2019年度、2021年度，山东省和潍坊市、济南市、青岛市分别被国务院列为棚户区改造工作真抓实干成效明显地方。截至2021年底，全省人均住房面积达到41.3平方米，群众居住条件得到较大改善。

保障性租赁住房，
青年人奋斗的新起点

青年人是城市的未来和希望，城市发展得好，最终要靠吸引青年人、吸引人才。但"买不起房，又租不到好房"，却成了时下在大城市打拼的青年人共同的痛点。如今，山东各地"筑巢引凤"，推出保障性租赁住房，这是支撑产业发展、人才引进的关键基础工程，是聚人气、增活力的重要途径。租赁住房正成为新市民、青年人奋斗的新起点，成为当下的新趋势。

保障性租赁住房，为城市聚人气

"这里的住宿条件很不错，地暖、空调、洗衣机、冰箱等应有尽有。"2020年7月，王兆民住进了位于济南中央商务区的丁家庄人才公寓。这个"90后"博士目前从事粒子物理研究工作。在济南生活了半年，他说："济南对于人才的支持力度挺大，住房还有人才公寓。"远行者，储粮；远谋者，储才。当今世界，人才资源已成为最重要的战略资源，城市竞争已从资本的竞争转变为人才的竞争。面对日趋白热化的竞争态势，山东很多城市都根据人才对住房的需求变化，适时划定部分房源，经批准后可进行人才住房的租售类型转化。

丁家庄人才公寓

"很荣幸能够第一批申请到租赁型住房，房子离我的单位很近，到单位只需要 10 多分钟。"2021 年 10 月 20 日，作为首批人才社区居民，烟台魔技纳米科技有限公司董事长史强的喜悦之情溢于言表。史强博士毕业后，选择在烟台开发区创业。据了解，史强现在居住的八角湾国际人才社区，面积约 17.5 平方公里，通过科学布局社区产业、教育、医疗、购物、娱乐等功能设施，集聚更多国际创新创业人才。

24 岁的朱蕙冉，从中国农业大学毕业后到位于鲁西南的邹城市工作，还不到两个月，她就完全适应了新环境。她说："我一来就住进了政府安排的人才公租房，有了栖身之处就有了家，心很快安稳下来了。"

朱蕙冉 2020 年通过了邹城市事业单位"优才计划"招考，以优秀青年人才的身份被引进当地投资促进服务中心工作。她到单位报到当天，单位得知她还没有住的地方，当场就联系房产服务中心为她申请人才公租房。"我家是烟台的，在这边人生地不熟，来之前最大的顾虑就是能否找到合适的住处，没想到报到第一天就有了着落。"朱蕙冉回忆说，她报到那天是周五，接下来的两天她回了一趟老家，周二回来正式上班时就领到了钥匙——60平方米，两室一厅，每月只需交不到300元的租金，三年签一次合同，只要不买房可以一直住下去。

保障性租赁住房的出现，让初来乍到的"朱蕙冉"们感受到了"一种家的温暖"。

保障性租赁住房，为城市增活力

根据有关调查显示，在大城市有70%的新市民和青年人靠租房来解决居住问题。让新市民、青年人住有所居、乐居、优居，成为各级政府的工作重点。

2021年12月27日，济南市首批人才公寓房源上线。位于济南市西客站片区的柏然公馆清源路店，共有424间公寓上线，这些公寓全部为精装修，主力户型面积在30—44平方米不等，配备电子门禁、房间智能门锁，保证了租客的安全与隐私。为让租住在此的青年才俊享受开放、自由的空间，柏然公馆配备的共享餐厅、健身房、台球厅、瑜伽房等均免费使用。"我是通过线上看房、线上签约的，而且持安居卡可享受租金优惠。不仅没有中介费，又是国企平台公司提供的房源，住在这里完全可以放心。"今年25岁，刚刚大学毕业的赵显源很高兴自己能在济南有一处安家的地方，他说："36平方米的一室户型市场租赁约1200元/月，新就业高校毕业生享受市场租金

柏然公馆清源路店

40%的优惠减免,减免租金480元,自己只需要交720元,这等好事,在以前是想都不敢想的,大大减轻了新就业高校毕业生租房经济压力。"根据济南市政策,通过资格认定的新就业高校毕业生持安居卡,就可享受在市场价的基础上一定比例的优惠。

2022年的春节,赵显源把父母从菏泽老家接到济南,他们一家三口在这间人才公寓度过了第一个春节。赵显源说:"爸妈看到这间公寓非常满意,房间内沙发、空调、热水器、洗衣机、电磁炉、宽带、双人大床等一应俱全。而且这里距离1号线方特站只有1.5公里,到济南西站2.5公里,还有印象济南、弘阳广场等商业综合体,吃住行游都非常便利。他们在这里住得开心,玩得也开心。"2022年3月,赵显源和父母再三考虑之下,决定把打算用来买房的首付款拿出来,投资在自己运营的电商事业。赵显源说:"我住在这里,远在菏泽的父母也放心。现在住得那么舒心,趁着年轻,要把钱投在自己的事业

柏然公馆清源路店的公共区域

上，而不是被一套房子'绑架'。"赵显源身上有着年轻人特有的干劲儿，他对自己的未来充满了期待。

当前，济南市已迈入特大城市行列，人才吸引力跻身全国前列，人口流入量位居全省第一，年均流入"新市民"十多万人，其中一半以上都像赵显源一样，需租房居住。为此，济南市加大人才住房保障力度，持续优化人才安居条件，让人才安居济南、共赢未来。

刚刚大学毕业的小柏在济南城投·泊寓海晏门店租住已经一个月了，说起自己毕业以来找房子的经历，他感慨颇多："我家虽然也是在济南，但距离上班的地方很远，上下班如果坐公交，每天花在路上的时间就得三四个小时。"如今，小柏在济南洪家楼附近的一家公司工作。"工作后，也曾尝试着每天回家，但真的太远了，我就打算在公司附近看房。"小柏说，但公司周围多是老旧小区，即便新小区也多是两居室、三居室，而自己只是一个人居住，放假时还经常回家，

小柏在公寓里看书

所以并不需要那么大的面积,"而且我也不太想和别人合租。"直到
2021年8月,他找到了位于济南历山路与东关大街交叉口的城投·泊
寓海晏门店。"是新房子,而且冰箱、空调、洗衣机、电磁炉以及抽
油烟机、卫浴、地暖等全都有,出入刷门禁卡,方便又安全。"小柏
说,最让他看中的,还是"押一付一"的租金缴纳模式,"刚毕业,
没有很多钱,这里交的押金少。而且作为本科生,将个人情况上报给
公司,还能得到政府提供的每个月700元补助。"

同样住在济南城投·泊寓海晏门店的,还有备战考研的鞠萍,她
的老家在威海。2021年8月5日,鞠萍和室友一起入住了城投·泊
寓海晏门店。房间不大,60平方米,两人住刚刚好,一起分摊每个
月2600元的租金。"我们是来考研的,平时去附近的培训机构上课,
晚上就在这里居住学习。"鞠萍说,这里不仅房间内部设施齐全,楼
下还有健身房,周边就是大型商圈,十分便利。更让她放心的是,
"这里是国有企业持有运营的,住着踏实放心。"

在济南的租赁公寓里,像小柏和鞠萍这样的新青年住户并不少
见。据了解,租赁公寓入住群体有企业中层管理人员、新就业青年、

考研学生等，入住率稳步提升。小柏说："虽然房子是租的，但生活不是，这里就像朝气蓬勃的青年人一样带有个性，而这些青年人又会为济南增添不少活力"。

青年有希望，城市才有未来，青年有希望，国家才有未来。山东为引凤来栖，备下广厦千万间，引导各市出台青年人才安居政策，构建人才住房保障新格局，让更多优秀青年人才选择山东、扎根山东，书写梦想、成就事业。

公租房，稳稳实现安居梦

住房难，租房难，曾经是外来务工人员最犯愁的问题，也是不少低保户、低收入住房困难家庭的心病。而今，公共租赁住房（下称"公租房"）的出现，让进城务工者和城市困难家庭有了遮风挡雨的住所，有了养育儿女的立足之地，实现了"安居梦"。

老两口结束 14 年漂泊租房路

掐指一算，截至 2017 年，济南的王有声、杨慧英老两口在西蒋峪和苑公租房安定下来已有两年多了。结束 14 年租住平房的漂泊生活，老两口觉得"太幸福了"。2000 年，因为棚户区改造，当时住在济南槐荫区的王有声一家选择了一次性的货币安置，手里拿着五六万的补偿款，老两口开始了漂泊的生活。"当时老伴儿身体不好，脑血栓，再加上胃还被切除了三分之二，所以钱都用来治病了。"杨慧英说。

为了省钱，老两口在济南甸柳小区租房居住，当时房租只要每月 500 元。但即使如此，老两口仍觉得这是一笔不小的支出。王有声说，他们是下岗职工，这笔开销占到了当时月收入的 1/3 左右。随着时间推移，房租也在不断上涨，老两口的负担也越来越沉重。

134

济南西蒋峪和苑公租房

2012 年 12 月 24 日，济南市出台了有关申请公租房的相关规定，老两口便铁定了心要申请。2014 年底，老两口终于结束了 14 年的漂泊生活，告别蜗居式的小平房，搬进了楼房。

"你说怎么能不感恩呢，政府真是为我们做了大好事。"王有声说，现在的日子每天都过得很满足，每月的退休金基本可以满足生活的需要，每月的房租加上物业费也不过 400 元，身体状况也逐渐好转。在西蒋峪和苑住了两年，王有声和街坊邻居成了好朋友，平时经常约着逛街，有点儿好吃的都相互分享。"今年过年我就没去湖南的儿子家里，和楼上楼下的姐妹们约好了一起聚聚，我们走了就不热闹了。"杨慧英说。

在济南西蒋峪和苑公租房小区中居住的大部分是老年人，他们在一起互相陪伴，"住在这里就像住在养老院，环境好、空气好，而且还像住在过去的四合院里。"王有声说，有时候自己待在家里一个礼拜不出门，邻居就会来家里敲敲门，看看怎么回事儿。2015年初入住的老陈已近60岁，之前因为照顾年迈的父母，一直和父母住在一起，父母去世后，因为房子同属于几个兄弟姐妹，他便自己搬出来住，后来也申请入住了西蒋峪和苑的公租房。老陈说，现在小区内有了老年人日间照料中心，可以让社区内的老年人学画画、跳舞、象棋、电脑等等，每天生活变得有意思了。"哪天要是不过去，邻居们还都催呢。"

"80后"小夫妻告别合租房

像王有声老两口这样的漂泊是生活中的无奈之举，但还有一群人，他们的漂泊源于对美好生活的向往。他们远离家乡，来济南务工，希望通过劳动赢取一份有尊严的生活，对他们来说，拥有稳定的住所就是在济南能否有一个家。

于雷、李敏就是济南数万外来务工人员中的一对小夫妻。于雷十多年前在济南某中专学校毕业后，进入一家工程测绘公司工作。2010年，在朋友的介绍下，于雷回到老家菏泽结识了现在的妻子李敏。

"当时他已经在济南工作了七八年，但那时候月工资也就千余元，离买房差得远。"李敏说，二人结婚不久，她就从菏泽老家来到了济南。当时俩人就是"裸婚"，与三四个同事一起住在合租房中。

两人的日子总是好过的，2012年李敏夫妇迎来了一个甜蜜的负担，他们有了一个女儿。这之后，他们从济南南全福附近的集体合租房搬到了天桥区板桥一套两室一厅的出租房中，与另一对情侣共同承担每月1500元的房租。

"跟合租的室友关系很好，做饭都在一起吃。"李敏说，与他人合租虽然要共用一个卫生间、厨房，难免会有许多不便，但幸运的是双方都比较宽容礼让，当时就有点像"四口人带着一个孩子，一起生活"。

"当时就想着日子这样凑合着过，一点点攒钱，希望有一天能在济南有个自己的家。"李敏说，能这么快拥有自己的独立住所，她想都没有想过。2013年，于雷从所在单位得知，自己作为没有住房的外来务工人员可以申请公租房，2014年底他们就住进了属于自己的"小家"。

"搬之前没有想到配置能这么齐全，连抽油烟机和热水器都有。"李敏说，现在屋子虽然不大，只有不到60平方米，但是一家人总算有了个安稳的落脚地方，刚搬进来时女儿只有两岁多，但她那时候也知道新房特别好，在新房子里特别开心。

2017年，33岁的李敏又迎来了第二个孩子，有了自己的独立住所，父母过来帮忙照看孩子都很方便。幸福对于李敏来说，就是在自己的小窝里经营着自己的小家。

四世同堂 6 口人公租房里过大年

同李敏一样幸运，在异地打拼，拥有了一个属于自己的幸福小家的，还有东营的孙斌。2017年1月29日，大年初二的晚上，在东营市市直公租房小区——惠安小区，孙斌一家6口人，在家里吃了过年饺子，坐在电视机前观看重播的央视春节联欢晚会，还不时地给远方的亲戚朋友发微信聊天。

孙斌说："作为东营'新市民'，我感受到了家的温暖，也要和大家分享'公租房里过大年'的这份幸福。"孙斌的老家是滨州市博兴县纯梁驻地，来到东营后，他在一家汽车修理厂工作，妻子在商场上班，父亲是一名司机，母亲是一名环卫工人，5岁的儿子上幼儿园中班，还有一位88岁高龄的奶奶。如今，一家6口全部住在东营市惠安小区的公租房内。在孙斌租住的公租房里，门上贴上了对联，窗户上贴满了福字，影视墙挂上了中国结，房子里到处洋溢着浓浓的节日气氛。在搬进公租房之前，孙斌一家人住在50多平方米的廉租房里。2015年，他得知新建成的惠安小区开始公租房配租，主要针对低收入无房家庭、困难户及外来务工人员。他抱着试一试的想法报了名，没想到真的"梦想成真"。

"所有房屋的水电暖、门窗、地面砖等设施俱全，达到了拎包入住的条件。配套环境和居住条件也很好，房租也很便宜。"孙斌高兴地说，他们家的房型为两室两厅，建筑面积为79平方米，每月房租470元。小区物业服务很到位，配备了监控室和电子监控系统，还有专职保安对小区进行24小时巡查，保证居住安全。

用人单位统一申请，圆职工安家梦

2017年，烟台开发区发布公共租赁住房公告，面向房困户提供1700余套房源，由用人单位统一向住建局或所在街道办提出租住申请。就职于富士康FIH生技课的丁晓东，工作地点与公租房仅仅隔了一条街。"当得知公租房的政策后，我第一时间向工会递交了申请，但还是慢了一步。我最理想的户型是50平方米左右的一室一厅，不过房源已经没有啦！我又改租了30平方米左右的单间房源。"丁晓东笑呵呵地说道，主要是上班近了，从公租房出发步行10分钟左右就可以抵达办公室，再也不用早起挤公交了。还有就是公租房的配备很完善，有地暖有网络，以前租的房子不能供暖，网速也慢得很。

据悉，烟台开发区此次提供的公租房户型非常多，有单间、一室一厅、两室一厅的户型共计 15 种，面积在 33—86 平方米不等，可满足多种住房需求。公租房的租金也非常便宜，为每平方米 6.5 元 / 月，还可以享受租金 30% 的补贴，补贴后实际租金为每平方米 4.55 元 / 月。以 50 平方米左右的一室一厅房源为例，租金约为 230 元 / 月，而在富士康周边小区的类似房源租金近千元。此外，公租房还提供多种家具租赁服务，住户们也可以自行购买，非常便利。

村里修建公租房，让老人住上标准房

东营 82 岁的毕荣彬，现居住在垦利街道宋坨村公租房内。该公租房修建于 2019 年，共修建 20 户，每户的居住面积约为 50 平方米。毕荣彬说："以前的房子是以前的土瓦房，子孙三代都住在一起，后来旧村改造，才住上了标准的房子。"毕荣彬有四个儿女，全部在外打工，生活条件也都不错，他跟老伴不想给儿女们添麻烦，就选择了居住在公租房。"这里跟楼房没有什么差别，两室一厅，还有小院，对于我们老年人来讲这个条件已经特别幸福了，跟以前相比生活上非常优越。"

据了解，以前宋坨村的居民主要靠种地维持生活，生活条件比较差。近年来，宋坨村的村容村貌得到改善，不仅修建了新的公路，还将村庄重新改造，让村民们住上了新房子。毕荣彬说："公租房是根据自己的情况选择性居住，房屋装修共需要 15 万，居住的老人们只交 3 万块钱就可以。房子的合同期是十年，未住满十年的将多余的钱退还，十年以后，如果老人选择继续居住，就是免费的了。"

毕荣彬夫妇

　　为政之道，民生为本。作为托底基本民生保障的公租房，帮助群众圆了一个又一个梦想，其中有老有所居的安居梦，也有成家立业的奋斗梦。住在公租房里，有甜蜜，有安心，也有期待，它让人民的幸福感更加牢实。

滩区脱贫迁建，安居终于梦圆

黄河在鲁奔流千里，滩区百姓困苦百年。黄河山东段长 628 公里，河槽和大堤之间形成了 1702 平方公里的滩区，60 万群众居住其间，世代饱受水患威胁，因洪致贫年复一年。历史进入新时代。小康路上，一个都不能掉队。打破百年宿命，此其时也！以习近平同志为核心的党中央高瞻远瞩，统揽全局，作出黄河滩区居民迁建重大决策部署。山东牢记总书记嘱托，把这一民生工程作为脱贫攻坚重点任务，2017 年提出用三年时间，给 60 万名滩区群众一个稳稳的家。截至 2021 年 5 月底，已按计划全面完成滩区迁建工程建设任务。

搬出"水窝子"，住上新房子

88 岁的彭济浮是菏泽市鄄城县李进士堂镇田楼村人。彭济浮说他这辈子有 50 年都花在同一件事上——给自己家盖房子。田楼村虽名中有楼，搬迁前却连一座像样的房子都没有。彭济浮家的房子，被黄河水泡塌过 6 次。"三年攒钱，三年垫台，三年建房，三年还账"，曾是彭济浮逃不出的魔咒。除了除夕和正月初一不筑台，其余时间村民几乎每天都要推土垫台。

黄河滩迁建新房

安居难，则娶亲难。田楼村434户人家中，40岁以上的单身汉一度有20多个。田楼村的彭济献说："'有女不嫁黄河滩'，娶亲难曾是滩区百姓抹不去的痛。在滩区，谁家生了儿子添了人口，喜悦的同时，也意味着这家要用几年，甚至十几年的时间，像燕子衔泥垒窝一样，一锹土一锹土地堆筑一处高高的房台。"

2018年10月，田楼村整体搬进新社区。安居之后不到一年，娶亲的就有20多户人家，比此前三年的总数还要多。

对洪水的恐惧，也深深地印在滨州市惠民县大年陈镇刘家圈村70岁村民李开凤的心中。1975年发大水，距离刘家圈村只有一里多地的生产堤决了口。听见巨响，她抱起4岁的儿子，拽着婆婆，撒腿就往大堤上跑。人在前头跑，水在后边追。李开凤刚爬上大堤，水头就扑了过来，堤根的洪水瞬间就到了一米多深，还带着急流。"那种心惊胆战，一辈子都忘不了。"如今，李开凤住在大年陈镇桃乡名郡社区120平方米的新家里，谈起这段往事，已是云淡风轻。

笔者从山东黄河河务局获悉：自1950年以来，山东黄河滩区遭受不同程度的洪水漫滩48次，合计受灾村庄1.23万个，受灾人口664.71万人，淹没耕地1180.88万亩。

如今，随着黄河滩区居民的脱贫迁建，高空俯瞰东营市利津县北宋镇高家村——山东省首个完成旧村台改造提升的滩区村庄，犹如一个巨大棋盘，稳稳落在翻新后的大村台上。落日的金色余晖中，一条笔直宽阔的马路直通村子。据了解。这个村台高近6米，台周红土包边，砌满六棱砖，空格里长满青草。山墙上绘制着精美图画，每条小巷都有一个与"福"字相关的名字。

"俺这辈子搬了三回家，这下心里终于踏实了。"73岁的高家村村民张金兰满足地说。村里原来一户一台，房基和地面落差大，坑坑洼洼，出门就像跳坑，下雨泥泞不堪。几经搬迁，最终村里修筑了一个大村台，各家房屋建到了村台上。2018年，利津19个村的滩区旧村台改造提升工程启动，对原村台进行加固修缮，各家各户连到一起，村子统一规划，硬化了巷道，铺了排污管道，装了路灯，天然气管道通进了家家户户……

多年来，一直想搬出"水窝子"的，不只是高家村。大河口村位于黄河与浪溪河交汇之处，村名也由此而来。75岁的赵庆运老人清楚地记得，全村老少被泛滥的黄河水追赶，村庄被迫三次东迁。努力了几十年，黄河水患依然在身边，村里的房台一天比一天高。"这次赶上滩区迁建好政策，全家住上了新楼，政府还给添置了很多东西，有马桶、燃气灶、壁挂炉。"赶在2020年春节前，赵庆运老人和同村其他人家一起搬进了新小区。新房在四楼，三室两厅两卫，100平方米，就在济南市平阴县东阿镇政府驻地，紧挨着中心卫生院和小学。"有电梯不用爬楼，冬天暖气暖暖和和，孩子们回家次数也比以前多了。"如今，有老伴在旁，曾孙绕膝，75 岁的赵庆运笑容满面。

搬出"穷窝子"，过上好日子

赵庆运老人晚年的幸福生活并不是个例，而是千千万万个受益于滩区迁建工程百姓的缩影。在济南市长清区归德街道滩区外迁安置社区——崇德苑，年近八旬的朱中村村民王现伦像往日一样在楼下开始了每日的健步走。这是他和老伴搬到崇德苑以来新养成的习惯。王现伦所在的长清，从 1855 年便开启了东倚连绵群山、西枕滔滔黄河的历史。在他的印象中，因为村子经常遭到黄河水的侵袭，以至于有了十年九淹的说法，家中的房屋前前后后翻盖了四次，这不仅给像王现伦一样的滩区群众留下了痛苦的记忆，也让滩区这块广袤的土地和高质量发展绝缘。有个稳稳的家是无数滩区群众心底最强烈的愿望。

转机是在 2017 年出现的，那是一个春末的午后，王现伦正在考虑汛期来临之前要不要把房台再垫垫。儿子却告诉他："再等等，村里已经开始调查摸底了，可能要搬。"王现伦没想到，这次不但是真搬，还搬得这么快。王现伦搬入了崇德苑社区。用他的话讲，不比不知道，一比才知道什么叫"享福"。之前他们全家十多口人住在一个院子里，很不方便。因为滩区迁建，他们家分了三套房，一家人又额外出钱买了一套，这样一共是四套房。现在他们老两口住一套，孩子们分别住三套，光说居住环境就比之前有了翻天覆地的变化。

王现伦的老伴儿杜建国，打得一手好快板："黄河滩，换人间，空气清新天蓝蓝，道路清洁水清清。"

王现伦老两口在新居里说快板书

　　当得知迁建安置的消息时，济南市长清区的太平村是孝里街道第一个 100% 上交自筹资金的村庄。这个"第一"透露着群众对滩区迁建的期盼之情。从 2018 年 3 月 24 日孝里街道开始向太平村 198 户村民收缴自筹资金，到 3 月底前完全交付，只用了 7 天时间。整个孝里街道 3.1 万多群众缴清全部资金也只花了半个多月。搬迁之后，太平村的村民都居住在济南市长清区孝里街道滩区迁建项目安置区"孝兴家园"，他们还是街坊邻居，串个门儿也不远。这里占地 1570 亩，安置附近黄河滩区 39 个村的群众 3.2 万人，是山东全省规模最大的黄河滩区迁建集中安置工程。

　　同样迫切搬入安置区的还有菏泽东明县的郭欠欠。几年前，郭欠欠还没有一个安稳的家。东明县地处黄河滩区，房子建了塌、塌了建，日子过得紧巴巴。"那时候，四处找亲戚借钱，欠下不少债。一家人挤在小屋里，一涨水，家又泡毁了，锅碗瓢盆、鸡鸭经常被冲跑。"她说。东明县滩区居住群众 12 万人，过去近 1/3 是贫困人口，郭欠欠家也被确认为建档立卡贫困户。前两年，乡亲们陆续分到新房。郭欠欠一家也搬上了二层小楼，庭院宽敞明亮，室内瓷砖铺地、暖气片挂墙，阳光从窗外照射进来，把房间晒得暖洋洋的，"这是客厅、厨房，楼上是卧室……"郭欠欠是个勤快人，把小家打理得井井有条，"6 口人，五间房，带小院，住得舒坦着哩"！有了安稳的家，郭欠欠就有更多的时间去工作挣钱，以前欠的钱也还清了，小日子越过越甜。新房子、新生活，滩区群众的日子翻开了新的一页，变得愈发多姿多彩起来。

　　牢记习近平总书记嘱托，山东把黄河滩区脱贫迁建这一民生工程作为脱贫攻坚重点任务，给 60 万滩区群众一个稳稳的家，让滩区群众既"挪了穷窝"，又"拔了穷根"。

改善居住环境，建设和谐宜居之城

城市是人类的智慧创造，是人类文明的鲜明标志，是人类活动的重要区域。一个个居民小区是城市的细胞，也是创建新型城镇化的基础。近年来，山东在居住环境改造提升上"做加法"，让"居者心怡，来者心悦，闻者心动"，让群众幸福感全面提升。

老旧小区，"改"出新生活

"我家住高层，以前没有电梯，买一袋面得拆开分成两次背上楼，每次都累得不行。这以后有了电梯，再也不用背东西爬楼了！"居住在威海市寨子生活小区 255 号楼的 70 多岁居民刘福岐对加装电梯热切期盼。据悉，寨子生活小区是 2003 年修建的多层住宅，共有 214 户，约 70 户家中有 60 岁以上的老年人，随着楼内居民年龄逐渐增大，加装电梯成为居民的迫切需求。但旧楼宇加装电梯，既需要取得楼内多数居民的同意，又需要获得规划、建设、安监等部门的审批，沟通协调和推进难度大。

为了让业主了解政策，街道工作人员逐户摸排，细致地向业主解释加装电梯的好处及优惠政策，终于在短期内快速做通了所有住户的

威海市寨子生活小区加装的电梯

思想工作，并完成了居民确认签字，顺利取得旧楼加装电梯建设许可证。2021年4月，寨子生活小区加装电梯项目正式启动。5月进行电梯设计方案公示，7月通过招投标与监理、设计、施工方完成签约，8月破土动工。2022年1月30日，寨子生活小区举行了开机仪式，加装的11部电梯正式交付使用，惠及居民154户。整个电梯加装工程从筹划、申请、施工到投入使用，用时不到一年。

小区居民黄庆英是最早一批同意加装电梯的业主。说起电梯开机当天的情况，她不好意思地笑了起来："我和邻居在电梯里体验了两个来回，都很激动。上下楼只用十几秒的时间，以后出门买菜、锻炼都更方便了！""简直是太好了，我举双手点赞！"在黄庆英介绍的时候，一旁的邻居吕忠杰也忍不住竖起了大拇指。

老旧小区加装电梯是一项民生工程，一部"加装电梯"实现上下楼"一键"直达，居民群众的幸福指数也随之"上升"。但除此之外，老旧小区还有很多问题依然影响着群众的生活品质。

从铁路部门退休的王凤兰在淄博市张店铁路小区居住了24年，小区因多年脱管失修存在各种问题，此前，快言快语的她逢人便会吐槽一下，而如今，王凤兰却一改口风，细数起了自己小区的好："你看我们小区现在的样子，几乎找不到从前破破烂烂的影子。"据了解，王凤兰所在的铁路小区曾经几乎囊括了所有老旧小区存在的问题：蜘蛛网般的飞线、停车难、无监控、缺照明等。

转机出现在2019年7月，借助"三供一业"改造移交契机，城南社区启动了铁路小区提升改造工程，总投资2300余万元，涵盖水、电、暖改造，硬化、绿化及停车位提升，管线整治和多功能运动场、儿童乐园、便民服务阵地等民生服务设施建设，并于2021年4月全面完工。

淄博市张店铁路小区改造后焕然一新

如今的铁路小区，1063 个新规划的停车位有效解决了小区停车难的问题，183 个照明设施重现了小区夜景，256 个监控让居民充满了安全感。而鲜为人知的是，整治期间，该小区仅收缴的空中飞线便将近 3 万米。

"口袋公园"，家门口的"都市田园"

"口袋公园"又称街角公园，是利用城市拆迁腾退地、边角地、废弃地和闲置地打造而成的袖珍公园。

家住潍坊市临朐县泰和家苑小区的李先生就对小区门口的口袋公园赞不绝口，"以前这里是绿化带，进不来人，晨练很受限制。周边路段破损凹陷，地被老化、缺失，整体景观效果较差。现在改造成了口袋公园，新铺了地砖，廊架、花坛座凳、体育器材一应俱全"。随着"增绿提质、增花添彩"等惠民工程的实施，临朐县随处可见的口袋公园和绿植花草相得益彰，因地制宜布设园路与活动区域等，实现了与周边环境更好地融合，同时也交出了一份份惠泽百姓的"民生账单""幸福账单"。

同样享受到"推门见绿，移步入园"的还有济南市南村街道的居民。每天，居民们在小区休闲凉亭里聊天、摘菜，一派其乐融融的景象。很难想象，在此之前，这里曾是小区管理的痛点。"居民经常在这里放置长久不用的电动车，或者堆放一些废弃的花盆等杂物，其他居民意见很大。"社区居民李大爷介绍，"2021 年借着城市更新的'东风'，将这里重新铺设花砖，绿化成口袋公园，矛盾彻底解决了。"

三分靠建设，七分靠管理。要让"口袋公园"真正成为市民的"灵魂栖息地"，就要做足"绣花功夫"。在泰安的大小公园，每天都会看到园林工人拿着专业的工具一遍又一遍地耐心修剪球类植物，所有工作人员秉承精细化、高标准原则，按照植物的季节生长特点，努力保持优质的园内绿化景观效果。园林保洁人员或擦拭公园内的座椅、果皮箱，将清洁和消杀工作落实到位；或清理绿地内的枯枝、落叶，确保公园始终保持优美的环境。

昔日的"边角料"，如今已经成为混凝土丛林中的"都市田园"。作为百姓乐园的"口袋公园"，正吸引着越来越多的居民在此驻足小憩，给城市增添了更多的烟火气息。

美丽庭院建设，点"靓"乡村幸福生活

庭院内外、房前屋后错落有致的花草树木、盆栽盆景，小桥流水，青石路面……站在自家的小院里，稻田镇王望一村村民夏新光心里很是满意。近年来，随着寿光"美丽庭院"创建活动的持续深入，广大农村群众在建设美丽乡村、改善农村人居环境中的独特作用得到了有效发挥，行走在乡间，路过的每一处庭院里都充满惊喜。

"家里环境改善了，日子越过越有奔头。"邹城市唐村镇白庄村的齐大嫂说。走进齐大嫂家，干净整洁的院落、崭新的衣柜桌椅，屋里上网课的大女儿、院里活泼淘气的小儿子，一幅合家欢乐的生动场景。

内外兼修才能让美更有深度。因此，美丽庭院建设并不止步于"外在美"，而更注重"内在美"的挖掘提升。邹城市充分挖掘家庭文化内涵，提炼家规家训和家风故事，并以书法、绘画、楹联等各种不同形式上墙展示。春暖花开时，行走在邹城市香城镇泉山沟村，村庄与自然环境和谐共存，"和、善、仁、孝、勤、礼"六个主题的

"美丽庭院"遍布其间，弘扬乡风文明、提升美丽乡村文化内涵成为该村美丽庭院建设的显著特色。

群众在居住环境得到改善的同时，还能增收致富，那就更是锦上添花。邹城市看庄镇举办的"共栽皂角树，收获脱贫果"活动就得到了群众的一致点赞。"政府给我家种的皂角树太好了，猪牙皂药用价值高，三年后就有收获，又能增加一部分收入，太感谢了！"望着自家院里刚种下的皂角树，邹城市看庄镇孙看村贫困户孙传孝喜不自胜。据了解，看庄镇因地制宜、因户制宜，将传统特色、个人爱好和村庄环境等融入庭院建设中，孙传孝此次参加的活动，就是由 107 名帮扶责任人与 278 户贫困户帮扶结对，将 500 多棵猪牙皂树苗栽进贫困户家中，通过庭院经济帮助贫困户增收致富，巩固脱贫成果，让农民享受特色农业发展惠民成果，让"庭院经济"开出致富花。

让居住环境更美好，是城乡建设、发展、治理的价值所在。以居住环境的"小美"助推城乡建设的"大美"，让宜居环境点"靓"幸福的小康生活。

棚户区改造，旧貌换新颜

　　棚户区改造是我国为改造城镇危旧住房、改善困难家庭住房条件而推出的一项重要民生工程。通过棚户区改造，重构老旧片区存量资源，优化城市空间，不仅使辖区居民告别了蜗居时代，还将曾经破乱的棚户区建设成了富有活力的城市新地标。

泰安市宁阳县高庄社区棚户区改造

城中村告别"低矮破"变身幸福家

"站在家里向外望去，特别是到了夏天，真是一幅'山水画'。"今年 72 岁的青岛老人王中长站在家中望着窗外的景色，不禁发出感慨。2018 年，青岛市崂山区朱家洼社区拆迁改造，曾经的低洼破瓦屋变成了如今的高楼大厦。朱家洼村变成朱家洼佳源小区，7 个楼座，1300 多套房屋，从拆迁到建成投入居住，只用了三年的时间。

王中长是一位有着 40 年教龄的退休教师，他的老房子在拆迁改造后换了两套新房子，一套 130 平方米，一套 105 平方米。王中长通过抓阄，抓到了高楼层，站在窗边，南能看到海边以及石老人、王家村社区等，向北能看到午山、青岛二中还有青岛大学等。另外一套是

王中长在家中翻看笔记本上的记录

"楼王"位置，能清楚看到石老人海水浴场、青岛大剧院、金家岭金融区、崂山区政府等。"外贴大理石，室内精装房，地暖，三层中空玻璃，有生之年，能住上这样的高楼，真是知足。"王中长的老伴笑着说道。

"这是我们祖祖辈辈生活的地方，所以大家基本上都回来住了，毕竟住自己的房子，安心。购物、看病、出行都很方便，小区西边就是地铁口，东西两边出口都有公交车站。"王中长的邻居很多都是旧相识，社区开放了活动室，可以打麻将、下象棋、打扑克，退休老邻居们经常相约一起打牌。在王中长这些老人心里，城中村改造改的是居住环境，楼上楼下都还是胡同里的老邻居，那种熟悉的"人情味"还在。

城中村改造把群众的"安居梦"变成了"幸福家"。像王中长这样过上"优居"生活，提前享受小康生活的老人不在少数。今

德州经开区李船头小区付金凤的新家

年 70 岁的付金凤住在德州经开区李船头小区 2 号楼 15 楼，每天午后，她都喜欢沏上一杯浓茶，坐在阳台上，俯瞰小区附近的沙王河景区，偶尔约上几个老友打打牌、聊聊家常。对于付金凤来说，如今的日子是她以前想都不敢想的。几年前，她一家三代五口人挤在四间平房里，冬天取暖就是烧土炕、煤球炉，整个冬天基本上都是在床上度过。两只猫在屋里到处乱窜，家里来个亲戚几乎都没地方坐。从小住在平房里的付金凤，就这样生活了半个多世纪，住上楼房几乎成了奢望。

2012 年，德州经济技术开发区开始对沙王、芦家河、小翟、孙家河涯、李船头等 5 个村庄 894 户群众的住宅进行拆迁，建设沙王大社区，村民整体搬迁上楼。"听到这个消息的时候，乡亲们别提多兴奋了，这一直是大家期盼的。"付金凤说。

付金凤一家有两处宅基地，按照政策换了三套楼房，除了两个儿子各有自己的一套房子以外，她自己也有了一套 80 多平方米的两居室。如今住的楼房，统一通了天然气，还装上了地暖和太阳能，家里暖和了，一年四季都用上热水。付金凤不断地感叹党的政策好。如今大孙女已经在山东大学读二年级了，每逢寒暑假都过来陪她住上一段时间，付金凤享受着天伦之乐。

老城区告别"脏乱差"重获新生

平房变楼房，家家奔小康。谈到眼前这套居住了一年多的新房，79 岁的周志香老人深有感触地说："不是我这个老太太的运气好，而是现在的政策好。"

被誉为淄博市张店区城市新地标的福园小区，原为齐赛旧居住区、齿轮厂宿舍区，是 2016 年淄博市最大的政府主导棚改项目。从齿轮厂退休的周志香在此居住了数十年，与其年龄相仿的老人记忆里都保留着这里曾经的模样：共青团路上破败的红色砖墙，十七巷里摊贩经营的杂乱无章。

棚改后，周志香用一套 70 多平方米的老房子换得一套 110 平方米的新房。老人坦言，还迁后的新小区不仅各项配套设施都很高级，物业管理也十分贴心，住在这里每天心情都很愉悦。

老城变新城，不仅让周志香这样的老人住上了现代化的小区，也让许多年轻人享受到了高品质的生活。

2017 年，陈晨高考前夕，恰是济南市长清区东北关旧城改造如火如荼时，备考、预估分、填志愿、查学校等一系列紧张的程序，淡化了旧城改造给他带来的影响……2020 年 6 月底他回家时，父母开心地给他展示装修好的家园，明亮的客厅截然不同于过去的潮湿狭隘，属于他的单间卧室里，父母还给他配备了超大电脑桌，临窗而望，远处的楼房鳞次栉比、近处的道路车水马龙，和儿时的东北关已大不一样。

回想儿时的东北关大街，熙熙攘攘，大街两边布满了铁匠铺、磨坊、弹棉花的作坊……随着时代的发展，所谓的市井繁华已然成为城市中杂乱的一角。为改善基础设施、解决城市管理难题，东北关村旧城改造于 2017 年 6 月开始，2020 年 4 月进行回迁，如今东北关安置房已经成了新城区中的璀璨之星。道宽、柳绿，令人艳羡的楼间距，花香、灯亮，还有两处健身广场。"任谁来这里，都会在心底赞叹'今日非同往昔，东北关够现代化啊'！"陈晨说道。现在的东北关村村民生活品质得到了质的提高，他们搬进有电梯的楼房，新小区内还有两所幼儿园，一所小学，一所中学，以及一个占地面积 17 亩的体育场。

高品质安置小区"唤醒"老城活力

老城更新，应时而动。城市更新，不止于此。在济南全市体量最大的村庄整合项目——郭董片区城中村改造现场，随处可见宽敞的道路、半弧形灯杆、LED 照明、无障碍通道、会"喝水"的地砖、能"呼吸"的草坪……郭店街道山头村村民李义生高兴地说："80 多岁了还能住上新房子，得感谢党的好政策。"李义生对新家的赞叹也是济南市 30 余万户棚改家庭共同的感受。近年来，济南的棚改旧改工作由过去的"大拆大建"逐步过渡到以提升城市功能、改善人居环境、传承历史文脉为核心内容的城市有机更新阶段。走在改造后的济南市历下区明府城片区，映入眼帘的是黛瓦青墙、雕花门帘的老宅古街和文艺范儿十足的青年旅社、咖啡店，古朴静谧与现代时尚相得益彰，让济南老城真正地"活"起来。

与此同时，济南市还将安置房与同地段商品房"一视同仁"，统一规划建设公共服务设施和市政基础设施，确保安置房小区菜市场、超市、医院、学校、商场、公交线路等配套功能和公共服务一应俱全。仅 2020 年前三季度，济南市便有 2 万余户"李义生"拿到了高品质安置小区的钥匙。这让棚户区的回迁群众从"有的住"变为"住得好"。

从狭小到宽敞，从泥瓦平房到楼宇林立，从有房住到住好房，棚户区改造作为一项重大的民生工程，寄托着无数棚户居民的梦想，体现着党和政府以人为本的理念，前所未有地将家国梦紧紧相连，为社会带来了改善民生与经济发展的双翼齐飞。

六、交通篇

山东交通运输四通八达。"轨道上的山东"加快打造，截至2021年底，全省铁路运营里程达到7270公里；高速铁路运营里程达到2319公里，居全国第3位，形成"两纵两横"环鲁高速铁路网。"山东的路"品牌持续擦亮，全省公路通车里程达到28.8万公里，公路密度183.9公里每百平方公里，均居全国第3位；高速公路通车里程达到7477公里，居全国第6位，六车道以上道路占比提升到30%，实现"县县通高速"；普通国省道覆盖全省90%以上乡镇和重要旅游景区；全省行政村通沥青（水泥）路率达到100%，基本实现村内通户道路硬化"户户通"。世界一流海洋港口建设迈出坚实步伐，全省沿海港口万吨级以上泊位达到358个，2021年沿海港口货物吞吐量达到17.8亿吨、集装箱吞吐量3447万标准箱，分别居全国第2位、第4位，拥有青岛、烟台、日照3个吞吐量超4亿吨的大港。内河水运网建设加速推进，全省内河航道通航里程达到1100余公里，京杭运河济宁以南段基本达到二级航道通航条件；现有二级船闸12座，京杭运河济宁以南实现全部复线船闸运行。现代化机场群建设取得积极进展，全省民用运输机场数量达到10个，居华东地区首位，形成"两枢一干七支"机场格局，通用机场达到15个；全省机场共执飞国际国内航线731条。济南、青岛轨道交通加速成网，全省城市轨道交通运营里程达到377公里，其中济南、青岛轨道交通里程分别达到84公里和293公里。

京沪高速助推沂蒙乡村振兴，
革命老区通向幸福生活的诗与远方

　　曾经"四塞之崮，舟车不通"的沂蒙山区，既是著名的革命老区，也是山东实施乡村振兴战略的"主战场"之一。京沪高速公路飞架南北，沂蒙老区驶入了经济发展的快车道，中国商贸名城、中国物流之都、全国文明城市，一张张崭新的城市名片，伴随着车轮滚滚走向世界。

G2 京沪高速公路临沂段

G2 京沪高速公路是国家高速公路网中的放射线之一，也是山东省高速公路网布局规划"九纵、五横、一环、七射、多联"的重要组成部分。其中，临沂段全长 169.94 公里，由北向南串起了蒙阴县、沂南县、兰山区、高新区、罗庄区、兰陵县、郯城县 7 个县（区）的 23 个乡镇、212 个村庄，20 年多来高效助推临沂市的经济发展。2020 年 11 月 26 日，京沪高速公路莱芜至临沂段改扩建完成，一条双向八车道的新京沪高速惊艳亮相，道路通行能力和服务水平大幅提高，为群众出行提供便利的同时，也为临沂的经济发展提供了强力支撑，成为一条致富路、腾飞路。

坐在家门口就能卖桃致富　老区蔬果日行千里走出大山

临沂市蒙阴县的桃子久负盛名，因果肉细腻、汁甜如蜜、个大味香广受市场好评，这里的很多农民以种桃为生。每年 8 月桃子成熟的季节，蒙阴各村镇的公路停车点上，就会停满运桃的三轮车、拖拉机和外地车牌的大货车，前来收购的客商忙着过秤、装车。

在蒙阴县蒙阴街道罗家庄村，桃农吴怀芬坐在自家的摊位旁，正在打包水汽还未褪去的蜜桃。这些桃子将经由村头的京沪高速，被运往全国各地。"种桃不易，我们果农最关心的就是桃的销路。"今年，吴怀芬家的桃子收入将近 8 万元，这让 50 多岁的吴怀芬脸上露出了开心的笑容。

曾几何时，交通不便是蒙阴桃产业发展的最大瓶颈，当地产的水果有时运不出去，只在周边销售，果农辛辛苦苦一年挣不了几个钱。罗家庄村党支部负责同志仍记得当年桃农们的窘境："山区有很丰富的资源，但是里边的东西运不出去，外边的东西也进不来，桃子卖不

蒙阴县水果运输

出去就只能烂在地里。"

　　伴随着京沪高速改扩建通车，越来越多的外地客商直接开着大卡车到村里收购。真空冷藏车可以直接开到田间地头，全程冷链确保了果品新鲜，价格自然就有了保障。选好的桃子会先在0—3摄氏度的冷库里"拉冷"24小时，然后被打包装进泡沫箱，连夜装车发货，通过京沪高速北上、南下，运到省内外各大城市的果品集散市场。"第二天早上，临沂的新鲜水果蔬菜就能摆到上海市民的餐桌上。"大货车司机徐师傅自信地说。

　　平日里，京沪高速公路临沂段日均车流量就达3万余次，农产品运输车从绿色通道免费畅行，为鲜活农产品的运输带来了极大便利。扩建后的京沪高速公路实现了双向八车道，通行速度120公里/小时，大大提高了京沪高速公路的通行能力和服务能力，缩短了临沂与北京、上海、济南等城市的时空距离。京沪高速扩建后，从临沂到济南的行车时间由 7 个小时缩短为 3 个小时，蒙阴果品到达苏浙沪一带的时间由一天缩短为 8 个小时。

红色景区＋绿水青山　老百姓的金山银山"变现"了

4 月的临沂，春意扑面。从临沂收费站出发，在京沪高速公路上一路畅行，不出半小时就到了孟良崮收费站，驶出高速再行驶几分钟，就到了红色旅游景区孟良崮战役纪念馆。

白色花岗岩筑成的纪念碑如三把巨型军刀直指云天，气势壮观。战争的烟尘已被流逝的岁月拂去，参观者人流如织，孟良崮战役纪念馆内，循环播放着《沂蒙颂》。

"俺就是蒙阴小埠村人，从家走着来孟良崮也就 3 里路，工作之余就会来看看，在馆内重温一个个感人至深的故事。"前来参观的赵先生说，他作为本地村民，明显感觉近几年来这里接受红色教育的外地游客越来越多了。

蒙阴县垛庄镇党委负责同志说："京沪高速公路孟良崮出口的设立，有利于全国各地的百姓到我们蒙阴来了解我们党在抗日战争和解放战争时期做出的贡献，学习水乳交融、生死与共的沂蒙精神，学习沂蒙老区人民'全程支前、全力支前、全民支前、破家支前'的斗争精神。"

同样受益于京沪高速的还有山东第二高峰——蒙山，这几年也成为"假日经济"的热土。盛夏时节的蒙山，郁郁葱葱，数不清的巨树藤蔓构成了一个遮天蔽日的清凉世界。这里空气中负离子含量居全国之首，每到周末，临沂市区，京、津、济，甚至更远地区的游客纷至沓来，醉情山水。

"过去这里不通车，即使选择其他交通方式前来游玩，路途时间也不短，下雨时走在路边，还会被溅上一身泥。"正值盛夏，唐丽和几个好友从临沂市区驱车前来避暑，在宽阔平坦的京沪高速上行驶至此，前后仅用了1个小时。

眼看着每年蒙山游客量在持续增长，媒体人刘洋辞去了原来的工作，来到沂蒙山云蒙景区，从事旅游行业。她指着穿行而过的公路说："近几年云蒙景区游客接待量直逼相隔不远的东岳泰山。"

景区经济的繁荣，也解决了附近不少村民的就业问题。"过去，我们村大部分年轻人都在外边打工。现在除了种桃，村民通过职业培训后，空闲时间就在景区附近做保洁、司机等，收入不比外出打工差。"景区附近一位村民说。如今景区周边的不少村民都瞄准了蒙山大力发展旅游业的机遇，返乡搞起了特色农家院，乡村旅游持续升温。

不仅是蒙山景区，蒙阴县当地的沂蒙六姐妹红色旅游区、岱崮地貌等景区，都在借助京沪高速公路推动绿水青山加速向金山银山转变，蒙阴也成为"全省生态旅游示范县"和"中国十佳休闲旅游名县"。

从"四塞之崮"到物流之都　八车道高速给物流插上转型的翅膀

临沂市罗庄区的山东高速物流园内，货车司机正在繁忙而有序地往货车上装载货物。盖上篷布、捆扎绳索、启动、发车，快递货车司机刘师傅开着满载大件货物的货车，从临沂南站驶入京沪高速公路，一路南下。"京沪高速公路的通车带来了巨大便利，我们的电商快递，甚至可以在48小时内到达全国各地。"刘师傅自豪地说。

刘师傅供职的快递公司是首批进驻山东高速物流园的企业，他回忆说，以前公司的大型挂车只能走日兰高速再绕行陕海高速，京沪高速公路扩宽之后，出了物流园就直接上京沪高速公路，可以少走至少60公里的路程，节约2个小时的时间。

京沪高速公路的辐射带动效应，加速了立体交通网络的形成，临沂市逐步成为重要交通枢纽、"物流之都"，赢得了"南义乌、北临沂"的赞誉。

京沪高速公路是天源国际物流园的运输主干线，依托高速公路带来的便利，天源国际物流园迅速在物流领域站住了脚。

从京沪高速公路临沂收费站驶出，驱车9分钟，就到了天源国际物流园。该园区现有经营户1000余家，国内外运营网点5000多个，运营车辆15万辆，年货物吞吐量2000万吨，是临沂市规划面积最大的集物流仓储、信息服务、三方物流、国际贸易、国际物流、停车、维修、餐饮住宿等配套功能于一体的高档商贸物流园区。

"京沪高速公路是连接首都北京和上海的大通道，临沂的位置正好处于北京和上海中间，区位优势十分明显，可以说它影响着整个临沂商贸物流的发展。"山东顺和物联科技有限公司总裁曹松荣说，该集团旗下的天源国际物流园这些年取得的发展与京沪高速公路息息相关，特别是现在的双向八车道，极大提高了高速公路通行能力，对促进物流发展起到了重要推动作用。

近年来，京沪高速公路已成为老区人民的货物畅销路、生态旅游路、物流转型路，高速公路引领着老区人民的幸福生活走向诗与远方。

如今，在京沪高速公路的带动下，临沂"两纵三横"的高速公路网格局和市区"井"字形高速公路大框架日趋成型。临沂市已建成通车的京沪、日兰、青兰、长深、岚曹等高速公路，构建起了运输骨架和网络，充分发挥着贯通南北、横联东西的运输纽带作用，为临沂的经济社会发展提供了坚强有力的支撑。

开往幸福的高铁
——鲁南高铁助力临沂、菏泽腾飞

2021 年 12 月 26 日，日兰（鲁南）高铁曲阜—庄寨段开通运营，结束了菏泽不通高铁的历史。而在两年前的 2019 年 11 月 26 日，鲁南高铁日照—曲阜段的开通运营，也将临沂人民带进了高铁时代。鲁南地区山地、丘陵地形居多，交通区位条件一直是发展路上的一块

高铁曲阜东站

短板，而横贯日照、临沂、济宁、菏泽的这条交通大动脉，既是鲁南地区发展的腾飞路，也成为该地区 2000 多万老百姓的幸福路。

鲁南高铁是我国"八纵八横"高速铁路网的重要连接线，其东端在日照与青盐铁路相连，中端在曲阜与京沪高铁相连，未来高铁西端将在菏泽与京港高铁相连，在兰考与徐兰高铁相连，在鲁南和豫东串起一条高速铁路"金腰带"，增强鲁南和中原地区交通的互联互通，极大便利沿线人民群众出行。

从济南一个多小时到曹县 "济漂"再也不用跨四省回家

已经在济南求学、工作了十多年的张先生，是一个地地道道的菏泽曹县人。他回想起鲁南高铁曲阜—庄寨段通车之前，每次回家都像是奔赴一场筹备已久的人生苦旅，经常是两部手机和一台电脑一起抢票，仍然抢不到从济南到菏泽的普快列车票。

如果抢不到票，或是为了赶时间，张先生就只能"曲线回家"，先从济南坐高铁到河南商丘，然后再坐大巴回曹县。疫情期间，济南发往商丘的高铁要途经山东、江苏、安徽再到河南商丘，横跨四省的回家路不仅增加了出行的经济成本，也耗费了更多时间和精力。

随着鲁南高铁曲阜—庄寨段的通车，张先生这种每次过年回家都要跨越四个省份，过完年再从省外坐高铁返济的尴尬经历，再也不会发生了。"我无比期待着 2022 年春节的到来，去体验一下坐高铁直接到家的感觉。"通车当天，张先生激动地说。为此他提前一周就开始留意高铁余票情况，在 12306 购票网站查询发现，济南发往曹县的高铁每天有 3 趟，即使出发的前一晚票源仍然充足。

就在鲁南高铁曲阜—庄寨段通车后的一个月，2022 年 1 月 25 日早晨 7 点 42 分，张先生在济南西站登上了前往曹县的 G5293 次列车。"车厢内的数据显示，列车运行速度基本上全程都在 300km/h 以上。"张先生称，列车途径泰安站、曲阜东站、济宁北站、菏泽东站，当天上午 9 点 35 分，G5293 次列车准点抵达庄寨站，全程仅用了 1 小时 53 分，比之前济南——曹县的普快列车运行时间足足少了 2 小时 40 分钟。这也是他自 18 岁外出求学离开曹县以来，最短的返乡时间。

张先生还注意到，车上的乘客们都在谈论着鲁南高铁曲庄段的开通带来的便利。"也就相当于上下班坐公交车的时间就到家了""平常这个点也就是刚到公司没多久，现在已经从济南回到老家了"乘客们说，鲁南高铁的开通不仅降低了菏泽至济南的通行时间，也拉近了菏泽与北京、上海等其他重点区域的时空距离，3 个小时左右就能到青岛、北京。

鲁南高铁通到菏泽，也给菏泽带来源源不断的发展机会，刺激着当地经济发展，创造了更多的就业机会。在庄寨站外接单的网约车司机葛师傅对此就深有感触。葛师傅是庄寨本地人，之前在镇上跑滴滴，庄寨站投入使用之后，他就开始在庄寨站等着接单。随着老百姓生活水平的提高，从庄寨站到曹县县城 40 余公里的路程，乘客们大都选择打车或者拼车，用葛师傅的话说，"每天单子都是满的"。

山东高铁成环助力乡村振兴 去临沂旅游不再"掂量"时间

高铁的速度优势大幅压缩了出行时间，也改变着人们的观念。从临沂出发 1 小时到济南、青岛，3 小时到北京、上海、西安。从此，"鲁南"二字再也不意味着"偏远"。大山依旧青翠缥缈，大河仍然静静流淌，革命老区人民身处青山绿水，却不必再跋山涉水。

鲁南高铁临沂段施工建设场景

　　鲁南高铁日照—曲阜段的开通，使其与京沪、济青、青盐三条高铁一起组成省内环线，串起济南、泰安、济宁、临沂、日照、青岛、潍坊、淄博 8 个城市。高铁成环后，铁路部门开设了环线列车，助力优化配置全省要素资源，协调区域经济发展。

　　鲁南高铁自东向西进入临沂境内的第一站叫厉家寨，地如其名，这里真的只是一个村寨。几十年前，厉家寨人战天斗地、整山治水，厉家寨的三万亩生态大樱桃每年有上千万斤产量，因为水土气候原因上市时间比泰安、烟台等地的都要早。鲁南高铁通车前，这里受交通闭塞影响，村民们每年都要为樱桃的销路发愁。

高铁在此设站后，厉家寨村提前布局打造田园综合体，发展樱桃合作社，目前已形成了万亩樱桃园＋红色观光旅游的特色乡村游，更多的樱桃大棚也在建设中。如今，大山深处的几万亩大樱桃搭上高铁快运，当天下午采摘，次日早晨就能送上山东各地人们的餐桌。除樱桃外，这里的板栗、绿茶、大花生等农副产品都可快速销往各地。

临沂的文化旅游资源非常丰富，泰沂山脉和蒙山横亘数百里，峰峦起伏、谷壑幽深、七十二主峰、三十六洞天壮美雄奇；南部临郯苍平原阡陌沃野，一派田园风光；书圣羲之魏晋风骨，汤头温泉闲逸养生；沂蒙革命纪念馆、一一五师司令部、孟良崮旅游区等十多处沂蒙精神红色旅游景区各具特色。

此前受交通条件限制，外地人前往临沂旅游往往会先在心里"掂量掂量"。当高铁通到景区沿线，山东人"早晨坐高铁去临沂玩，下午回来"成为常态，这些丰富的旅游资源也和特色农副产品一起，带动沿线旅游、餐饮、购物、住宿等产业扩规模、提档次，给地方经济插上高铁的翅膀，吹响乡村振兴的号角。

不仅如此，随着货运动车组的逐步应用，临沂物流基地借助高铁网络和货运动车组，物流效率和质量也在进一步提高，辐射能力不断增强。

鲁南高铁改变山东人生活节奏，半天吃遍地道鲁菜

如果看到有人在朋友圈里晒出济南到济南的高铁票，不用怀疑，照片不是 P 图，车票也没印错，这正是铁路部门专门针对山东乘客推出的环线车次。细心的资深吃货发现，环线列车居然还是一列高端吃

货专列：沿途囊括了泉水宴、孔府菜、胶东海鲜、博山菜的原产地，乘坐这趟列车，半天时间就能到各个原产地吃遍地道鲁菜。

山东大学交通规划设计研究中心主任张汝华认为，高铁成网就会产生网络效应，影响范围和深度也会成倍扩大。尽管目前的环线还只是一个简单的网络雏形，仍能促进高铁的服务覆盖、连通性、可达性成倍提高。山东省通过更紧密的联系形成集聚化的优势，从而使全省在全国经济分工和竞争格局中更好地放开手脚"迈大步"。

交通大动脉的贯通，对于密切鲁南经济带与半岛都市群、省会城市群经济圈之间的协作，也能起到更好的支撑作用。山东省宏观经济研究院副院长高福一介绍称，基础设施的互联互通，能够促使更多的经济要素合理流动配置，推动产业的分工协作发展，培育新动能的发展空间。

高铁极大地改变了人们的出行方式和生活节奏，在京津、长三角地区，双城生活作为一种新的生活工作模式已经悄然兴起。在张汝华看来，鲁南高铁的通车同样也将重构临沂、日照与相邻城市的空间关系，把鲁南地区拉入济南、青岛两大核心城市的一小时圈，这种轨道上的都市圈必将促使山东省各地区的经济文化交流更加频繁。

在山东的高铁环线上，曲阜这个城市的获益非同一般。鲁南高铁在曲阜东站衔接京沪高铁后，鲁南地区的客流、货流可快速北上直通京、津及东北方向。曲阜作为鲁南高铁和京沪高铁的十字交叉点，铁路枢纽地位就此形成。这将进一步扩大济宁在山东省乃至全国高铁网中的区位优势，并推动济宁市构建现代化的综合交通运输体系。

被地铁改变的济、青市民：家更近、心更暖，生活更有幸福感

近几年，青岛、济南两市地铁线路"争先恐后"地连续开通运营，目前青岛投入运营的地铁线路已达 6 条，济南投入运营的地铁线路也有 3 条。与此同时，两市都有多条在建地铁线路正紧锣密鼓地加紧施工。

城市发展进程的每一步，都在影响着个体生活方式的改变。青岛 1 号线的全线通车，结束了多少奋斗青年的"东西双城"上班路，又让多少市民去西海岸游玩、踏青旅游像串门一样方便；济南地铁 2 号线的开通将东城、西城串起来的同时，也让济南人七里铺买菜、八里桥买水果的市井生活气息更加浓郁。城市发展的脚步与个体生活的幸福感，在地铁列车的轰鸣声中，融为一体，飘进每个市民的心里，激荡出幸福的回音。

坐地铁穿越胶州湾的时代到来　家更近了，心更暖了

2021 年 12 月 30 日中午 12 时，青岛地铁 1 号线从西海岸王家港站正式发车，蓝色列车穿过 8.1 公里的深海隧道呼啸着驶来。这条全国最长的跨海地铁，贯通五大城区，坐拥四座换乘站，海底区

间距海平面最大深度达 88 米。坐地铁 6 分钟穿越胶州湾,风驰电掣的速度和平稳舒适的乘坐感受,让青岛市民纷纷为地铁 1 号线竖起了大拇指。

欣喜不已的市民中,告别 9 年"东西双城"奔波通勤之苦的上班族杨女士除了新奇与喜悦,更多的是百感交集。2012 年,也就是胶州湾隧道正式通车的第二年,在市南区的工作杨女士因为经济条件有限,只好在黄岛买房安了家,开始了"东西双城"的生活。当时她想的是"用时间换空间,用当下换未来,奔波就奔波吧"。但没想到,这一奔波,就是 9 年。

"每天跨胶州湾上下班,单程 24 公里左右。"杨女士说,每天早晨 7 点左右她就要出门,走到北船职工公寓公交站,乘公交车穿越海底隧道到市南区鲁迅公园下车,再转乘市区公交车到南京路上班,整个路途大约耗时一个半小时。晚上下班后,杨女士还要花同样的时间原路回家。如果遇到天气不好或者交通拥堵,时间还会更长。尽管家里有漂亮的厨房,锅碗瓢盆一应俱全,但对于每天早晨不到 7 点就要出门,晚上 7 点半还没到家的杨女士来说,工作日她根本没时间在家吃饭。

2014 年起,西海岸新区的发展吸引了众多市民到此置业,从那以后挤公交的上班族更多了,等一两趟公交车挤不上去是常事,上车后经常挤到手机都拿不出来。到了 2016 年,好在青岛地铁 3 号线全线通车了,杨女士乘隧道公交到青岛站之后,可以在市区换乘 3 号线到单位。但无论怎么坐车,这段路单程也要一个半小时左右。无奈之下,杨女士建了拼车群,方便上下班搭顺风车,很快杨女士就发现仅她建的两个微信群就足足有一千人,可见和杨女士有相同通勤需求的市民并不是少数。

就这样,从 2012 年到 2021 年的 9 年时间里,杨女士以各种方式

青岛地铁驾驶员在工作中

奔波在跨海上班的路上。路途辛苦，但也有期盼，青岛地铁1号线的开工让杨女士有了盼头。杨女士说，随着地铁1号线全线通车的日期越来越近，她也渐渐按捺不住激动的心情。

从金沙滩片区的家里出发，步行15分钟到地铁1号线安子站乘车，坐6站跨越胶州湾到青岛站下车，再转乘地铁3号线，共花25分钟左右到宁夏路站，出站后步行5分钟就到单位，整个过程只需要45分钟。地铁1号线的全线贯通，使杨女士的上班通勤时间缩短到了过去的一半。"车次准点、省钱便捷，还不堵车、不拥挤，幸福感满格！"杨女士说到这些的时候，又激动又兴奋。

在青岛地铁1号线通车当天到西海岸游玩的，还有家住胶州的殷延年老两口。殷大爷已经退休6年，平时和老伴喜欢到处转转，以前去西海岸早上6点多就得出门等公交，在路上的时间就得3到5个小时。地铁1号线全线开通当天，夫妻俩9点半从胶州北站坐上8号线，到青岛北站换乘 1 号线。"以前去西海岸是旅游，现在就像串门一样方便了。"殷延年说着竖起了大拇指。

2022 年 4 月起，首批地铁站内新模式便利店在 3 号线清江路站、1 号线及 13 号线换乘站井冈山路站开门营业，提供便利轻食、甜点、饮品、休闲食品、日用品等，满足顾客的多样需求。

"站内便利店对我们这些上班族来说，实在是太方便了，可以省去早起做早餐的时间，也不必为四处排队买早餐而苦恼。"市民张先生的公司位于五四广场附近，每天都乘坐地铁通勤，经常来不及吃早餐便急匆匆出门赶地铁，如今早上能在地铁站内便利店购买早餐，给他的生活带来了极大的便利。

作为全国首批沿海开放城市，青岛拥有得天独厚的自然资源和人文环境，旅游业发达，每年大批游客到访青岛享受海滨风情。每到旅游旺季，青岛的交通压力就会增大，而 1 号线的全线贯通在更好服务旅客出行的同时，也有效缓解了地面交通的压力。

青岛的景点多数位于东部沿海、西部老城区以及西海岸新区。1 号线、3 号线、13 号线的衔接将各大景点有效串联，在方便旅客出行的同时，也带动主城区与西海岸新区旅游经济快速发展。

横穿老城区的地铁带着市井生活气 上班族不再愁东西通勤出行

2022 年 3 月 25 日，济南迎来了一场春雨。张女士的丈夫刚把她送到地铁 2 号线彭家庄站，就抓紧开车向西往单位赶。坐上地铁 2 号线的张女士替丈夫捏了把汗："他 9 点要开会，却遇上下雨，估计路上要堵，我也赶时间，好在有地铁，不受雨天影响。"

家住济南唐冶的张女士坐地铁上班已经整整一年了，在地铁上时常碰到小区里的邻居。她说唐冶的年轻人多，有不少人在市区工作。2号线开通之前，丈夫每天送她到单位后再去上班："当时单趟26公里，一天两趟，坐公交车少说也得1小时40分钟，打车一趟得四五十块，太贵了。"

看着不断上涨的油价，在鲍山站等2号线地铁去市区上班的刘敏也算了笔账："开车上下班40多公里，100公里耗7个油，每天的油费就能省下近25块，一个月工作日按22天算，能省下550块。"来回的地铁票可能和公司包月的停车费差不多，"时间差不多还少花钱，果断不开车，换坐地铁了。"

除了通勤和忙碌之外，这条每天横穿济南老城的地铁线上，还有不少烟火气。沿线的蔬菜批发市场、茶叶市场、夜市，给这条线路带来了生活感。从七里堡站上车的信女士拎着菜准备回唐冶的家。她在七里堡站附近的学校当老师，回家前顺便在七里堡批发市场买了菜。为了不耽误孩子们的早读课，2号线开通前她一直租住在学校附近，

2020年10月8日，济南轨道交通2号线宝长区间顺利洞通

如今她住回了自己的家："地铁真的是方便了我的生活。"

济南地铁 2 号线与 1 号线、3 号线形成一横两纵的 H 型骨架，使得济南的 3 条地铁线路初步成网，吸引了越来越多的济南市民乘坐，王府庄站、八涧堡站作为换乘车站，客流明显增加。济南轨道交通集团运营公司调度票务部副部长说，济南地铁 2 号线开通运营一年时间里，已累计运送乘客 4000 余万人次。

2 号线连通起西部城区、主城区和东部城区，改变的不仅仅是沿线市民的工作和生活，城市也在悄然改变。2 号线运营 8 个月后，济泺路站南边的一个商业地块成功出让。2022 年 3 月 2 日，天桥区举行的重点项目春季集中开工活动上，这个地块上的三座甲级写字楼和太古里式建筑街区组成的大型商业项目盛大开工，繁忙的老城将迎来新生。

2 号线沿线姜家庄站、凤凰路站周边，原先被胶济铁路线分割，交通短板明显的盛福片区北部、凤凰北路周边不少地块也已成功拍卖，部分已经拿地的楼盘在加紧建设。山东大学交通规划设计研究中心曾测算，地铁 2 号线相当 5 条工业北路高架的通行能力，也就是相当于再建 5 条高架。三年后，更多人将在 2 号线沿线安家，有了地铁出行的疏解，东西向新增的交通压力将不再只涌向北园高架和工业北路高架。

一度被称作"睡城"的唐冶片区，近几年已有众多大型小区入住，片区给地铁带来了人气，地铁也给片区带来了活力。初期运营一年，对济南的地铁运营来说，还只是开始。随着运营能力的提升、交通接驳的完善、二期线路建设的推进、TOD 建设的开展，它的运力和对城市发展的巨大潜力还将进一步发挥。

眼下，济南地铁二期规划已全面开工，一张地铁大网正在城市缓缓铺开，地铁正带着这座城市和居住其中的人一起奔向未来。

青岛胶东机场的全新体验

2021年8月12日，青岛胶东国际机场正式启用。由此，青岛迎来了定位"世界一流、国内领先"的东北亚国际枢纽机场。作为山东省内首座世界民航运输最高等级的4F级国际机场，与4E级的流亭机场相比，胶东机场在运行等级、服务品质、综合交通体系等方面都有了很大升级，让旅客和出口企业切切实实感受到了新机场、新海关打造的"国际新通道"。

胶东机场全流程自助办理的智慧出行模式，给旅客带来了前所未有的全新体验，自助办理登机牌仅需30秒，自助办理行李托运仅需90秒，大大缩短了旅客的等候时间。同时，通过主动对接企业需求，胶东机场优化流程、简化单证，提高监管服务质量，最快可实现出口货物一分钟通关，物流公司电子化无感通关，大大提高了机场运行效率。

90秒自助托运行李、免费寄存冬衣　智慧＋人性化服务温暖心田

从空中俯瞰胶东国际机场，它犹如一只巨大的海星，张开臂膀，拥抱世界。机场在国内率先采用集中式指廊造型航站楼，海星造型的航站楼以富有张力的连续曲面，将五个指廊与大厅融为整体。

179

家住青岛清江路的刘女士和丈夫一走进航站楼，就忍不住地夸奖起来："这座现代化的新机场气势恢宏，与青岛国际化大都市的气质十分相配。以前在电视上看到一些大型国际机场，我就在想，咱们青岛的新机场会建成啥样，今天亲眼见证后果然不凡。"

作为中国民航首批 18 个"智慧型机场"示范项目之一，胶东国际机场着力打造智慧运行、智慧安全、智慧管理、智慧服务和智慧交通，建设配有集自助行李托运、自助值机、自助安检、自助通关在内的全流程自助设备。

"从购票、值机、行李托运到登机，都可以进行自助办理，几乎只需带着一张脸就能实现自助乘飞机。"在航站楼里转悠了一圈后，青岛市民杨女士看到出发大厅有不少自助值机和自助行李托运柜台。她感受最深的是机场的智慧化程度非常高，科技感十足，杨女士说她打算带儿子去北京、上海旅游，真正体验一把"智慧机场"的魅力。

机场工作人员介绍说，目前候机楼 L4 层国内出发大厅设有 84 台自助值机设备、48 台自助行李托运设备，GTC 区域设有 4 台自助值机设备、4 台自助行李托运设备。全流程自助办理的智慧出行模式将大大缩短旅客的等候时间，自助办理登机牌仅需 30 秒，自助办理行李托运仅需 90 秒，给旅客带来前所未有的全新体验，大大提高了机场运行效率。

与胶东机场同步启用的，还有青岛地铁 8 号线胶东机场站。地铁站直连机场综合交通换乘中心（GTC），出站即到新机场，堪称无缝衔接。从青岛北站乘坐 8 号线前往胶东国际机场，全程仅需 38 分钟左右。走出地铁站，直接进入 GTC 大厅，旅客可以在这里换乘公交、出租车、高铁等多种交通工具。

"乘坐地铁赶飞机，最大的优点就是准时。我觉得路上花费的时间还能接受，下地铁后各种标识牌都很清晰明了，可以顺利抵达航站

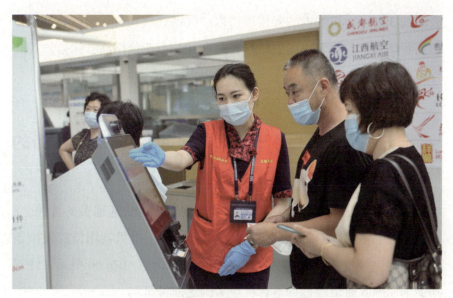

青岛胶东国际机场工作人员帮助旅客办理登机服务

楼。"青岛市民赵先生说，因为工作缘故他经常要乘坐飞机前往国内各个城市，坐地铁赶飞机不会堵车，青岛地铁8号线有一段是在地面上行驶，沿途还可以看看青岛的风景，体验非常棒。

我国幅员辽阔，气候多样，很多冬季飞往南方城市的旅客都会感觉厚厚的冬衣成了南行的累赘。为进一步方便旅客出行，青岛胶东国际机场还人性化地推出特殊旅客冬衣免费寄存服务，为乘坐南行航班的旅客解决冬衣存放难题。免费寄存冬衣服务从每年11月1日开始至次年5月31日止，凡持有效证件的老人、孕妇等特殊旅客至胶东机场行李寄存处（四楼出发大厅AB值机岛后），可享受南行航班免费寄存冬衣服务，每位旅客可免费寄存三件冬衣。

胶东国际机场还致力于打造集航空出行、零售、餐饮、休闲、游乐于一体的商业综合体，为旅客提供融特色品牌餐饮、中高端品牌购物、新型商业业态以及青岛城市品牌体验为一体的一站式舒适体验。据介绍，胶东国际机场航站楼规划商业面积约4万平方米，规划各类商铺约 300 个，机场内的餐饮店将以"同城同质同价"为核心打造特色商贸品牌，着力解决国内机场普遍存在的商业价格高、体验差等共性难题。

一分钟通关背后：一流海关服务与电子智慧税务的高度结合

胶东机场正式启用的第二天，就接到了货运快速通关的考题。8 月 13 日当天，山东外贸集团元华有限公司的一批机器用橡胶保护条着急出口，该批货物共 779 公斤、5200 件，价值 4076.06 美元，计划搭载 NH8506 航班经过日本转机至美国芝加哥机场。

货物到达机场前，报关代理海程邦达国际物流有限公司就向青岛机场海关办理了"提前申报"。14 时，提前申报到海关预录入系统成功；15 时 51 分，货物运抵青岛机场国际货运区；15 时 52 分，青岛胶东国际机场通关放行，仅一分钟就顺利出运。

"一分钟通关，这速度！"海程邦达国际物流有限公司的报关部经理付泉龙不由地赞叹。一分钟通关，彰显了青岛新机场的"加速度"，更得益于青岛机场海关的"一流服务"。青岛机场海关通关科科长马永胜介绍，海关部门主动对接企业需求，采取提前申报、两步申报、自报自缴、汇总征税等一系列措施优化流程、简化单证，不断提高监管服务质量，切实提升企业获得感。

"从过卡入区到放行装机总共用时 15 分钟，真快！"山东泽坤国际货运代理有限公司报关经理介绍说，8 月 13 日上午 10 点左右，该公司代理的机械配件、电子产品等 1.5 吨出口货物由海关监管车运进胶东机场国际货运海关监管场所。在青岛胶东国际机场国际货运区，搭载出口货物的海关监管车辆到达监管区卡口后，车辆识别系统可自动扫描车牌信息，与海关监管区智能卡口系统内的车辆备案信息进行比对，比对成功后卡口即时抬杆放行车辆入区。

与此同时，海关舱单管理系统接收到货物运抵报告，与海关通关系统的放行查验指令进行交互，大多数提前申报、系统自动审放的出口货物即可实现入监管区与收到放行回执仅需十几分钟，通关效率大大提高，物流企业体验到的是"电子化无感通关"。

新机场，新海关，新征程。面对新的机遇与挑战，青岛机场海关推动货运通关软硬件升级，让监管效能更高、通关速度更快、营商环境更好，积极营造"省钱、省时、省事"的通关环境。青岛机场海关物流监管科科长桑振华表示，新的物流监管模式下，物流、外贸企业将乘胶东机场现代物流东风，不断提高物流效率、增强发展后劲。

新机场带来的不仅是更大的体量和运力，还将开启青岛全新的发展机遇，重塑交通、空间、产业等要素资源，为青岛、山东乃至北方经济社会发展注入强劲动能。

4F 机场织密国际、洲际航线展开壮阔发展画卷

胶东国际机场是山东省唯一的 4F 级机场。4F 级机场是目前世界民航运输最高等级，代表可以起降各种大型飞机。更大的机场，更大的运量，更远的航程，也就意味着机场的航线辐射力更强。

青岛不断织密国际航线、洲际航线，与 50 余个日韩、欧美澳、东南亚、南亚、中东及我国港澳台地区重点城市实现空中牵手。其中，日韩航点 17 个，基本实现对日韩市场全覆盖。同时，青岛还拥有洲际及远程国际航点 14 个，东南亚、南亚航点 13 个，至上合组织国家及"一带一路"沿线地区互联互通的能力显著增强。

青岛胶东国际机场全景图

　　胶东国际机场的启用，徐徐展开了一幅壮阔的画卷。

　　从所处的区位来看，以胶东机场为核心的临空经济区，正处于青岛开放最前沿：上合示范区在这里，青岛多式联运中心在这里，上合国家客厅、央企"国际客厅"在这里，依托上合物流园区创建的青岛商贸服务型国家物流枢纽也入选第二批国家物流枢纽名单。

　　新机场还将与山东港口青岛港、传化公路港、上合青岛多式联运中心紧密联系，打造"海陆空铁"国际多式联运枢纽。在胶东临空经济示范区内，汇通丰源、宇培电商、成龙国际、航港供应链、数印通商供应链金融等项目正在如火如荼地建设中，而青岛千里行、海程邦达、中远海运空运山东总部、日本 CL 跨境电商等也纷至沓来，共同助推青岛航空物流产业发展。

　　胶东机场开通后，青岛集聚国际国内资源要素的能力也在不断提升，开放发展优势不断增强。未来，青岛将以新机场为发力点，开辟更宽阔的国际"新通道"，更好地把握和利用国家战略叠加带来的发展机遇。

"四好农村路"再发力
打通乡村振兴"幸福快车道"

近年来，山东把改善农村交通条件作为打造乡村振兴齐鲁样板的重要内容，高标准谋划、高质量推进"四好农村路"建设。交通运输部 2021 年 11 月发布的 2021 年"四好农村路"全国示范县公示名单中，山东有新泰市、嘉祥县等 7 个县市上榜。

"十三五"以来，山东省新改建农村公路 6.7 万公里，路网规模 25.8 万公里，累计完成投资过千亿元。"十四五"期间，山东将全面开展"四好农村路"提质增效专项行动，新建改造提升农村公路 4 万公里，全力推进农村公路从规模速度型向质量效益型转变，让"四好农村路"串联一路风景，带动一片产业，造福一方百姓，打通乡村振兴"幸福快车道"。

柏油路翻山越岭进村入户　村民的山货不再愁销路

龙廷镇在新泰市东部，域内多山地和丘陵，龙廷镇上豹峪村是典型的小山村，盛产樱桃、板栗、苹果、桃子、柿子等众多山货。以往，山路崎岖，山货很难卖上好价钱，有的甚至都卖不出去。不过，近两年龙廷镇的山货却卖火了，在龙廷镇上豹峪村，山东伍亩地农业

185

聊城侯营镇乡村路

发展有限公司制作的柿饼等山货网上订单源源不断，常常有快递车沿着新泰市龙廷镇高低起伏的环山路疾驰，绕过几个山头，专程到上豹峪村拉货。

"现在，从村里到镇上、市里都是新修的公路，有五六米宽，串起了大大小小的山头，进出都特别方便，开车到市里也就20分钟。"说这话的伍亩地农业发展有限公司总经理刘方周是龙廷镇本地人，此前在深圳工作多年的他一直想回乡发展电商，但原来崎岖难行的山道让他望而却步。自从150多公里的高标准硬化路串联起全镇几十个山村，刘方周心里的疙瘩总算解开了，义无反顾回乡创业。

有了这条公路，村民出行更方便快捷，原本相对闭塞的小镇也逐渐活跃起来，当地的山果和毛刷等特色产业快速搭上电商经济快车。路通了，产业来了，当地村民的腰包鼓了。

"网上的订单源源不断，村民在公司包装柿饼，一个人一天挣百十块钱。"今年40岁出头的上豹峪村村民徐燕没再出去打工，而是选择在村里的伍亩地公司上班。徐燕说，以前这里就是个穷山沟，能出去的人都出去了；如今留在村里的人慢慢多了起来，仅上豹峪村就有 30 多人在这个公司上班。

从解决群众出行难题，到拉动山区产业经济，新泰"四好农村路"为当地农村群众脱贫致富帮了大忙。近年来，新泰市将"四好农村路"作为惠民生、解民忧的重要民生工程，列入全市乡村振兴战略规划。目前，新泰市行政村通硬化路率、通公交车率、农村公路列养率均达 100%，2021 年新泰市获评"四好农村路"全国示范县。

偏僻山村蜕变"最美乡村" 村民办农家乐致富笑开花

临沂市沂南县三山沟村地处偏僻，三面环山，交通不便，行路艰难。20 世纪 80 年代，联合国粮农组织的粮援项目专家曾经下结论称此地为"不适合人类居住的地方"，建议整体搬迁。

如今，几十年过去，曾经与世隔绝的三山沟村非但没有人去楼空，反而变成了颇具名气的"最美乡村"，村中盛产的沂蒙大姜、香椿芽等农副产品成了抢手货，来此观光旅游的旅客也越来越多。这一切都源自一条农村公路的修建。

近年来，老区人民大力弘扬沂蒙精神，加快推进"四好农村路"建设，建成的"爱尚沂南·红色之旅"道路，将沿线 20 多个村子连在一起。线路沿途建起了五处 4A 级景区，串联起两处"中国十大最美乡村"，发展现代农业观光园区，不仅解决了当地群众的出行难题，还让村民们在家门口实现了就业。

"爱尚沂南·红色之旅"成为一条名副其实的"红色教育文化带、绿色生态风光带、特色产业经济带"。村民孙洪才感慨地说："是这条路给三山沟村带来了生机和活力，赋予了村子第二次生命。"

在临沂费县小南峪村，每到夏秋旅游旺季，从山上引下来的山泉水潺潺流淌，引得游客们手掬品尝、拍照留念。以前，小南峪村只有一条小路，进出村只能骑自行车，优美的山水环境藏在山里不为人知。

"2014年进村路修通之后，车辆能方便地开进来了，很多临沂、济宁、济南的游客都会来这里玩。"小南峪村村民贾艳花高兴地说，随着游客的增多，她家也顺势办起了农家乐，每天能接待三五桌游客，节假日最多时甚至能接待十四五桌，这让以前仅靠土里刨食的贾艳花脸上乐开了花。同村的郭胜利夫妇的农家乐主打菜豆腐宴而远近闻名，路畅通后他们的生意更加红火，不但供三个孩子上了大学，家里的经济条件也越来越好。

新泰放城小三峡

临沂作为著名的革命老区，自然环境优越，旅游景点众多，独具魅力。然而，过去不畅通的道路环境让人望而却步。随着农村道路的逐渐完善，诸多景点得到了有效串联，例如，马田公路直接连接了蒙山景区的东大门到南大门，游客们可以更加顺畅地进行游览。同时，越来越多的影视剧组进驻临沂，也为山区新农村的产业发展带来了全新思路。

在齐鲁大地，像三山沟村、小南峪村这样地处偏远、出行不便的村落不在少数，条条村路的修建也从未停止。据统计，截至"十三五"期末，山东省农村公路路网规模达到 25.8 万公里，居全国第二位。全部乡镇、建制村实现通沥青（水泥）路，具备条件的建制村 100% 实现通客车，农村交通出行条件大大改善。

"农村公路 +"复合发展模式 "十四五"提质增效新建改造 4 万公里

近年来，山东把自然、生态、文化、科技、产业等元素融入农村公路规划设计建设，探索"公路 + 旅游""公路 + 互联网"等复合发展模式。2021 年，山东省在全省开展为期 5 年的"四好农村路"提质增效专项行动，加快推进农村公路从规模速度型向质量效益型转变，切实提高农村交通通达深度和服务能力，为打造乡村振兴齐鲁样板和加快农业农村现代化提供更有力的支撑和服务。

利用农村路网，运营好城乡公交系统，方便群众生产和生活，是"四好农村路"在运营方面的重要任务。近年来，山东充分发挥"四好农村路"在推动农村社会经济发展方面的作用，积极推动"公路 + 生态""公路 + 产业""公路 + 文化"等融合式发展，助力乡村振兴。

泰安新泰市围绕旅游产业增效益，推进"农村公路 + 旅游"融合，打造了羊流"百合和园"、放城"小三峡"、泉沟"十里荷塘"等旅游风景线，好公路、好风景带来了好"钱景"。

为充分发挥农村交通路网作用，山东还重点引导农村客货统筹、运邮协同、物流配送，优化资源配置，降低物流成本。2022年，山东预计可实现行政村物流服务全覆盖；2025年，预计可形成城乡一体、高效快捷、功能完善的农村物流网络体系。

济宁市兖州区依托农村公路网，让农村货运班线与农村客运班线结合，构建了"一点多能、一网共用、功能完善、运行高效、深度融合"的农村物流三级配送体系，全区建成区级快递分拨中心10个、镇级服务中心10个、村级服务点106个，为乡村振兴提供物流支持。

根据山东印发的《全省"四好农村路"提质增效专项行动方案》，到2025年，全省新建改造农村道路4万公里，具备条件的行政村通公交化客车、农户通硬化路，农村物流通达率、公路养护率、路长制覆盖率达到100%，建成布局合理、连贯城乡、快捷通畅、服务优质、安全绿色的农村公路体系。

山东省交通运输厅负责同志介绍，"四好农村路"提质增效专项行动的重点任务是实施"五大工程"：实施路网提升工程，提升新建公路路面结构标准，沥青、水泥混凝土厚度分别达到5厘米和20厘米以上；实施道路通达工程，到2025年所有自然村全部通硬化路，村内通户道路硬化基本完成，高标准实现"村村通""户户通"；实施通行安全保障工程，深化农村公路管理养护体制改革，加快完善农村公路安全防护设施，基本消除县乡道路安全隐患；实施融合发展样板工程，开展最美农村路、乡村振兴路命名活动，建立一批交通强国"四好农村路"样板；实施运输服务升级工程，提高农村客运通达广度深度，引导农村运邮协同、物流配送，优化资源配置，降低物流成本。

七、食品篇

粮食安全是"国之大者"。悠悠万事，吃饭为大。近年来，作为农业大省的山东奋力打造乡村振兴齐鲁样板，农业总产值、农产品加工业产值、农产品出口额等常年居于全国首位。2021年，山东粮食总产量达到1100.1亿斤，较上年增加10.7亿斤，首次突破1100亿斤大关，是全国5个增产10亿斤以上的省份之一，居全国第三位；全年粮食播种面积、单产、总产实现"三增"，总产连续8年稳定在1000亿斤以上，其中夏粮总产量和单产，双创历史新高……山东用实际行动和优秀成绩，有力展现了坚决扛牢农业大省责任的使命担当。

山东统筹发展和安全，大力推进"食安山东"建设，全力守护人民群众饮食安全，2021年，全省主要农产品和食品合格率均在98%以上，食品安全形势总体稳定向好。山东将"最严谨的标准"落实到生产过程，9035家食品生产企业开展亮标承诺、对标生产、核标出厂"三标"行动。104家食用农产品批发市场全部推行驻场监管、互联网＋快检、定量抽检、扫码追溯、半年检查等"五项制度"，快检319.4万批，把好食用农产品入市第一道关口。建成全省市场监管一体化平台，开发"山东菜场"APP和食品安全信息预警平台，全省食用农产品和食品追溯系统投入试运行。深入推进"食安山东"推广平台和科普基地建设，全省打造市级平台6个，县级平台9个，"食安山东"品牌影响力稳步提升。

抢占品质制高点，
全国蔬菜质量标准看山东

　　山东是传统蔬菜大省，寿光是全国最大的蔬菜生产和集散地。2018年7月12日，全国蔬菜质量标准中心在寿光揭牌成立。该中心由农业农村部和山东省政府联合建立，是国内唯一蔬菜质量标准方面的国家级示范平台。山东，成为全国蔬菜产业质量发展的风向标和制高点。

全国蔬菜质量标准中心

从产量大省到质量大省

山东是传统蔬菜大省，有 2500 多个蔬菜品种，总产量约占全国的 1/7。自 20 世纪 90 年代以来，山东的蔬菜播种面积、产量、产值、商品量等主要指标一直居全国首位，蔬菜出口量、出口额连续十几年稳居全国第一。

但是，加快从蔬菜产量大省向蔬菜质量强省转变，一直是山东追求的目标。山东迫切需要构建新型蔬菜标准体系，以先进标准引领蔬菜产业高质量发展。

为了促进山东蔬菜的高质量供给，2018 年 8 月 15 日，也就是全国蔬菜质量标准中心在寿光落地一个月后，山东省政府召开新闻发布会通报：山东出台了《蔬菜标准体系建设指南》地方标准。

山东《蔬菜标准体系建设指南》是全国首个关于蔬菜标准体系建设的标准，该指南通过构建生产、产品、加工、流通、质量追溯、管理服务等 6 个标准子体系，覆盖蔬菜产前、产中、产后全产业链条。

据了解，山东重点培育的 63 个地方名蔬菜中，除章丘大葱、金乡大蒜、胶东大白菜、烟台地黄瓜、莱芜生姜等制定了生产技术标准外，大部分蔬菜在种苗培育、储藏运输等环节的标准还不健全。

根据《蔬菜标准体系建设指南》的要求，山东将制定农业投入品质量标准，严格规范农药、化肥和抗生素、激素使用，从源头上严把蔬菜质量安全关。同时，制定高标准农田、土壤修复改良、农田灌溉排水、节水节肥等地方标准。

专家表示，蔬菜是山东的主导产业之一，面对转型升级和高质量发展的形势要求，山东必须构建起以国际标准为引领、国家标准和行业标准为基础、团体标准和企业标准为主体、地方标准为补充的新型蔬菜标准体系。通过"标准＋认证"模式，加快推动质量分级管理，实现山东蔬菜品牌高端化。

另外，《蔬菜标准体系建设指南》还针对小麦、玉米、葱、姜、蒜、水产品、畜产品等优势领域以及农业"新六产"领域，提出建设国家标准创新基地，加快制定地方标准和国内领先的团体标准，努力上升为国家标准和国际标准，建设一批国际标准生产示范区。

小番茄有了标准可依

2021年3月24日，寿光市鹏远果蔬专业合作社大棚内，社员吴学仁正忙着给番茄吊蔓、打叉。

"你看我这番茄棵子长得多壮，叶片发黑，也没什么病虫害。这都是按照标准化种植带来的好处。"吴学仁说。

2019年，鹏远果蔬合作社被认定为全国蔬菜质量标准中心19个试验示范基地之一。合作社社员全部按照全国蔬菜质量标准中心制定的标准种植番茄。

"我之前分不清灰霉病和灰叶斑，李老师经常带技术专家下来指导，我很快弄懂了这些病虫害，种植技术又提高了一大截。"吴学仁说。

吴学仁口中的李老师，是全国蔬菜质量标准中心推广科负责人李兰娟，主要负责标准的推广应用。

2021年1月1日，由全国蔬菜质量标准中心制定的《日光温室全产业链管理技术规范》（番茄、黄瓜）两项农业标准在全国正式实施。鹏远果蔬合作社的种植主要参考了这个标准，也为标准数据提供了试验验证。

寿光小番茄

"按照标准种植后，我们的西红柿口感好、颜色正、营养价值高、精品果多，质量过硬，价格上来了，品牌提升了。"鹏远果蔬合作社理事长高象鹏说。

记者在番茄的全产业链管理技术规范中看到，番茄按照果实整齐度指标，划分为精品果、普通果和次级果三个等级。果实整齐度量化指标又包括果实横茎整齐度指数和单果重整齐度指数。

全国蔬菜质量标准中心推行从种苗到餐桌的全产业链标准，通过执行标准，让蔬菜生产有标可依。鹏远果蔬合作社已经按照《日光温室全产业链管理技术规范》（番茄）标准，制定了自己合作社的口感番茄种植标准。

据了解，全国蔬菜质量标准中心计划用三年左右时间，逐步建立蔬菜品质认定体系，根据消费者偏好和营养需求，实现优质产品精准供给和种苗改良，为蔬菜高质量发展提供数字支撑和依据。

"山东标准"风行全国

2018 年 7 月，全国蔬菜质量标准中心在寿光落地后，成立了由方智远、李天来、邹学校、赵春江 4 名院士领衔、67 名专家组成的专家委员会，以山东寿光蔬菜全产业链的"山东标准"研制为突破口，实现技术和生产的有效链接。

2019 年，全国蔬菜质量标准中心制定的《日光温室全产业链管理技术规范》(番茄、黄瓜)农业行业标准通过专家审定。

2020 年 9 月，《粤港澳大湾区蔬菜生产基地良好农业操作规范》(番茄、黄瓜、辣椒、茄子、西葫芦、菜豆) 6 项团体标准由山东省蔬菜协会正式发布。

"在相关蔬菜标准起草和制定过程中，我们向大量菜农、种植企业、基层技术人员征求意见。通过广泛收集数据，统计和修正，再次征求种植户意见，再经过专家审核审定，逐渐形成各方认可的行业标

6 项团体标准

准。"全国蔬菜质量标准中心标准起草负责人胡永军说。

　　全国蔬菜质量标准中心建设了国内唯一的蔬菜品质感官评价与分析实验室。该实验室累计完成 18 种番茄和 13 种黄瓜感官评价试验和指标测定。

　　"实验室是让消费者从色、香、味、形、触多个维度对蔬菜品质进行感官评价，筛选出消费者喜爱的品质指标参数，再借助仪器对这些指标成分——分析检测，从而把抽象的蔬菜品质指标用数字表达出来。"全国蔬菜质量标准中心认证科负责人说。

　　国家大宗蔬菜产业技术体系首席科学家、全国蔬菜质量标准中心专家委员会主任委员杜永臣说，通过依托山东寿光蔬菜基地来制定统一标准、全程实施标准化，将促进蔬菜产业高质量发展，并借助蔬菜质量大数据服务平台，推动蔬菜产业实现标准化、优质化、品牌化。

　　目前，蔬菜质量标准中心所制定的山东蔬菜质量标准已经推广到全国。截至 2021 年底，全国蔬菜质量标准中心已集成 2369 条相关标准，启动 118 项国家标准、行业标准、地方标准研制工作。

黄河口大闸蟹如何"横行"百姓餐桌

秋风起，蟹儿肥。

早上 6 点，在东营市惠泽黄河口大闸蟹养殖基地，工人们正在按照公母、重量分拣黄河口大闸蟹。这批大闸蟹最晚第二天，就将出现在百姓的餐桌上。

就在十几年前，黄河口大闸蟹还只是东营当地品牌。而近几年，"南有阳澄湖、北有黄河口"叫得越来越响，每到中秋前后，黄河口大闸蟹也迎来了一年中最为期盼的丰收季节，悄然"爬"上食客们的餐桌。

由粗放化到标准化，养殖模式转变提升大闸蟹品质

垦利区地处黄河入海口，独特的河海交汇环境，为黄河口大闸蟹繁殖生长提供了优越的自然条件。但是几年之前，当地并没有把自然条件转换到产品品质上。

"2017 年之前，垦利区黄河口大闸蟹以散户粗放养殖为主，主要投喂的也都是麸皮、豆粕、玉米等低端饵料，养殖出的大闸蟹规格小，很少有超过二两半的，经济效益也低，平均亩产只有 60 斤

垦利区黄河口大闸蟹产业园

左右，亩效益只有 1000 元左右。"垦利区海洋与渔业局负责同志毫不讳言。

怎样把优越的自然条件转换到产品品质上，垦利区着实下了一番功夫，先后出台了《关于支持现代农业与旅游业融合发展的意见》《关于支持黄河口大闸蟹产业发展的意见》，坚定不移走标准化、规模化之路。

在此过程中，引进了恒盛、惠泽两家龙头企业，实行标准化养殖，成立了黄河口大闸蟹产业研究院，对全区大闸蟹养殖进行技术指导和销售服务。

"在之前，散户对饵料的投放等养殖技术，只能凭借自己的经验。现在，我们可以联合散户统一进货，这样既能够保证饵料品质，也可以提高散户议价能力。"垦利区惠泽黄河口大闸蟹养殖基地负责人说。目前，惠泽养殖基地占地 6000 余亩，拥有近 200 个标准化养殖池塘，每年产量达 100 吨以上，还建立了自己的检验室、实验室。

在龙头企业的带动下，垦利区制定了黄河口大闸蟹养殖技术规程和质量标准，推广"种草养螺、良种优放、增质节水、精准饲喂"的生态健康养殖模式，并将区块链溯源应用于大闸蟹生产全过程。

在今年5月份，垦利区与上海海洋大学、山东省淡水研究院签订了《黄河口大闸蟹产业发展战略合作协议》，围绕黄河口大闸蟹良种繁育、养殖生产、精深加工、品牌培育，加强政产学研合作，为垦利区黄河口大闸蟹规模化、标准化养殖提供更多技术支持。

"目前，垦利区大闸蟹养殖面积6万亩，其中标准化养殖面积达3万亩。成蟹平均规格从不到2两提高到3.5两以上，标准化养殖基地大闸蟹亩产量200斤至250斤，亩均产值超过1万元，亩效益可达5000元以上。而且，恒盛、惠泽两家公司取得了新加坡、马来西亚两国以及香港、澳门地区的出口资质。"李子军说道。

从"不好卖"到"不愁卖"，营销方式转变提升品牌效应

工人分拣大闸蟹时，北京、天津、泰安、潍坊等周边省市的客商在焦急地等待，大闸蟹装箱完毕后直接被运往各地，最迟第二天中午，周边省市的顾客就能品尝到新鲜美味的黄河口大闸蟹。

"今天还处于尝鲜期，产量在3000—4000斤之间，产量少，价格就高，二两半的母蟹一斤要100元左右。供不应求，需要现金预定，就这还不一定保证有货。"王英泽忙着和客商解释道。

经过几年发展，标准化养殖带来的"威力"开始显现，销售方式也在逐渐转变。

以前散户养殖的螃蟹规格小，也没有统一标准，高峰期还会出现相互压价的局面，养殖户利益得不到保证。为了扭转这一局面，垦利

区成立了黄河口大闸蟹协会，只有经过协会认证的养殖户才能使用"黄河口大闸蟹"这一地理标识。

为了打响品牌知名度，垦利区还与品牌运营公司合作，在北京、天津等地举办大闸蟹品鉴会活动，参与互联网公益节目《为爱下厨》制作，举办黄河口大闸蟹开捕节，黄河口大闸蟹品牌影响力得到明显提升。

永安镇"蟹好吃"水产销售公司总经理夏龙飞认为，品质的提升是品牌影响力提升的前提。当前，黄河口大闸蟹这一品牌逐渐得到了消费者认同，通过网上商城销售的数量每年都在稳步提升。

目前，恒盛、惠泽等黄河口大闸蟹龙头企业采取线上线下相结合的销售模式，一方面与当地的信誉楼、银座、胜大等超市合作；另一方面与淘宝、京东、拼多多、苏宁易购等网上商城合作，今年还根据用户需要增加了抖音直播。

"当前线下销售以批发、礼品盒销售为主，线上销售还是主要以外地散客购买为主。"夏龙飞说。

2020年，垦利区黄河口大闸蟹产量达6000余吨，实现产值7亿元。

从"九龙治水"到"握指成拳"，管理模式转变助力产业振兴

之前，黄河口大闸蟹协会、黄河口大闸蟹公司等协会、部门分属于不同单位领导，看似多个部门共同支持，实则"九龙治水"，没有将各自作用发挥到最大。

为了加强管理，垦利区改选了大闸蟹协会，由时任惠泽科技有限公司总经理王新军担任会长，隶属于东营市国资委的黄河口大闸蟹公司划转至垦利区，形成了"协会＋国资公司＋龙头企业＋合

清蒸大闸蟹

作社、养殖大户"的产业管理模式，协会负责行业的自律、品牌统领、会员监管。

　　"有了协会管理，就有了质量保证，这样许多'外地蟹''洗澡蟹'就不能打着黄河口大闸蟹的品牌扰乱市场了。有了协会，养殖散户也就有了'娘家'，我们对品质达标的螃蟹，也会和自己公司的大闸蟹一样，统一对外发售，这样散户们的销售渠道也就畅通了。"垦利区黄河口大闸蟹协会会长王新军说。

　　一个协会、一家国资公司、5家龙头企业、8家合作社，通过体制机制创新，垦利区黄河口大闸蟹产业实现了生产资料统一供应、养殖技术统一指导、地理标志统一颁发、品牌影响统一打造。

　　"一切的工作都是为了提升大闸蟹品质，打响黄河口大闸蟹这个品牌，最终实现农民收入的提高。"李子军说。为此，垦利区引导村集体成立大闸蟹专业合作社，鼓励合作社与龙头企业合作，壮大村集体经济。有劳动能力的农民在合作社、龙头企业、销售公司打工获得工资收入，有条件的群众开办农家乐、销售大闸蟹及旅游商品获得经营收入。目前，垦利区共发展黄河口大闸蟹专业合作社 8 家，社员200 多户，辐射带动 3000 多人致富，年人均增收 3000 余元。

经过多年精心发展，黄河口的大闸蟹品牌已逐渐打响。目前，黄河口大闸蟹已获得中国农产品地理标志认证，入选"山东省十大渔业品牌"，蝉联"中国十大名蟹"，品牌价值达到 26.12 亿元。

让14亿人每天"到点开饭，不饿肚子"，山东也是"蛮拼的"

粮食安全是"国之大者"。悠悠万事，吃饭为大。

近年来，作为农业大省的山东牢记嘱托，奋力打造乡村振兴齐鲁样板，农业总产值、农产品加工业产值、农产品出口额等常年居于全国首位。2021年，山东粮食总产量达到1100.1亿斤，较上年增加10.7亿斤，首次突破1100亿斤大关，是全国5个增产10亿斤以上的

山东省滨州市高新区青田街道办事处王官村贫困户在稻田里劳作

省份之一，居全国第三位；全年粮食播种面积、单产、总产实现"三增"，总产连续 8 年稳定在 1000 亿斤以上，其中夏粮总产量和单产，双创历史新高……山东用实际行动和优秀成绩，有力展现了坚决扛牢农业大省责任的使命担当。

藏粮于地　藏粮于技　种好农业大省"责任田"

民以食为天。

耕地是粮食生产的命根子，是中华民族永续发展的根基。今年的山东省政府工作报告强调，要确保粮食能源安全，粮食产量继续保持

在山东省临沂市郯城县马头镇大丰收家庭农场，驾驶员使用"智能多孔喷雾"机械为小麦喷施农药

在 1.3 万亿斤以上。扛牢农业大省责任，深入实施"藏粮于地、藏粮于技"战略，山东在加强高标准农田建设上不遗余力，提出力争到 2025 年达到 8000 万亩高标准农田的目标。

垄上天地阔，乡间春意浓。初春时节，沉睡一冬的麦苗伸着懒腰挺起腰杆，绿油油的高产良田一望无际。眼前的一幕让山东省滨州市无棣县信阳镇北赵家村党支部书记闫红岩喜上眉梢。作为当地的"村级田长"，他的主要职责就是查看村内地块种植情况，发现、劝阻那些乱占、破坏耕地和基本农田的违法行为。

农田就是农田、农田必须是良田！ 2020 年底，山东省出台《关于推行耕地保护"田长制"的指导意见》，提出建立村集体经济组织日常管护机制，充分调动农村集体经济组织和农民的积极性，做到"谁的地谁来管"，实现"横向到边、纵向到底"的耕地保护责任全覆盖，确保全省耕地和永久基本农田数量不减少，质量有提升，牢牢守住耕地保护红线和粮食安全底线。

装满"米袋子" 充实"菜篮子" 让"中国饭碗"装上更多优质"山东粮"

端牢中国人自己的饭碗，种子是关键。

解决吃饭问题，根本出路在科技。种源安全关系到国家安全，必须下决心把我国种业搞上去，实现种业科技自立自强、种源自主可控。

全国人大代表、山东省临邑县富民小麦种植专业合作社理事长魏德东表示："要想种好田，种子是根源。适合我们种的种子就是最好的。"

全国人大代表、山东登海种业股份有限公司名誉董事长李登海说，目前种业的难题是如何切实保障和促进自主科技创新的能力。他建议尽快制定种业促进法，从而切实保障、快速推进民族种业的发展。

2021年10月份，东营黄河三角洲盐碱地传出喜讯——由山东省农业科学院作物研究所育成的大豆品种"齐黄34"表现出色，"实打验收，亩产302.6公斤"的产量，远超2020年我国大豆平均亩产量（132.4公斤），实现大豆在盐碱地上的单产突破。截至2021年，"齐黄34"已在全国累计推广种植3300余万亩，是黄淮海地区年种植面积最大、单产最高的大豆新品种；山东种植大豆面积的50%以上为"齐黄34"。

让"中国饭碗"装上更多优质"山东粮"，"齐黄34"这一高产大豆良种的广泛推广，生动佐证了种业是农业的"芯片"，粮食产量要实现大的突破，关键还得看种子。

数据显示，山东小麦高产育种水平一直居全国前列，2001年至2020年累计审定高产品种140个，多个品种连续刷新全国冬小麦单产纪录，其中仅"济麦22"推广面积就占到全省小麦面积的近三分之一，良种对粮食增产的贡献率达到47%；截至目前，山东主要粮食作物良种覆盖率达到100%，小麦、玉米耕种收综合机械化率分别达到99%、96%。

到点开饭，不饿肚子！扛牢粮食安全的"山东担当"

"我们有能力保证14亿中国人民每天到点开饭，不饿肚子。"3月5日，农业农村部部长唐仁健在第十三届全国人民代表大会第五次会议首场"部长通道"上说。

收获时节

今年的政府工作报告提出，各方面要共同努力，装满"米袋子"、充实"菜篮子"，把 14 亿多中国人的饭碗牢牢端在自己手中。

在中央社会主义学院教授左鹏看来，山东省是经济大省，也是农业大省，连续 8 年粮食总产量都在千亿斤以上，2021 年粮食总产量首次突破 1100 亿斤，是非常了不起的成绩。之所以能够取得这样的成绩，最根本的是切实抓好粮食安全这个"国之大者"，坚定不移地肩负起农业大省的责任，从上到下、党政同责，连年狠抓粮食生产，全力培育新型农业经营主体，落实各项补贴奖励政策，让种粮成为有奔头的产业，极大地激发了农户的种粮积极性，"稳了面积，保了质量，确保了农业生产的稳步向好"。

端牢端稳"中国饭碗"，2022 年，山东率先谋划行动，提出将开展吨粮县、吨粮镇建设，粮食播种面积稳定在 1.2 亿亩以上；新建高标准农田 665 万亩；培育 12 家育繁推一体化种业企业，育成突破性新品种 20 个以上；创建省级现代农业产业园 20 个以上、农业产业强镇 100 个以上；加大先进农机装备研发，推广农产品绿色关键生产技术，建设一批农业绿色发展先行县；优化提升乡村人才工程，农村实用人才总量稳定在 270 万人以上……

人勤春来早，实干走在前。

连日来，山东各地干部群众抢抓农时积极备战春耕春种，千里沃野奏响稳产丰产的序曲。以全面推进乡村振兴为总抓手，锚定"走在前"目标定位，踔厉奋发、笃行不怠，亿万齐鲁儿女正为推动打造乡村振兴齐鲁样板取得新进展、农业农村现代化迈出新步伐、确保"端牢中国饭碗"贡献山东担当。

美食上桌，要过几道关

"悠悠万事，吃饭为大。"2021 年，山东大力推进"食安山东"建设，全省主要农产品和食品合格率均在 98% 以上。2022 年，山东全面启用"山东食链"，蔬菜、水果、水产品、粮食及其制品、肉制品等 10 大类食品以及学校食堂、集体用餐配送单位、中央厨房 3 类单位实现可追溯。为更好满足人民美好生活需要，让百姓餐桌更加丰富、更有营养，该如何坚决守牢安全底线？请看——

给猪肉办张"身份证"

4 月 14 日，在临沂市兰山区半程镇，金锣集团冷鲜肉生产车间内，生猪在自动化生产线经过屠宰、分割、包装后，来到车间员工姜兆艳面前，完成产品出厂前的最后一道工序：办"身份证"。

在姜兆艳面前的显示屏上，不断跳动着一块块猪肉的各类身份信息，从生猪采购源头、进厂验收、屠宰加工，一直到检疫检验明细等信息，都会汇集在一张独一无二的产品追溯码中，消费者可以根据追溯码查询猪肉从养殖场到餐桌的全流程信息。

在冷鲜肉生产车间内，生猪从宰杀、掏膛、劈半全部采用自动化

临沂市市场监管局开展餐饮环节食品安全抽检

设备，用于清洗生猪的循环水，也用上了紫外线消毒系统。生猪经过紫外线消毒并接受洗浴后，才能进入待屠宰车间，再通过低压电击、屠毛、清除内脏等前道工序，最终完成屠宰过程。

生猪经过宰杀流程后，进入预冷间，进行 48 小时的预冷排酸处理，经过预冷排酸后，产品的颜色更加鲜亮、口感更好。再根据消费者不同食用习惯，进行二次精分割，或切丁、或切块，满足消费者烹饪需要。冷链运输过程也采用气调包装，保证全程无污染。

检测环节，金锣检测中心配备专业人才和设备齐全的中心实验室。耗资近千万元购置的液质联用仪、气质联用仪、酶标仪、微生物快速检测仪等先进检测设备，可以承担食品致病菌、农药残留、兽药残留、重金属等 200 多个项目的检测。

得益于冷鲜肉生产的全程自动化，各类分割、检测信息可以快速汇集到姜兆艳面前的电脑中，为每一块猪肉都生成一个独一无二的追溯码。

车间主任王美东已在金锣集团工作7年,见证了近年来猪肉生产工作升级换代的全过程。"追溯码中的信息覆盖了生猪采购源头、进厂验收、屠宰加工、检疫检验、产品包装及物流发货等关键环节,让每个环节都有了更强的责任意识。"

据金锣集团副总裁樊红旺介绍,基于全程可追溯体系的建立,目前金锣集团实现了源头可追溯、风险可预警、过程可管控、产品可召回的全程控制目标。

近年来,临沂市紧紧围绕"上市食品合格率100%"的目标,落实"四个最严"要求,压实各级各方责任,健全"从农田到餐桌"全过程治理体系,加大监管力度,深入开展"亮标承诺、对标生产、核标检验"三标行动,对2161家生产企业实施全覆盖监督检查,持续推进食品工厂规范化建设,382家重点食品生产企业已建立食品安全追溯体系。

临沂市还在全省率先开发建设了"快检信息管理平台",将农贸市场、超市的586个快检实验室快检设备接入信息管理平台,共归集快检信息230余万条,为精准监管提供了依据;开发推广"拍立查"索证索票小程序,引导全市3.3万余户食品经营者,采取电子化手段留存进销信息,形成追溯链条。

种植散户实名卖菜

4月14日一大早,莘县十八里铺镇"农产品质量安全网格员"刘朝辉便赶到苏堂村的大棚种植区开展常规巡检。"现在正是出菜的时候,得引导大家对即将出售的菜进行农残速检,然后打印合格证。"刘朝辉正说着,一位菜农恰好拉着一车芸豆从身边经过。刘朝辉赶忙追上去问："大姐，你这车芸豆打印合格证了吗？如果没有打印，我带你去村广场旁边的服务站做速检，要不打印不了合格证。"

正值春季在田蔬菜的丰产期，刘朝辉每天都要在田间地头进行巡查、引导、讲解等，一忙便是10多个小时。

"一开始推行农产品快检时，很多菜农不理解，认为没用。但是随着我们工作的开展，快检后的合格证无形中成了销售的'通行证'，而且有了合格证的蔬菜价格也高了，菜农也就慢慢接受了。"刘朝辉拿着一张带有二维码的食用农产品合格证告诉记者，"每张合格证都需要菜农实名填写。手机一扫二维码，就能知道菜是谁种的，在哪种的，这也倒逼菜农加强严把质量关的意识。"

在莘县，像刘朝辉一样的"农产品质量安全网格员"还有1300余人。菜农准备卖菜时，便会联系农产品质量安全服务站工作人员上门。他们在地头随机采集样本，与菜农一同到服务站进行快检。快检合格后，工作人员通过手机里的"乐小农"小程序填写上市农产品信息，快速开具食用农产品合格证。

2020年，莘县在全国率先推行食用农产品合格证制度，补齐了种植散户监管难的短板。目前，可追溯二维码适用500亩以上的规模基地，食用农产品合格证适用于种植散户，"两证"结合能够实现莘县农产品全流程追溯管理。"'农产品质量安全网格员'的启用，进一步确保'两证'真实有效。"莘县农业综合执法大队大队长王宪刚说。

今年，莘县按照"区域定格、网格定人、人员定责"网格化监管模式，创新建立了由网格总长、网格支长、网格分长、村级网格协管员组成的四级农产品网格化管理队伍。24个镇街成立农安监管办公室，每个行政村建设村级服务站，全部配备农残检测仪、食用农产品合格证检测打印一体机等设备，提供免费速测、开具电子合格证等各项服务。

"线下农产品质量安全网格员确保种植散户合格证全覆盖，每次检测上传的数据全部汇总到县农安溯源管理平台，为线上溯源管理体系建设打下了基础。"王宪刚补充道，莘县建设农安溯源管理平台，建立生产溯源主题数据库，与三级监管机构、三级检测机构、许可经营的农资经销店、认证的生产种植基地、服务站、农产品加工企业、物流仓储企业等平台进行信息联网，实现执法监管、农资经销、农事管理、质量检测报告等信息实时传输、数据畅通共享。"通过物联网、区块链、大数据等新一代信息技术与传统农业生产深度融合，实现农产品'从生产到销售、从农田到餐桌'的全程化追溯。"

近年来，莘县把农产品质量安全放在重要位置，在健全县域监测体系、创新投入品监管体系、强化追溯管理体系等方面创新提升，构建起覆盖产前、产中、产后的农产品全生命周期质量安全保障网。

一粒小麦要过"九大关口"

4月14日，在滨州中裕食品有限公司面条三车间内，加工完毕的面条在传送带上快速穿行，工人们迅速分拣，装箱密封。"我们这个车间里有12条生产线，每天入库产品在1400吨左右。"滨州中裕食品有限公司面条三车间主任孙承武告诉记者。

"从原料选择到面条出厂，要过九道关口。"孙承武说，原料入厂要过三道关口，原粮收购检验、入厂初检、入库复检；安全生产有三道管控，生产流程监控、跟班化验检测、研发中心综合复检；产品出厂要经过三道检验，产品入库检验、库存定期抽检、产品出厂检验。依托这"九大关口"，中裕运用监控技术、大数据技术及产品留样存档制度，建立了完善的产品追溯体系，实现了上市产品的可追溯、可召回。

滨州中裕食品有限公司的面条车间

中裕发展订单小麦，确保加工原材料品质优良和安全放心。"我们建设了 6.5 万亩优质麦繁育基地和 200 万亩订单种植基地，先后与中国农业大学、中国农科院等科研院校合作，研发了裕田麦 119、裕田麦 126 等 12 个优质强筋小麦新品种。我们对农户提供育种、种植、收储一体化管理服务，确保了原料优质。"该公司副总经理付蕊告诉记者，中裕所有食品不使用任何添加剂，严格保持食物的天然原香；面粉、挂面必须用当年产的新鲜优质小麦加工而成，且仅提取小麦中最精华的部分。

有了 200 万亩订单优质小麦，中裕的小麦加工便有了充足的底气。在中裕，一粒小麦可以变成 10 大类 500 多种产品，包括面粉面条系列、酒精谷朊粉系列、烘焙系列、面食速冻系列等。初加工仅提取小麦 30% 最精华部分，用于生产各类高档功能专用粉；次粉和中路粉进入深加工，开发出蛋白粉、特级食用酒精、变性淀粉、胚芽油、麦胚多肽、膳食纤维等系列产品；食品研发以满足市场需求侧为目标，不断提升精深加工水平，创新开发了 200 多个产品。

"以挂面为例，我们拥有普通类和花色类共 60 多个产品。"孙承武说，花色挂面有杂粮面，高粱、黑豆、紫薯、黑米等等都可掺进去，想吃什么花色有什么花色；有蔬菜面，菠菜、南瓜、西红柿、胡萝卜等等都可以和进去，要什么口味有什么口味。

滨州是名副其实的粮食产业大市，近年来更是加快推动产业链延伸，延链补链强链，由"粮食加工"向"食品生产"转型。2021 年，全市食品产业实现主营业务收入 1796 亿元，位列全省第一。滨州市粮食和物资储备局负责同志介绍，当地实施了"增品种、提品质、创品牌"提升工程，"目前，滨州市拥有食品品牌 54 个，其中中国驰名商标 9 个、山东著名商标 16 个，打造了全省首个市级粮油区域公共品牌"。

鱼尾系上黄捆敷带

4 月 14 日上午，在烟台开发区潮水镇的海益苗业有限公司育苗车间，几名工人正在调试着水温，细心地照料着成千上万只鲍鱼苗。不远处的标准化鲍鱼育苗池里，整齐排列着黑色育苗箱，洁净的活水源源不断地引进，旁边还有工人对育苗池的饵料残渣进行反复冲洗。

"鲍鱼爱洁，水质稍有污染便会影响成活。因此每天下午喂食后，从第二天早上起，就要开始对育苗池的饵料残渣和鲍鱼排泄物进行反复冲洗。"烟台海益苗业有限公司总经理一边向记者介绍，一边从池子里捞出一块瓦片大小的方形育苗板，只见板底密密麻麻地紧贴着小拇指盖大小的鲍鱼苗。

在育苗车间的生产记录本上，详细记录了鲍鱼苗种养殖过程中的水质指标、饵料投喂、生产管理等情况。要做好水产品的质量安全追溯，可不是件容易的事，消费者扫描商品二维码，可以追溯商品生产企业、生产日期、质量等情况。这几条看似简单的信息背后，对于企业而言，需要记录的内容涵盖了育苗、出苗、养殖、加工等全过程，相关信息还需要安排专人同步录入烟台市水产品质量追溯平台。另外，在苗种起捕时，每次的起捕时间、起捕量等信息，都要提交到平台上，苗种出厂前还要提交相关检测报告，全部达标后，平台才会提供合格证和追溯码。

"从去年1月份开始，我们就组织130多家企业，开展省级水产品质量安全追溯试点项目建设，目的就是要通过水产品质量追溯试点，进一步提高全市的水产品质量安全水平，为市民提供安全放心的水产品。"烟台市海洋发展和渔业局水产品质量安全监管科科长说。

烟台宗哲海洋科技有限公司是一家集生产、科研、开发为一体的民营高科技涉海企业。在该公司的养殖车间，记者看到，苗种生产、投入品管理、水质管理、卫生防疫、安全生产等制度纷纷上墙，各项工作流程严格按照规范执行。

在该公司即将出厂的大菱鲆尾柄处，系着一条黄色的捆敷带，上面有一个二维码，扫描之后手机上会出现产品质量合格证，这正是烟台市水产品质量追溯系统对出场水产品的合格证明。除了质量合格证，还有水产品质量检测机构对产品进行的药物残留检测报告，报告中明确标出渔药的残留量，只有测试结果为"阴性"的水产品才可批准出厂。

为保障烟台水产品质量安全水平稳定向好，市海洋发展和渔业局还牵头制定了《烟台市水产养殖用投入品专项整治三年行动方案》等，突出对海参、海水鱼育（保）苗和养殖生产单位的监督检查，大力宣传普及水产养殖白名单制度。

八、旅游篇

改革开放 40 多年来，纵观山东旅游业的发展历程，文化和旅游始终是相融相通的，完整体现了文化是旅游的灵魂，旅游是文化的载体。中国旅游业、山东旅游业从无到有，从小到大；从国民经济的边缘性产业发展为战略性支柱产业，产业定位和政治地位逐步走到了核心位置，在转方式、调结构、扩内需、防风险、惠民生等方面发挥了重要作用。尤其是近十年，互联网与科技的飞速发展带来的支付革命、社交革命、出游革命等诸多方方面面的变化，给旅游产业发展带来了冲击、挑战和机遇、创新，旅游也从小众消费变成了大众消费，逐步成为人民群众生活的一部分，成为老百姓安居乐业的幸福产业。

从文旅融合发展到文旅一体化发展，精品旅游成为山东新旧动能转换的十大产业之一，山东迈入全域旅游、大众旅游、优质旅游发展的新时代，经济社会发展呈现出旅游资源普遍化、城乡面貌园林化、城乡功能休闲化、三次产业旅游化、"三生三美"景区化的新特征。旅游业已成为与各行各业融合发展的大平台，同文化、教育、科技、信息、金融一样，融入一切、整合一切，完善一切、提升一切，既推动经济发展，也推动社会进步，跨界融合发展产生的效应是叠加效应、倍增效应。

台儿庄古城，运河明珠越夜越美

"忽听小夜叉禀了一声，东海的龙王我心里明，不知何人来玩水，东洋海绿水滔滔染成红，水兵水将不安静啊……"这是"守艺"人陈守科在台儿庄古城表演的非遗曲目。

"小城故事多，充满喜和乐，若是你到小城来，收获特别多……"这是台儿庄古城船妹子贺成硕为游客唱的小曲儿。

"以丰富多彩的文化活动为载体，全力打造服务品牌、文化品牌、演艺品牌等特色旅游品牌。"这是台儿庄古城景区工作人员的工作格言。

手艺人，留在古城"守艺"

在台儿庄古城大衙门街，鲁南山花皮影戏传承人陈守科正在向游客表演《哪吒闹海》，字正腔圆的唱段、妙趣横生的台词、活灵活现的表演，引得游客纷纷驻足观赏。

年过花甲的陈守科，是山东省级非物质文化遗产——鲁南山花皮影的传承人，先祖们自清朝起便以皮影戏为生，到他已经传承了四代。

儒风运河——枣庄台儿庄

　　鲁南山花皮影戏起源于清朝末年，流传至今已有百年历史，技艺巧妙，唱腔圆润，深受人们喜爱。而近年来，由于电视、电影以及新媒体的发展，皮影戏市场受到冲击，只是在逢年过节时在景区表演才会有大批游客观看，其余时候几乎无人问津。

　　皮影市场萧条了，一些师兄弟迫于生计不得不转行，"徒弟们转行，我们不能转行！我的老父亲说皮影是我们的传家宝，我们有责任把它保护好，传承好，哪一代人失传，你就是罪人。"陈守科牢记父亲的教诲，做起了鲁南皮影的"守艺人"。

　　"这已经是我与皮影戏结缘的第 55 个年头了。"他说，这么多年来，自己算是见证了皮影这门"祖传"手艺的兴衰。

　　2010 年台儿庄古城重建之后，陈守科应邀来到台儿庄古城，景区留设了一处专供鲁南皮影戏的表演场所，专门为海内外游客表演。"我当时没考虑就答应了，钱虽然没有以前游演的时候赚得多。但是我也算落叶归根了，也算是带上皮影回家了。"陈守科说。从此他结束了哪里有演出就往哪里跑的"打游击"模式。过去一年，他在台儿庄古城这间不足 20 平方米的铺面内，撑着布屏、挑起竹棍，表演了上百台皮影戏。

为了让山花皮影更好地走出去，让更多的人了解和喜欢皮影戏，陈守科在传统的方言唱作基础上，相应加入了一些普通话解释，在保留了鲁南山花皮影传统特色的基础上，也方便了更多人理解。此外，他还创新式地融入了山东大鼓、山东琴书等艺术形式，形成了一种新式唱腔，为鲁南山花皮影的唱腔和表演形式注入了新的生机。

"古城的重建让即将失传的民俗文化得到了抢救，政府支持为我们提供了好的演出平台，我现在天天有演出，月月领工资，这些都是鲁南皮影传承下去的坚实基础。"景区开放的时候，他在台儿庄古城的演出每天至少六场，旅游旺季时每天可达十多场。

"古城游客络绎不绝，商家受益很多。"同在台儿庄古城的"巧姐柳编店"老板赵秀梅表示。古城重建后，她第一时间选择入驻古城，正是看中了古城的旅游发展潜力。如今，她在古城经营的店铺越换越大，腰包越来越鼓。2021 年净利润达到 20 多万元，并且在持续稳定增加。"现在，我们也成立了公司和合作社，带动更多姐妹学习柳编。"

依托运河文化，给手艺人和非遗传承人提供传承场所，赵秀梅和陈守科只是其中的代表。近年来，台儿庄古城致力于做好非物质文化遗产保护、传承、利用工作，创新"非遗 +"景区发展新模式，景区被批准为"首个国家非物质文化遗产博览园"、入选"创造未来文化遗产"示范单位。

船妹子，摇出古城之美

从西门参将署码头到东门码头需要 30 分钟左右，节假日每天摇船 20 次，每一趟摇桨 2000 多次，这是台儿庄古城船妹子贺成硕的工作节奏，她同时还负责水上讲解，为游人演唱鲁南小调。

古城这只船妹子队伍的成员，都是二十出头的姑娘。她们用动人的歌声诠释美丽的古城，让游客领略北方水乡的独特魅力。

每到节假日，古城的船妹子们都会迎来最忙碌的时刻。她们在摇橹的同时还要唱好歌，一心得二用，所以这个橹摇起来不仅需要力气，更多的是技巧。

划船是个体力劳动的工作，风吹日晒，来回一趟船，就需要 30 分钟，到了节假日，排队坐船的游客络绎不绝，一天平均 20 趟，每

台儿庄古城船妹子

天工作达到 15 个小时，加班加点是家常便饭。

因为长时间从事船妹子的工作，二十多岁的小姑娘双手被磨出了厚厚的老茧，静脉曲张、关节炎、咽炎也都成为最常见的职业病。

贺成硕从事船妹子这一岗位两年多，"像节假日的时候，游客比较多，我们一天都要往返二十多次，像我们摇船的这种动作，看似很优美，其实我们每一趟都要摇桨两千多次，相当于通过了几千万次的摇橹训练。因为手腕发力，所以在大多数船妹子都会有关节炎，到了阴天下雨时候手腕会很痛，但是既然我选择这份工作，我就要喜欢上它，我就要做好它，就像习总书记说过，无论从事什么劳动，都要干一行、爱一行、钻一行。笑迎八方客，把这个工作做好，让各地游客在这里玩得开心、玩得快乐，感受好客山东人的热情。"

古城人，走进游客心中

2018 年 6 月 18 日，台儿庄古城宣布自 2018 年 7 月 1 日至 2018 年 12 月 31 日对全国全日制在校大学生实行门票免费政策。至今，景区仍然延续着这个政策。一个 5A 级景区，对学生群体优惠时间跨越之长、幅度之大令人咋舌。

近年来，台儿庄古城依托景区独特的旅游资源优势，以品牌塑造为核心，以丰富多彩的文化活动为载体，全力打造服务品牌、文化品牌、演艺品牌等特色旅游品牌，配合全域旅游战略，不断完善文化旅游体验度，深度探索联合营销、捆绑营销、全员营销等市场宣传推广理念与机制，秉承线上线下并重原则，形成全方位、多层次、立体化的传播体系，将传统户外媒体与互联网新媒体宣传相互结合，形成多元立体易于感知并鲜活凸显的传播方式。

目前，台儿庄古城宣传营销效果已经初步实现了由传统的广告宣传营销到口碑营销的转变，从春节大庙会、盛夏音乐季，到知名电影电视剧、综艺节目拍摄，再到全媒体的立体传播，台儿庄古城一直在创新景区营销宣传模式。而所有的宣传营销，从外在手段到内在逻辑，景区一直从游客的需求出发，直指游客内心，提供游客真正想要的产品。

内河摇橹船是台儿庄古城的特色体验项目，游客们在船妹子细致的讲解和婉转的歌声中邂逅古城，摇橹船也悄悄游进人们心中。黄花牛肉面体验馆、美食一条街、汽车主题"网红"美食街等场所大多营业到凌晨甚至通宵，在台儿庄古城化解了乡愁和别绪，游客在这里大快朵颐的同时，好像回到了异地的故乡。台风音乐季的一系列演出活动，带动景区人气不断高涨。

同时，为了丰富产品供给层次，台儿庄古城不断探索夜间旅游项目，将运河文化、民俗文化、美丽夜景及非遗演艺等有机结合，延长游客停留时间，打造具有台儿庄特质的消费圈，找到"夜间文化和旅游消费"集聚的路子，使景区成为京杭大运河畔颇具文旅融合魅力的古镇。

从文旅扶贫到乡村振兴，
压油沟村的小康之路

　　"在压油沟景区和村的帮助下，我跟我对象（海燕）开了这个咸菜坊，一年收入少的时候七八万，好的年景有十万，光荣脱贫啦。"临沂兰陵县压油沟村的夏永春很是满足。

　　夏永春一家原是压油沟村典型的贫苦户，一家四口住在破旧不堪的 4 间平房里。家里老人身体不好，孩子上学，全家人靠他们夫妻俩

压油沟景区入口南大门

打零工和赶集卖咸菜勉强维持生计。2017 年，压油沟景区一期项目开业，夏永春两口在景区的帮扶政策下置办了压油沟咸菜坊。

"最近两年受疫情影响，游客比以前少了，但海燕通过直播卖货，把我们生产的原生态咸菜产品卖到了全国，我们的收入又有保障哩。"

这几年，夏永春和海燕一家通过压油沟咸菜坊不仅脱贫摘帽，而且买上了小车，一家人的小日子日趋红火。

压油沟像夏永春这样依托景区脱贫的农户不在少数，这是中国文旅助力脱贫的一个缩影。经过地方政府、景区和村民的共同努力，压油沟村走出了一条以旅促农、以旅带农、农文旅融合发展的特色文旅扶贫路，并在景区由乡村旅游向田园综合体迈进的过程中，实现了自己颇具特点的小康之路，成为山东省乡村振兴的齐鲁样板。

致富不忘桑梓地，心怀家乡勇担当

说起压油沟的脱贫及乡村振兴，吴佃富的贡献很大。作为兰陵县本地人的吴佃富，是当地知名的企业家，他凭着韧劲儿、闯劲儿创业，在临沂市商业、地产、建筑等领域做得风生水起。创业过程中吴佃富一直有个梦想：自己创业成功后一定要回报桑梓，跟老百姓一起过上好日子。

2016 年，在兰陵县、镇和压油沟村的支持下，吴佃富注册成立兰陵县城投开元旅游开发有限公司，以压油沟村为核心，整合临近村落，全力打造压油沟景区，通过乡村旅游开发来带领乡亲们脱贫致富。

"压油沟村虽然是个远近闻名的穷村，但这里三面环山，植被茂盛，水资源丰富，民风淳朴，农产品有特点，是搞乡村旅游的好地方。"吴佃富对在压油沟村搞旅游开发有自己独特的见解。

2017 年，压油沟景区一期项目顺利开业，迅速成为鲁南地区最火爆的乡村旅游点之一。项目一期已完成投资 4.5 亿元、开发面积 5000 亩，通过"公司＋农户"的方式，已建成集湖光山色、农事体验、特色美食、手工作坊、传统民宿、休闲养生等于一体的"文农旅"融合发展的国家 4A 级旅游景区。

压油沟景区扶贫项目先后被评为"世界旅游联盟旅游减贫案例""全国'公司＋农户'旅游扶贫示范项目""中国最美乡愁旅游目的地""全国乡村旅游重点村""山东省乡村旅游创业之星""山东省美丽休闲乡村""山东省旅游服务名牌""山东省精品旅游先进单位""诚信旅游放心消费示范单位""临沂市首届最美村镇"等。

"为有源头活水来"，村民吃下定心丸

在压油沟景区开发之前，压油沟是远近闻名的重点贫困村。压油沟村地处山区，交通闭塞，全村 76 户、276 人，其中建档立卡贫困户 42 户、88 人，很多年轻人宁愿外出打工，也不乐意窝在穷山村里。留不住人的尴尬，让山村陷入越来越穷的怪圈中。

使命和担当让吴佃富及其管理团队勇挑重担，自愿投入真金白银帮助压油沟村脱贫致富。自 2015 年压油沟景区开发建设以来，按照"绿水青山就是金山银山"的开发理念，本着"保护为主、合理布局、适度开发"的原则，发展乡村旅游，把压油沟的好山、好水、好民风优势转变为经济发展优势。

压油沟景区在开发过程中，一直把帮助村民脱贫作为首要任务，通过实施一系列组合拳让"脱真贫、真脱贫"落到实处。

景区投入 1200 万元建设安置楼房 80 套，水、电、暖、煤气一应

俱全，把压油沟村 76 户村民全部搬迁安置，彻底改善和提升了村民的住房条件。村民们纷纷表示："原来的老房子多年失修，漏雨、透风，能搬到新房子来住是真高兴。"

"在压油沟景区开发过程中，我们优先安排压油沟村及邻村村民就业，希望给适合条件的村民一份稳定的收入。"吴佃富如是说。

压油沟景区累计安排建档立卡贫困人员及子女就业，同时，景区杏花美食街、各种商铺、商亭优先让贫困户经营，景区煎饼坊、咸菜坊、老醋坊、粉条坊都是贫困户在经营，这些扶贫作坊每年收入都在 5 万元以上。如景区的老娘豆腐脑加工坊，在展示传统豆腐、豆脑制作技艺的同时还能够免费品尝，一年平均能够卖出 10 万碗之多。

景区把村民原本破旧不堪的老房子修缮改造成农家小院来接待游客，盈利的一部分也用来补贴村民收入。

为了解决村民的后顾之忧，让村民在年龄大时能有退休金保障，压油沟景区每年拿出 14 万元为压油沟村的每位村民购买 500 元的养老保险并缴纳基本医疗保险，每月为所有 60 岁以上老人发放价值 60 元的物资，全村实现住有所居、病有所医、老有所养的基本生活保障。

压油沟景区通过大胆创新和持续打造，走出一条龙头企业带动、乡村旅游扶贫、文农旅融合发展的脱贫致富之路，项目实施以来，带动 1200 多人就业，带动贫困户 248 户，贫困人口 396 人实现脱贫，实现人人就业、户户脱贫，顺利摘掉贫困村"帽子"，逐步建立起科学、有效的生活保障体系。

绿水青山变金山，脱贫致富奏凯旋

不满足现状，才能有更大的发展和进步。以吴佃富为首的压油沟致富带头人没有对压油沟景区一期取得的成绩沾沾自喜。而是将目光放在二期中更宏大的田园综合体打造上。二期计划投资 7.5 亿元，规划总面积 34600 亩，核心区面积约 15000 亩，涵盖辐射苍山街道、车辋镇、大仲村镇三个乡镇 14 个村。

二期项目按照"一村一业、一村一品、一村一特色"的原则，分 8 大片区重点打造，建设高效、循环、生态农业，促进一、二、三产业融合发展。

"我们二期项目包含 9 个村，打造的是'乡村振兴，齐鲁样板'。二期的田园综合体实施'一品一村一产业'模式，让每个村都有一个支柱产业，如家家户户制作盆景、开民宿，让村庄景区化，把产业支柱化，带动就业来增加老百姓的收入。"吴佃富说。

目前，二期项目成立小东山专业盆景合作社，借助土地入股等多种形式，吸纳村民为社员，大力发展盆景园、花卉博览馆、花卉市场等盆景产业；带动村民发展特色民宿和高端农家乐；打造游艇、垂钓、度假等滨湖养生产业；建设果蔬采摘区、种苗培育区、花海体验区。

农村天地，大有可为。通过梳理发现，压油沟景区从最初的观光型乡村旅游过渡到休闲养生式田园综合体，从扶贫、脱贫到致富奔小康，景区村民也蜕变成为景区产业农民，其做法值得广泛借鉴和推广。

"授之以鱼不如授之以渔，只有把村民培养成新型农民，有持续的、稳定的收入保障，老百姓才能真正过上好日子。压油沟景区一期、二期项目就是在进行这样的探索，目前已经摸索出一条行之有效的从脱贫到致富奔小康的路子。"吴佃富自豪地说道。

放飞梦想的"快乐星球"，
主题乐园三十年变迁记

"第一次去富华游乐园是在 1996 年 7 月，高考结束跟几个同学一起去富华游乐园玩了一趟，当时第一次体验到过山车、风火轮、海盗船、疯狂老鼠、摩天轮等好玩的项目，至今回味无穷。"已在济南成家立业的市民王先生沉浸在过去的美好回忆中。

主题乐园是制造快乐的源泉，伴随着一代人又一代人的成长。从1994 年第一代大型的、现代化的主题乐园——富华游乐园在山东潍坊开业至今，主题乐园在齐鲁大地已走过近 30 年历程。30 年中，主题乐园市场经历了从一家独领风骚、引领消费潮流，到群雄风起、百花齐放，再到文旅融合、让主题乐园更有中国味三个阶段。

第一阶段：放飞梦想、畅享欢乐，引领主题乐园消费潮

回忆往昔，1994 年之前山东省乃至整个江北都没有真正意义上的大型现代主题乐园，人们获得主题乐园的信息大多是影视作品中的迪士尼乐园、环球影城等。

1994 年，江北规模最大、最时尚、最现代的大型主题乐园——富华游乐园盛大开业，其动感时尚、惊险刺激的游玩项目让体验过的

潍坊富华游乐园

游客直呼过瘾。山东省内济南、青岛、烟台、东营等城市游客纷至沓来，连北京、天津、石家庄、郑州等省外城市的游客也慕名而来，让富华游乐园成为欢乐的海洋、冒险的乐园。

"主题乐园算是舶来品，在富华游乐园开业前已经在西方流行40年了。在模仿迪士尼游乐园基础上建造的富华游乐园，的确开阔了国内游客的视野，让游客体验到了刺激好玩的各种项目，对促进国内旅游市场发展起到了重要引领和促进作用。"济南大地旅游策划负责人张晓国如是说。

富华游乐园不仅有各式各样的游玩体验项目，还有充满欧美风情的各式建筑，游客徜徉其间，仿佛置身于西方的童话小镇；游乐园还引进了绚丽多姿的桑巴风情巡演、小丑表演和马戏团表演，好玩的项目和多彩的演出让很多去富华游乐园游玩的游客陶醉其中。

1994年至2009年，这个时间段山东主题乐园市场中富华游乐园一枝独秀，没有与之抗衡和匹敌的大型主题乐园，富华游乐园成为山东省主题乐园的代名词。

第二阶段：群雄并起、百花齐放，逐鹿齐鲁大地竞风流

一枝独秀不是春，百花齐放春满园。

截至2009年，富华游乐园独霸山东主题乐园市场已达15年之久，这期间，富华游乐园为满足游客求新求异的需求，陆续增设了一些大型游玩项目，如自旋滑车、飓风飞椅、超级大摆锤、太空飞梭等刺激项目。

2010年，富华游乐园独领风骚的局面被打破，这年五一前夕，作为新一代主题乐园代表的泰安方特欢乐世界开业，其恐龙危机、嘟比历险记、飞越极限、未来警察等4D影院项目具有身临其境、惊险刺激的特点，神秘河谷、维苏威火山、聊斋等项目也让游客耳目一新。据了解，泰安方特欢乐世界开业当年就吸引游客过百万，收入超过1.5亿元，迅速成为山东省的明星景区。

紧随泰安方特欢乐世界，众多的大型主题乐园接踵而至。

2011年，青岛方特梦幻王国开业；

2013年，泰安太阳部落开业；

2013年，蓬莱欧乐堡梦幻世界开业；

2014年，泉城欧乐堡梦幻世界开业；

2015年，济南方特东方神画开业；

还有济南金象山、世纪园等中型主题乐园也在这一期间陆续开业。

2010年到2016年，是山东省主题乐园发展的黄金时期，众多的主题乐园给了游客更多的选择。主题乐园市场也成几何倍数增长，主题乐园市场年游客量从最开始100万人的规模扩充到2016年的400万人，个性鲜明、竞争力突出的主题乐园在这一阶段获得了众多游客的青睐，此时的游乐园市场百放齐放。

作为老牌主题乐园的富华游乐园虽也在增加一些有竞争力的项目，但毕竟运营多年的项目居多，致使乐园对游客吸引力下降。

第三阶段：文旅融合、消费升级，打造主题乐园中国风

在主题乐园熙熙攘攘、热热闹闹的背后，其游玩内容过于相似、门票价格过高的弊端日益显现。主题乐园游玩项目的雷同让其竞争力下降，动辄 200 多的门票价格让很多人的多频次出游计划只能减为单次或者少次。在国家倡导文旅融合发展、根据游客需求提供更有中国特色旅游产品的背景下，主题乐园从理念、项目设置、营销策略方面都需要提档升级。

先知先觉，方能领先一步。泰安太阳部落景区从 2013 年开业伊始，高举文旅融合大旗，将中国史前文化与现代游乐完美结合，引导文旅消费潮流。这一市场定位与国家 2019 年倡导的文旅融合不谋而合。正是这种超前的眼光和决策，让泰安太阳部落景区先人一步，取得年均游客量过百万的佳绩。

"中国本土主题乐园与国外知名主题乐园相比，最核心、最有竞争力的卖点就是中国传统文化，只有赋予中国本土主题乐园深厚的优秀传统文化，讲好中国故事，才能跟外来巨无霸竞争和抗衡。"泰安太阳部落景区负责人孔祥海如是说。许多到太阳部落游玩的游客对其寓教于乐的文化体验项目大加赞赏。

泰安太阳部落不仅在文旅融合方面领先一步，在营销策略上也更注重游客需求，一直倡导惠民旅游，奉行"降低门槛，让更多人享受旅游的乐趣"的营销理念。

从 2013 年开始，泰安太阳部落每年都组织一次大型的、覆盖面

青岛方特梦幻王国

广的惠民旅游活动。2015 年的暑期惠民旅游活动（活动期间门票 80 元 / 人）曾让其 8 月份创下单月旅游收入过千万元的新纪录，也曾在当年 12 月创下淡季一个月 43 万游客量的单月最高接待量。2022 年春节期间，太阳部落推出 29.9 元畅游太阳部落优惠活动，在半个月的时间内接待游客超过 30 万人，旅游收入超过 1200 万元。

　　不仅泰安太阳部落给了游客惊喜，老牌主题乐园——富华游乐园也带给了游客惊喜。从 2016 年开始，换了新东家（潍坊市城投集团）的富华游乐园涅槃重生，在原址重建，全部引进当下最流行、最时尚的游玩体验项目，并已在 2019 年盛大开业。

　　改革者进，创新者强，惟改革创新者胜。在文旅融合、挖掘旅游新动能，以及游客对旅游产品提出更高要求的今天，尤其需要以改革和创新促发展赢未来。

家门口的风景扑面而来，
创意点亮城市打卡地

2022 年 3 月，阳光明媚，济南黄河大堤著名的"樱花大道"进入最佳观赏期，吸引众多市民前来踏春赏花。这条樱花大道位于济南黄河南岸大堤，东起建邦黄河大桥，往西一直到玉清湖，绵延 15 公里。2003 年起，为改善黄河流域生态环境，济南市自黄河槐荫段开始种植红叶李等观赏树种，之后沿着堤岸逐渐延伸，至今已形成共

2021 年，黄河大堤上的"樱花大道"

72公里的"赏花大道",观赏树主要分布在槐荫、天桥、历城、高新、章丘区的堤顶两侧,约有2.4万株,每到春来,都吸引大量市民前来欣赏"家门口的风景",更成为济南又一张靓丽的生态名片。

近年来,山东各地强化"全域旅游""城市即旅游"的发展理念,在城市规划建设中充分考虑旅游休闲功能,新建的城市公园、街心广场、休闲绿道等风景优美、功能设施齐全,成为吸引外地游客与市民共享城市游憩空间,并迅速成为旅游"网红"打卡地。

一条路,串起一片幸福海岸

威海市历时两年打造的千里山海自驾旅游公路,2021年5月1日正式启动便引爆假日旅游市场,单日客流量突破40万人次,两天四次登上央视《新闻联播》《晚间新闻》《中国新闻》权威栏目,全网播放量五天内破亿,成为全国文化和旅游市场的"现象级"事件。

整个2021年"五一"假期期间,千里山海自驾旅游公路每天都吸引数以万计的游客前来自驾打卡,首批启用的12家高品质旅游驿站更是一房难求。公路沿线各景区举办了风筝节、美食节、沙雕节、赶海节、农家乐、渔家乐、特色采摘等丰富多彩的节庆活动共计156场,也为游客畅游威海增添了别样乐趣。

据了解,基于国家新发展格局要求、自驾旅游新时代市场需求和城市资源产业发展优势,从2019年开始,威海市委、市政府多个部门联动集全市之力打造出这条千里山海自驾旅游公路,这条公路串联起威海市90%的旅游资源,成为引爆旅游市场的重磅IP。威海市适时推出的自驾环海威海行、海鲜之都美食行、牧海耕渔海岛行等一批精品自驾旅游线路得到众多游客认可。省外京、冀、豫，省内济南、淄博、临沂、潍坊、青岛、烟台等外地牌照车队，成为威海各路段的靓丽风景。

一条路，一座城，串起一片幸福海岸线。千里山海自驾旅游公路是威海以精致理念为引领，推进精致城市和全域旅游互促融合的全新实践。并且，在千里山海自驾旅游公路品牌影响力的带动下，威海目的地效应显著提升。目前，这条公路沿途已经打造12个驿站，并在各个驿站标注出周边的采摘园、传统村落、乡村基地等旅游目的地。"千里山海自驾旅游公路既把全市90%的景区、景点、民宿、驿站、温泉、海洋牧场等串联起来，还融入了80个乡村振兴样板片区，所以，千里山海自驾旅游公路是旅游路，更是致富路。未来，威海还将继续布局驿站，一方面，尽可能地为游客提供便利，另一方面，尽可能地推动农副产品与海产品的曝光，将后备厢经济发展起来。"威海市文化和旅游局副局长介绍。

还湖于民，广场文化深入人心

渐暖宜闲步，初晴爱小园。2022年3月的一个上午，和煦的阳光携着融融的暖意，拂过每个人的面庞。踏上粉色调的石板路，几百株樱树悉数绽放，雪白的花瓣装点出一个童话般的世界。微风吹来，落英缤纷，阵阵清香沁人心脾……这就是大明湖畔滨湖广场上的大好春光。

刚一整修完，滨湖广场就吸引了大批市民前来游玩。许多家庭集体出游，纷纷在樱花树下拍照留念。不少年轻人慕名结伴来"打卡"，有的还身着汉服特地赶来拍摄写真，在朋友圈里分享着十里春风的美丽景致。更有一些大学生，就地支开画架，聚精会神悉心描绘，用画笔记录下这美好的时刻。

开阔的广场也为人们的休闲娱乐活动带来了便利——老年人穿着鲜艳的演出服翩翩起舞；小朋友和爸爸妈妈一起放起风筝，欢声笑语一片；还有人坐在林荫长廊下，捧书静静阅读，思绪与春景融为一体……"以前这里可不是这样，广场花少、颜色单调，能舒展筋骨的地方也不大，没有一个整块的、开阔的空间，散个步都觉得拘束、乏味。"正举着单反照相机拍摄樱花的市民李先生高兴地说，自己就住在附近，一直关注着这处打前年起开始整修的广场，思量着这处靠着大明湖火车站、毫不起眼的小广场"能变成啥模样"。没想到，围挡一拆，他眼前"像变了戏法"一般，这里已经成了让人流连忘返的济南赏樱"网红"打卡胜地。"最近，我不光自己来观景，还常带着孙子来跑跑，更把自己镜头下的广场风光推荐给外地的同学、朋友，邀请他们来济南，到这儿落落脚。"

城市绿道，健身赏景不负好时光

2020年1月8日，山东省住建厅公布第一批"山东省最美绿道"评选结果揭晓，滨州市秦皇河绿道成功入选，获评第一批"山东省最美绿道"。秦皇河，原来是滨州市兴建于20世纪50年代的张肖堂灌区的兰家四干渠，现在则是滨州市经济开发区内的一个沿河公园。

现在的秦皇河景色宜人、美不胜收，南通南海与黄河，北接中海，现已经成为国家湿地公园。公园由北向南分为河畔居城、郊野公园、沙洲湿地三部分。眼下，秦皇河已经与黄河楼、中海一起构成了滨州市新的城市地标。郊野公园位于秦皇河中部、黄河二路与长江八路之

滨州市秦皇河绿道

间。每到四五月份，就是这里最美的时节。每年四月中下旬，这里的荷兰风情村都要举办郁金香文化节，姹紫嫣红、绚丽多彩的各色郁金香与荷兰风车交相辉映，游人们仿佛进入了异国他乡。赤橙黄绿青蓝紫，郁金香就是这么任性，可劲儿地开着，如同彩练铺满大地。

郁金香是春天的使者，装扮了整个秦皇河与滨州。河在城中过，城在河畔居。秦皇河北部的河畔居城是滨州市打造的沿河生态宜居城。放眼望去，一座座高楼拔地而起，沿河而立，与水为邻。水是城市的灵魂，水给一个城市带来了灵气与精气神。秦皇河的水来自黄河，黄河水滋养着滨州这个美丽的城市。

杨庆花家门口成了网红打卡地
——九女峰的山乡巨变

"刷洗水盆、擦净货架、给游客递上饮料……杨庆花在柜台后忙碌着。尽管开着空调，可因为来的游客太多，需要干的活儿太多，她的额头依然不停地有汗珠溢出来，但她脸上一直挂着笑容……"

这是一则媒体报道对泰安市岱岳区道朗镇东西门村变化的描述。文中提到的杨庆花，是东西门村的村民。"现在一天见的人比之前一年见得都多。"杨庆花说。她怎么也想不到，家门口之前上去打栗子的"小疙瘩头儿"上会冒出来一个"网红"景点。

群山环绕，溪水潺潺，朵朵白云在山间漂浮，满山的鲜花向着春日的微风点头微笑。东西门村就身处这样一种自然环境中。村子由东门村和西门村两个自然村组成，改革开放初期有400多口人，现有村民54户117人，平均年龄61岁，是典型的空心村、老龄村。几年之前，这里还是远近闻名的贫困村，交通不便，大山里的人们靠肩挑手扛"打打栗子核桃"度日，需要骑摩托车到镇上才能坐公交车去一趟泰安市里。

如今，一座通体白色，曲线透迤的建筑在的群山之中拔地而起，与周边环境相映成趣，如同一朵悬停于山间的漂浮云絮，这就是杨庆花大姐工作的地方——"九女峰书房"。晨光微露时，通透的玻璃体在林间掩映；夜幕降临时，"云朵"泛着微光浮于山间。室内，客人

泰山九女峰

可完全沉浸于轻松的空间氛围中阅读冥想。很多游客慕名来到这里，点一杯咖啡，发一会儿呆，完成"打卡"。书房是"故乡的云"民宿的主要配套景点，每年吸引着大批的学习参观者前来。"有时候参观团人太多，我们就采取限流措施。到达了一定的人数，我们就不再接待。几套民宿，除了检修以及特殊的时间外，我们这里的预订都是爆满的。""故乡的云"民宿负责人介绍。

在"故乡的云"东侧，神龙大峡谷和"故乡的月"项目已经开门迎客，每天夜幕降临，在书房露台上，山间升起一轮"圆月"。"云月相伴"的美妙画卷慢慢展开，让游客邂逅独有的浪漫。

几公里外的八楼村，是"八楼氧心谷"民宿的所在地，由八家岭和楼家庄两个自然村组成，平均海拔400多米。过去，这里交通十分不便，改革开放初期尚有人口300多人，目前全村户籍人口仅剩53人，常住人口20多人，其中一人还身患残疾，这里曾经也是远近闻名的贫困村。

"如归鸟鸣涧，不觉山更幽"，这是氧心谷4套民宿院子名字的组合。鲁商乡村发展集团进驻八楼村后，以"针灸式修复"的活化更新策略，邀请知名设计团队操刀，尊重原有村落肌理和山野环境，打造了入归、鸣春涧、山更幽、不觉晓、关雎、花香等12间诗意盎然的精品民宿，冬暖夏凉，舒适便捷，恬静祥和，成为"一个被鸟叫醒的地方"。先进的水电暖气设备搭配优雅别致的环境，原来隐映在山间古树中的民宿，成了城市人竞相体验的特色项目。2021年3月，"八楼氧心谷"与"故乡的云"民宿同时获评首批山东省五星级民宿。

近年来，山东省商业集团有限公司进入泰山九女峰乡村度假区，以高度的责任心和使命感，提出利用工商资本下乡支持乡村振兴的发展思路，开始发展旅游业，全力打造以泰山九女峰乡村振兴项目为代表的山岳齐鲁样板。

度假区是山东省商业集团有限公司在全省落地的首个乡村振兴项目，对泰安市岱岳区道朗镇19个村进行集中连片打造，八楼村、东西门村即度假区其中的两个村。乡村文旅、教育培训、高端民宿、山地户外、健康康养等农村新产业新业态在这里蓬勃兴起；一批新农人返乡来这里创业创新，新动力新动能不断增强，为农业农村经济发展增添新的活力。度假区聚力搭建蓄能和赋能平台，形成汇聚政策、产业、资金、智力、创新为一体的"乡村文旅＋田园康养＋667"的乡村振

八楼氧心谷

兴模式，给泰山脚下这片 50 平方公里的村落带来翻天覆地的变化。

国有资本的进入，给东西门村带来了外部环境和生活面貌的改善，原来的村民从观望者变成了民宿里的管家和保洁，成为旅游的直接参与者和优质乡村度假环境的体验者。

"原来就是种种庄稼，打打栗子核桃，俺俩吧，一年收入六千来块钱，行情好的时候能挣个万把块。"杨庆花说。现在，在家门口干活儿方便了，不用再起早贪黑，杨大姐的老公在东西门村干保安，现在老两口一年能有六七万元的收入。

"在这里，只要肯干，哪里都能用，每个月可以调休 4—9 天，不耽误家里下栗子干农活。村民既是'员工'又是'地主'。"项目运营管理部负责人说。

除了这老两口，村里在项目上工作的还有很多人。高端民宿给泰山九女峰乡村度假区带来的不仅仅是游客，乡村的剩余劳动力得到就地转化就业。附近村庄的自然面貌以及精神面貌也有翻天覆地的变化。目前，"故乡的云"和"八楼氧心谷"两个民宿项目给当地村民提供 50 余个就业岗位，为村集体年均增加收入 20 余万元，户均增收近 4 万元。

"我们把绿水青山和金山银山统一于绿色发展之中，以绿色发展引领乡村振兴，实现百姓富、生态美的有机统一。"山东省乡村振兴齐鲁样板研究院讲解员王涵向前来考察的团队这样介绍。

研究院坐落于度假区核心区入口处的里峪村。以"立足乡村、服务三农、助力振兴"为宗旨，形成政策解读、战略研究、策划规划、品牌塑造、项目申报等能力，可同时满足 600 人交流学习。整合了 50 多位高端智库专家，并与中国社会科学院、复旦大学马克思主义学院、浙江大学、山东农业大学、广东客天下、田园东方、袁家村等形成深度战略合作关系。未来，研究院将建成齐鲁样板展示平台、乡村振兴训战基地，为乡村振兴提供一站式服务及全流程解决方案。

随着泰山九女峰乡村度假区项目的推进，更多的年轻人也回到了故乡，做起了旅游的行当。

落日的余晖洒在山间"故乡的云"上，"只要人家不撵咱，咱还有能力，就干去呗。"采访结束后，杨大姐透过明净的玻璃，望着窗外即将"升起"的"故乡的月"。这是杨大姐对未来生活的憧憬，也是这片土地上最质朴的乡情。

九、乡村振兴篇

山东牢记习近平总书记殷切嘱托，把实施乡村振兴战略、打造乡村振兴齐鲁样板作为"三农"工作的重点，作为全省"十二个着力"重点任务之一，聚焦农业强、农村美、农民富，健康有序推动乡村产业、人才、文化、生态、组织全面振兴，打造乡村振兴齐鲁样板取得重要阶段性成效。

产业发展取得新成效。累计建设省级以上农业产业园区 500 多个，国家级海洋牧场示范区 54 个、占全国近 40%，各类农业社会化服务主体超过 10.6 万个。乡村旅游、农村电商等新产业新业态蓬勃发展，2020 年全省农林牧渔业总产值突破万亿元大关。

乡村建设取得新进展。统筹推进农村道路、清洁取暖、自来水等基础设施建设，新改建"四好农村路"1 万公里，农村教育、医疗卫生、社会保障等公共服务水平进一步提升。生态环境呈现新面貌。农村人居环境整治持续推进，面源污染、白色污染、黑臭水体得到有效治理，农村户厕改造累计完成 1096.4 万户，新创建省级以上美丽乡村示范村 500 个。

乡风文明焕发新气象。县、乡两级新时代文明实践中心基本实现全覆盖，"摒弃婚丧陋习、深化移风易俗"文明实践专项行动扎实开展，习德润心、明理胡同、乡村夜话等百姓宣讲品牌深入人心。

电商达人，乡村最靓的创富风景

搭上市场快车的"网红"们

临沂市蒙阴县北晏子村的牛庆花，原本是一名再普通不过的农村妇女，一次契机改变了她的人生轨迹，走上电商之路，成为闻名全国的电商大户。

"孟良崮果园"网店店主牛庆花

2015年一个偶然的机会，牛庆花打开了新世界的大门，她的"孟良崮果园"网店开起来了。山里各种农产品种类很多，网店最初的主打产品是苹果，在开店不到一个月的时间里苹果卖出去了一万多斤。从2016年开始，牛庆花在自己的网店里预售蒙阴蜜桃，预售额度达到100多万元。2020年11月，牛庆花荣获"全国劳动模范"称号，她的网店帮助周围三十多个村的村民销售的桃子价值几百万元，销售旺季还能为村里四五十名妇女提供就业岗位，带动上百户村民致富。

菏泽定陶区张湾镇湾子张村，有一个木制工艺品大户，同时也是湾子张村的"淘宝"带头人，名叫杨俊红，她店里销售的板凳在全国销量领先。杨俊红不仅成为远近闻名的致富女强人，还被大家伙亲切地称为"板凳姐"。2015年，杨俊红的店铺第一次参加"双十一"活动，当天订单数就突破了5000，销售额达到了十几万元，"板凳姐"的名头响起来了。在她的带动下，湾子张村实体店如雨后春笋般涌现，又先后引进圆通等多家物流公司，慢慢地，村子里返乡创业的"北大哥"张超、快递出身的"圆通妹"史玉雪、返乡创业大学生李东明等越来越多的人加入电商大潮中。目前，电商产业在湾子张村发展得如火如荼，全村拥有47家板凳生产加工企业，160多家电商户，全村一年的销售额达到3.2亿元，已经成为全国最大的布艺板凳生产专业村。

东营市东营区龙居镇历史悠久，家家户户都有会弹棉被的手艺人，但受地域限制，好棉被也难摆脱"巷子深"的困境，手艺人掌握着好手艺却只能世代受穷。原为棉花种植户的史玉莲敏锐地捕捉到了"网购热潮"的兴起，自学网络营销技能以及成衣裁剪技术，开办淘宝网店"皓焱妈妈爱婴坊"。令她惊喜的是，睡惯了羽绒蚕丝被的城里人并没有忘记那些家乡的味道，自打传统的手工棉被"触网"，就赢得了市场的青睐和顾客的好评，产品供不应求。史玉莲当起了"女掌柜"，十多年来，史玉莲的淘宝生意越做越大，"现在店铺有着 1 万多粉丝，平均一天有五六十个订单，一年的销售额在 300 万元左右。"四邻八村的姐妹们也跟着史玉莲尝到了甜头。无独有偶，东营区龙居镇常家村"淘掌柜"常雪峰十年前踏上了网络快销车，目前他主营的玩具产品已铺向全国，远销多个国家，年销量过百万件。

"曹县现象"是农村电商缩影

说起山东农村的电商，就不得不提曹县。2021 年 5 月，山东曹县"火了"。"宁要曹县一张床，不要上海一套房""宇宙中心曹县"……关于曹县的种种调侃接踵而至。

每天早上，曹县大集镇丁楼村党支部书记任庆生都会被手机里的订单提示音叫醒。任庆生和爱人周爱华是大集镇第一个"吃螃蟹"的

曹县 e 裳小镇电商孵化园创新街区

人。与大多数村民一样，之前任庆生一直在外地做建筑工人。2009年春节，周爱华听说朋友开网店赚了不少钱，就开始拜师学艺。年底，他们买回一台电脑，开了村里第一家淘宝网店，专门销售摄影服装。很快，他们便在网上卖出16件衣服，淘到"第一桶金"。越来越多的同村村民闻风而动，纷纷加入电商大军，电商经济以星火之势开始燎原。如今，丁楼村连续9年获得"中国淘宝村"称号。

"全村九成以上村民都开有淘宝网店，2019年生产的演出服饰销售额达5亿元。2020年因为疫情影响，销售额降到一半。2021年全村的销售额又回升到5.3亿元。"任庆生说。2021年底，这个"网红县"交出一张令人满意的成绩单：曹县生产总值达到503.2亿元。其中，电商销售额达到281亿元，位列全省县域第一。

如今的曹县顺势而为，大力完善数字化硬件基础设施，与电商巨头合作培育本土电商人才，投资50亿元打造六大电商产业园区，制定优惠政策引资入园，引导金融机构推出30余种贷款产品支持基层创新创业。目前，曹县已经形成服饰、木制品和农副产品等三大产业集群，辐射带动全县域及周边县发展，探索出一条县城、中心镇多点城镇化的新路径，为数字经济赋能城乡融合发展提供了山东经验。

在山东农村，像牛庆花、杨俊红、史玉莲、常雪峰、任庆生这样的电商达人还有很多，他们的创富故事，是乡村振兴中最靓的一道风景，也是电商在山东农村发展的一个缩影。

电商是乡村振兴的精彩之笔

阿里研究院2021年6月发布的《淘宝村百强县名单》中，山东省13个县市区上榜，在榜数量位居全国第四。山东有598个淘宝村，总数全国第四，有 134 个淘宝镇，总数全国第六。据农业农村部发布的《2020 全国县域数字农业农村电子商务发展报告》显示，2019 年县域农产品网络零售额为 2693.1 亿元，阿里平台市场份额遥遥领先，其中山东省农产品在阿里巴巴平台销售额全国排名第四。

专家认为，产业振兴是乡村振兴的基础，促进产业数字化和数字产业化良性互动，培育出区域新增长极，为城乡融合发展赋能，其中以农村电商为代表的新兴产业在山东快速崛起，带动传统产业转型升级，是推进乡村振兴的精彩之笔。

钱好赚了，一种特产带火一片产业

放大特色优势形成产业链

"过去大把的新芽被直接丢弃或埋在地下，现在成了宝贝，加工成枣芽茶后很受欢迎。"2021年初夏时节，在冬枣之乡滨州市沾化区下洼镇，曹家庙村村民陈磊在枣园忙得不亦乐乎。陈磊把采摘下来的

山东省滨州市沾化区一家电子商务公司分拣装箱的冬枣

冬枣芽收集起来，再由合作社与企业联合开发冬枣芽茶，不仅成为消费者青睐的茶中新贵，还带动枣农亩均增收 200 元至 300 元。

冬枣的衍生价值远不止枣芽茶、枣花蜜。"借助老枣树长寿寓意，我们创意推出冬枣长寿木'三件宝'：枣木镇纸、枣木马扎、枣木擀面杖，如今已成为下洼镇的地域文化产品。"沾化水润天成民俗文化传播有限公司总经理丁国勇说。与此同时，每年冬季修剪的枣树枝还可以生产出清洁取暖所需的生物质颗粒，在冬枣还没成熟之时，枣农的钱包先鼓了起来。从"单一卖枣"升级到"全身变宝"，冬枣产业链不断拉长，带动老百姓的日子越过越红火。

"羊流镇的土地适合百合花种植，百合是世界四大切花之一，寓意美好，大家都喜欢，可以用来观赏发展旅游业，而且百合的种球可以食用，还可以药用，经济价值也高，拥有很大的发展潜力。"2021 年 11 月的一天，惠美农牧百合和园副总经理王利珍介绍说。蟠龙山周边 16 个村流转的 1.2 万亩土地，种植百合的就有 1 万余亩，是亚洲单体种植面积最大的园区。羊流镇从种质资源保护、组培育种、规模种植到产品精深加工，形成了较为完整的产业链，成功打造了"山东省百合小镇"，走出了一条特色产业支撑、三产融合发展、群众增收致富的发展之路。

2020 年 6 月 16 日，龙顶山浸润在蒙蒙雨雾中。在平邑县地方镇九间棚村，61 岁的村民刘嘉军坐在景区停车场旁的长条椅上歇息，在他身旁，停着一辆电动三轮车，车斗里载着一把铁锹、一把扫帚和一只垃圾桶。24 岁那年，刘嘉军被机器砸伤右腿，落下残疾。如今作为九间棚旅游公司的清洁工，他每天都要骑着电动三轮车，在龙顶山上打扫卫生。刘嘉军所在的这个昔日的穷山村，已经让 15 万亩扶贫金银花开满了全国。这几年，九间棚村一直在西部地区推广金银花种植，带动当地群众脱贫致富，受益群众达 3 万人，"种植一亩金

新泰市羊流镇百合花盛开

银花，第二年的收入就能达到 2000 元，3 年后金银花到了盛花期，亩均收入能达到 5000 元以上，行情好时能有上万元。"刘嘉军自豪地说。

在东营区史口镇，40 多岁的张桂芹于 2019 年 9 月承包了张店村南近 2000 亩的盐碱撂荒地，土地平整后开始种植莲藕，如今，这个千允家庭农场莲藕种植面积达到了 1720 余亩，种有大地红、珍珠藕、富硒藕等多个莲藕品种，通过了无公害农产品、富硒农产品认证，注册了"千允"商标，正在申报农产品地理标志。这一家庭农场同时也帮助周边村居 30 多名群众实现了就近就业，走出了一条乡村产业振兴的新路子。

在临沂，苍山蔬菜、蒙阴蜜桃、沂南肉鸭、莒南花生、平邑金银花，一个个响当当的县域品牌，让沂蒙山特色优质农产品行销海内外，也让临沂逐渐成为长三角地区最大的"菜篮子"。

泰安市邱家店镇文化旅游资源丰富，是泰山石敢当文化的发源地，这里已举办七届"石敢当文化艺术节"，泰山石成为发展泰山特色文化的文化名片。

在聊城市堂邑镇，以葫芦为载体的文化产业迎来空前的发展，葫芦文化产业发展成为东昌府区文化经济协调发展的典型代表。葫芦种植户和加工户也借由东昌精品葫芦，蹚出了一条致富路。

从冬枣到百合，从金银花到富硒藕，从泰山石文化到精品葫芦，真可谓"一招鲜吃遍天"，一种特色产业的发展，就能带活一片乡村，带来一方致富。

"三变"改革激活乡村潜能

在这些特色产品资源带动下，优化资源要素，整合资产资金，汇聚发展要素，全面激活乡村发展潜能，广大乡村正在推进资源变资产、资金变股金、农民变股民的"三变"改革，并展现出集体收入增长、群众收入增加的"双增"前景。

2021年6月，东营市孤岛镇，"三变"改革正全面激活乡村发展潜能，集体收入增、群众收入增的"双增"景象正变为现实。河口区新户镇明湖社区新村村民马民照有一个小账本，"这是我平常记账的一个小账本，每年都记着，我算一下，看看'三变'改革，让我变穷了，还是变富了。"小小账本，记载着他从棉花农户到上班族的幸福蝶变。马民照家里原来的主要收入来源就是40多亩棉花田，别看地不少，但一年下来真正落到手里的钱可不多。年景好的时候收入能有5万多元，平常也就4万多元。自2020年该村参与农村"三变"改革，群众将土地入股土地股份合作社，统一对土地实施综合开发整理，以 500 元至 750 元每亩的价格流转到澳亚牧场、正邦公司、正一农林等农业龙头企业，原来没人愿意要的盐碱地，价格翻了好几番。土地瞬间升值，人们的日子也红火起来。

"原来老人整天在地里干活，一年赚不了三千两千的，现在我父母老两口一年分 9600 块钱，再加上养老、老年钱，一年小两万，也不受那么大的累了，吃饱了到广场溜达溜达，幸福感比以前强多了。"马民照笑着说。

家门口有了农业合作社，有了项目和产业，自然能带来就业。

2019 年，东营市牛庄镇招引的双福福盛智能温室蔬菜种植项目给村民解珍华提供了理想的就业岗位。"单位就在俺村口，骑着电动车五分钟就能到。"解珍华笑着说，"早晨七点上班，下午五点下班，中午有一个半小时的吃饭休息时间，每个月休息两天，还能拿到 2800 多块钱的工资。能有现在的工作是我以前在梦里才敢想的，现在梦想成真了，见我的人都说，我脸上天天笑得像朵花。"

据介绍，2020 年山东成为全国首个农业总产值过万亿元的省份，勇当农业发展的排头兵。山东通过实施良种工程等推动种业创新，依靠标准化生产和产业链延伸提升农业质量和国际竞争力，加快从农业大省向农业强省转型；大力提升乡村本土人才素质，招募乡村振兴合伙人，为乡村振兴注入新活力；强化农业经营制度、农村土地制度、集体产权制度、农业支持制度创新，激活主体、激活要素、激活市场，为产业兴旺注入新动能；培育鲁东滨海、泰沂山区、运河沿线、鲁西平原四大风貌区，为美丽乡村建设提供新平台。

在乡村振兴路径指引和产业政策带动下，齐鲁广袤的田间地头正发生巨变，给村民带来了更高的获得感、幸福感和安全感。

人精神了，齐鲁沃野吹拂文明乡风

乡风文明建设既是乡村振兴的重要内容，也是乡村振兴的重要推动力量和软件基础。几年来，全省县、乡两级新时代文明实践中心基本实现全覆盖，"摒弃婚丧陋习、深化移风易俗"文明实践专项行动扎实开展，习德润心、明理胡同、乡村夜话等百姓宣讲品牌深入人心，一幅文明新画卷在齐鲁大地徐徐展开。

"孝"字号活动遍地开花

在菏泽市单县刘土城村，每月农历初九上午举办孝善敬老饺子宴，由新时代文明实践志愿者、党员干部和本村村民义务帮厨，将本村 75 岁以上老人组织起来共同吃饺子。近年来，单县在全县 502 个行政村、8 个城市社区共举办"孝善敬老"饺子宴 6000 多场次。

60—79 周岁老年人每人每餐缴费 1.5 元、80 岁以上老年人免费就餐，惠民县针对农村留守老人"不愿做饭、独自吃饭"等问题，推广互助型"孝善食堂"居家养老项目，既解决老人就餐难问题，又在乡村引领道德风尚，让"孝善治家"为乡村振兴注入新活力。目前全县已建成互助型"孝善食堂"13 处，惠及 400 余名农村老人。端午、中秋、重阳等节日，"孝善食堂"还组织开展包粽子、做月饼、包饺子等活动，让老人体会节日温暖，感受晚年幸福。

临邑县德平镇是千年古镇，自古以来人才辈出，该镇打造了平昌公园、祢衡公园、萱草带、新时代文明实践站"四点一圆"的新型"孝德文化"教育圈，成功入选首批山东省特色小镇。2020 年 12 月，《德平镇志》列入中国名镇志文化工程，承办了全国地方志工作现场会，是德州首部入选的中国名镇志。

"我又被村里推荐为今年的'好婆婆'人选啦！我以后更要把好家风传承下去。"聊城市阳谷县狮子楼街道苏庄村，武改云得知自己连续两年获得"好婆婆"称号时，脸上笑开了花。

在枣庄市薛城区常庄街道，每年定期开展"好媳妇""好婆婆""最美常庄人""孝善之星""文明家庭"等评选活动，宣扬孝老爱亲的感人事迹。目前，街道累计评选"好媳妇""好婆婆"188 人、"孝善之星"136 人，文明家庭 76 户。

近些年，在山东各地的乡村，孝善敬老、孝善食堂、孝德文化等"孝"字号活动在齐鲁沃野遍地开花，各地普遍开展了"好婆婆""好媳妇"等荣誉称号的评选，引导人们在婆媳关系上树立良好家风，用好家风带动好民风，好民风引领乡村的文明之风。

移风易俗倡导乡村新风尚

在东营市利津县店子村文化大院，宣传栏上"便民网格化服务"几个大字格外引人注目。"我们把村里的 196 户平均分成 4 组专职网格，按照'轮岗制'的原则负责村里的红白事，由党员网格长联系网格员，将具体事项进行合理分工，事情办完后由网格长将财务明细上

山东大力实施"乡村文明行动"，推动农村喜事新办

交村文书，规范的网格化管理大大降低了红白事的费用，杜绝了村里红白事人员、财务铺张浪费严重的陋习。"店子村党支部书记吕新泽介绍。临邑县大力推进移风易俗，积极推广红白理事会"持证上岗，亮牌理事"模式，为全县 800 多个行政村红白理事会配备理事牌、工作证、记录本，规范服务流程，提高服务质量。

近年来，聊城市阳谷县狮子楼街道坚持制度创新，成立了红白理事会、村民议事会，制定了村规民约，全力推动移风易俗工作。如今，在狮子楼街道，燃放烟花爆竹的少了，红白喜事大操大办的没有了……在阳谷县，农村陈规陋习得到了有效遏制，婚事新办、丧事简办、孝亲敬老等社会风尚更加浓厚，城乡文明程度进一步提高。

临沂市沂水县实施以"惠葬礼葬"为核心的殡葬改革，在全国率先推行"殡葬全免费"政策，对具有沂水户口、在沂水去世的居民，遗体接运费、火化费、骨灰盒费、公益性墓穴和墓碑费全部免除，相关费用由县乡两级财政承担。同时，蒙阴、平邑也实施"惠民礼葬"，推进移风易俗、促进乡风文明。

平邑县郑城镇四合村的措施则是鼓励村民从卫生做起，"好事无大小，看谁做得好"，村里定期开展环卫评比，以发放保洁工具、生活用品等作为奖励，让保持环境洁净变成村民的自觉行为。如今，"一把扫帚扫村庄，建设美丽乡村；一把扫帚扫庭院，打造美在农家；一把扫帚扫心灵，人人都行孝"的"三把大扫帚"激励机制成了全县乡村文明的代名词。

文化活动增添幸福乡村内涵

东营市利津县始终坚持以优秀文化引领乡村文化的前进方向，高品质打造以博物馆、图书馆等为主体的公共文化服务设施，截至2019年，全县共建成90个乡村剧场、101家农家书屋、30处历史文化展馆（室）、17处数字文化广场及其他场馆。同时，该县还举办了"欢乐黄河口·美丽中国梦"群众广场文化活动、民间文艺展演等群众文化活动，开展"双送"下乡、"百团千场乐万家"社会文艺团体巡演等活动。实施"吕剧振兴"创新工程，精心打造现代吕剧《铁门关》《重温热土》《初心》等作品，加强文化传播，丰富群众生活。

临邑县坚持以文化振兴为切入点，12个乡镇（街道）全部建立了新时代文明实践所，700个村庄建立新时代文明实践站并广泛开展活动。分层建立了1个县志愿服务总队、12个县直专业志愿服务大队、12个乡镇（街道）志愿服务大队、近千个县直部门和村级志愿服务队。

聊城市莘县王庄集镇加快建设乡村记忆博物馆，使之成为村民忆苦思甜的窗口，也成为村民尤其是青少年接受教育的"第二课堂"。截至目前，王庄集镇高标准建设乡村记忆博物馆 43 个，展示老物件、老图片等 1300 余件，制作展现村庄产业、文化新发展的图板 150 余块。

枣庄市薛城区常庄街道依托村居办公场所建起了新时代文明实践站，建起了农家书屋、万章讲堂，充实了各种文化健身娱乐设施。常庄街道深挖名人资源，传承优秀传统文化，弘扬红色文化，在薛庄村建起了陈金河烈士纪念馆。开馆至今，纪念馆进行现场教学 100 余场次，参观群众 3 万余人次，形成"缅怀革命先烈，感恩幸福生活"的浓厚氛围。

"万民乡风，旦暮利之。"曲阜尼山镇宫家楼新时代文明实践站，村民聂胜红每天都来这里"报到"："以前我最犯愁的是孩子整天玩手机，学不到知识还伤眼睛。自从有了实践站，我来就带着他，现在孩子不仅学会毛笔字，还能比画两招太极拳。"退休教师卢正斌在实践站找到了自己发挥余热的新讲台："每逢周末我就来教孩子们书法，还客串村史民俗讲解员。"通过新时代文明实践站的活动，老百姓亲身感受到了新时代文明风尚。

文化是乡愁的根，立足本土名人文化、红色文化，使历史人物重新"活"起来，将其打造成文化名片、形成文化品牌，成为乡村振兴的魂魄。以文化人、成风化俗，文明实践新风正在齐鲁大地徐徐吹拂。

乡愁淡淡，美丽乡村更添生态宜居

美丽乡村建设成果丰硕

"刚到村口，以为走错道了，家乡的变化真是太大了。错落有致的石阶、整齐划一的树木，屋前屋后也干净了许多，仿佛是到了哪个'网红'打卡地。"走到自己家门口，徐帅一脸兴奋地说。徐帅的家位于莱阳市羊郡镇南杨家夼村，远在广东打工的他已两年没有回家过年。

羊郡镇立足村庄特色，聘请中央美院完成"一如往昔"小镇总体规划，采取外部资本进驻、集体成员入股、对上争取资金相结合的方式，推进杨家夼等六大类型特色民宿建设，加快形成"一村一品、一村一景、一村一韵"发展格局，激活村庄内生动力。曾经"脏乱差"的小村庄，摇身一变成为美丽乡村，南杨家夼村的变化正是山东"美丽乡村"建设的缩影。如今，行走在羊郡镇的各个村庄，青瓦石墙、绿水青山、特色果蔬、水产养殖，各具特色、不同风味儿的美丽乡村如一道道亮丽的风景让人眼前一亮。

无独有偶，用特色创意服务乡村振兴，威海市环翠区嵩山街道五家疃村的"石窝剧场"也应该算一个。

"石窝子"是胶东人对矿坑的叫法，石窝剧场就是由废弃矿坑改

石窝剧场

造而来的。它以采矿裸露出来的断崖作为剧场背景，观众面向石壁而坐。剧场的下方，还藏着一处别致的"石屋咖啡馆"。

如今，石窝剧场已然不止跳广场舞这一个功能，乡村文化节、公益电影、文艺汇演、送节目下乡、百姓宣讲等大大小小的活动，都在这里举办过。五家疃村和周围村子的村民也喜欢到这里休闲，几乎每天晚上，这里都热闹非凡。孩子们在舞台上追跑打闹，在石板小径上蹦蹦跳跳，老人们则坐在看台上聊天，村庄的活力被这处剧场点燃。

"三年前这里是一个充满污水的大湾，两旁堆满了垃圾。如今，这里成了宽阔的广场大舞台，经常举办文艺活动。"临邑县前杨村村民杨甲红说。

临邑县把提升农村人居环境作为助力乡村振兴的重要一环，下好人居环境整治"先手棋"。以农村垃圾、污水治理和村容村貌提升为主攻方向，整合各种资源，重视与加强农村清扫保洁、垃圾清运等生态环境整治体系建设，通过全面、细致的工作，处理好村民反映强烈的各类卫生死角，形成自然生态美、人居环境优的生态宜居格局。"俺们村家家户户都铺上了污水管道，脏水直接通过管道排入村污水处理站，再也不用担心污染环境了。"前杨村村民杨义福自豪地说。

据了解，临邑县现已打造人居环境示范村 52 个、秀美村 135 个、整洁村 490 个、美丽庭院万余户，6 个村庄入选省级美丽乡村示范村、省级美丽休闲乡村，前杨村被评为"2020 年度中国美丽休闲乡村"。

全方位提升农村人居环境

山东全省统筹推进农村道路、清洁取暖、自来水等基础设施建设，新改建"四好农村路"1 万公里，农村教育、医疗卫生、社会保障等公共服务水平进一步提升。

其中，黄河滩区的农村迁建是重头戏。

滨州市滨城区里则街道西纸坊村，原本是黄河滩区内普普通通的一个小村庄，近几年来却迎来了翻天覆地的变化，迁新村，改旧村，建景区，文化与美景融合，历史与现今相映。小村庄一举成为国家AAA 级景区、全国乡村旅游重点村，被评为"山东省精品旅游先进单位""中国最佳乡村旅游项目"。

曾经的西纸坊村是一个渡口。摇摆渡、当船工、搞河运是村人的重要生计。"如同当年的摆渡、船工号子，黄河的变迁给滨州留下了很多历史足迹、文化沉淀和生活记忆，这些都是西纸坊黄河古村景区坚实的发展基石。"西纸坊景区负责人高士民介绍说。

现在的西纸坊新村与老村紧密相邻，村民新房与老房对比映衬强

黄河滩区之变

烈。新村村台方正，钢筋水泥护坡，更加安全牢固；房屋红瓦白墙，整齐划一，规格一致；下水道统一埋设在道路之下，道路两侧绿植叠翠；文化休闲、健身娱乐等设施一样不缺。老村经过设计整改，街道、绿化、庭院景观打造得优雅别致，高台土屋大部分改造成了具有浓烈乡土特色的民宿用房，一小部分则原原本本地保留了下来，透露着浓厚的历史气息。

随着黄河滩区的不断开发建设，不少村庄迁出了滩区，也有不少村庄经过规划改造建设了新村，一系列的基础建设给黄河滩区带来了巨变。

不只黄河滩区的升级改造，围绕打造美丽乡村升级版，烟台市集中连片、突出特色，重点打造14个美丽乡村示范片、105个样板村庄。示范片内105个样板村庄全部达到美丽乡村A级标准，其中省级示范村、美丽村居67个，市、县级以上美丽乡村90个。为全方位提升农村人居环境，全市累计完成改厕 57.8 万户、无害化卫生户厕普及率达到 93.2%，全部村庄实行生活垃圾城乡一体化处理，建制村通客车率达到 100%。

"厕所革命" 令乡村更宜居

乡村振兴工程实施以来，农村人居环境整治持续推进，面源污染、白色污染、黑臭水体得到有效治理，新创建省级以上美丽乡村示范村 500 个，农村户厕改造累计完成 1096.4 万户。

"小康不小康，厕所算一桩"，这上千万户的农村厕改，实际是一场"厕所革命"。

"自从统一将旱厕改成卫生厕，天井里没臭味了，家里腿脚不方便的老人上厕所也安全方便了。粪渣满了，打个电话，吸粪车就能及时清理，十分便捷。"家住昌邑市下营镇东营村的李永丰对改厕工作赞不绝口。

厕所革命，托起了千家万户"宜居梦"。

位于无棣县西小王镇的西小王村是 2019 年省级美丽乡村建设示范村。村民张肖英家的院子里，苹果树、核桃树结着丰硕的果子，小菜园里茄子、西红柿等待着成熟，院子一角，灰砖红瓦、里里外外都干净的水冲式厕所与院中景观浑然一体，成了美丽乡村的动人一景。

农村改厕要改善的，不仅是厕所的硬件设施，更是广大农村人居环境与文明程度的整体提升。在美丽乡村、文明乡风建设的大背景下，农村改厕早已成为助力乡村振兴、留住美丽乡愁不可或缺的一部分。

近年来，山东拿出真招、实招、硬招推进乡村振兴，农业农村现代化发展迈出新步伐，特色农业、融合产业集群正在形成，乡村建设由"点线美"向"全域美"迈进，乡村人居环境获得了显著提升，打造乡村振兴齐鲁样板取得了阶段性成效。

一幅生产美、生活美、生态美的美丽宜居乡村图景正出现在广袤的齐鲁大地上。

十、基层治理篇

推进基层治理体系和治理能力现代化建设，是全面建设社会主义现代化国家的一项重要工作。山东通过打造具有市域特点、满足群众需要的社会治理新模式，构建基层社会治理新格局，持续提升社会治理效能。

2021 年 6 月，省民政厅等 18 部门联合印发文件，率先在省级层面出台"十四五"城乡社区服务体系建设规划。在城市社区全面推行"一窗受理、全科服务"模式，推动落实社区工作者 3 岗 18 级薪酬体系，2021 年底实现全覆盖。推进"社区万能章"专项治理行动，规范完善村（居）委会出具证明的式样、办理流程和操作规范。深化村（社区）"牌子多"问题整治，清理各类机构、制度类牌子 190 余万块。全面推行村委会职责任务清单管理，明确村委会履行职责事项 27 项和村委会协助政府工作职责事项 21 项。组织开展全省和谐社区建设示范活动，确定 313 个示范单位。指导 36 个全省城乡社区治理创新实验区顺利完成实验任务，形成了一批特色鲜明的创新成果。

山东全力推进防控体系建设，社会治安掌控力明显提升。严密要素管控，适时组织开展社会治安起底式"大清查"行动，及时消除各类安全隐患。积极探索新业态监管路径，出台《山东省网约房信息登记办法（试行）》，全省加油站安装使用散装汽油实名销售系统实现全覆盖，寄递物流企业严格落实"三项制度"。严密圈层查控，环京公安检查站完成智慧化升级改造，"护城河"作用不断显现。严密单元防控，创新推进"警种联动、警民联防、警保联控"机制建设，科学布建街面警务站 456 处，整合保安队员 25.9 万人，培育平安类社会组织 1020 个，实现点线面融合、网警格共治。

创新社区治理体系建设，
看看山东的这些实践

城乡社区是社会治理的基本单元，城市治理的"最后一公里"就在社区。山东以居民需求为导向，创新社区治理体系建设，更好为社区居民提供精准化、精细化服务。

红色物业让社区有了凝聚力

"小区环境的维护既要靠居民自觉，完善的环境基础设施也不可或缺，比如，没有车棚，车子随处停放也就难以根治……"2020年7月15日，泰安市宁阳县弘盛现代城小区在"红心广场"开展议事会，党员群众踊跃发言。

小区把群众聚集的户外小广场作为议事阵地，搭上"连心桥"，摆上"议事凳"，定期召开议事会，对确定的整改措施，在小区集中公示、"挂账销号"，扎扎实实听民声、察民情、解民忧。

宁阳县同和御园把"红色物业"服务站建在家门口，面对居民提出的涉及基础设施维修、邻里纠纷调解等诉求，由小区"家园议事会"商议解决。议事会已成为业委会、物业企业、小区党支部和楼道红管家等多股热心力量"一周一聚"的重要平台，按照"小

宁阳县红色物业

事马上就办、大事按程序办"的原则,让每件事情都有着落、有反馈、有监督。

杜家村小区是老旧回迁小区,几个月前这里还是一片"脏乱差"的景象。社区开展"品质家园问卷调查",了解到居民迫切希望正规物业公司进驻。社区立即研究,多方考察,引入泰安至正物业。在小区家园议事会配合下,由物业党员和优秀员工组成的临时项目组加班加点,建成300平方米的非机动车车棚,东棚内还设有120个充电位,并施划机动车位、补种绿植,小区面貌焕然一新,居民纷纷点赞。

"物业小区的大小事务不再仅仅是小区里的日子,更是社区中的民生。"宁阳县文庙街道党工委书记说,"有求必应"是物业党支部向小区业主作出的承诺,通过社区党组织联合物业党员和业主党员等力量,发挥整体合力,构建高效协同、互信共商的三方联动机制,保证对业务需求的快速响应。

围绕"宁·聚力"社区党建服务品牌，宁阳县建起社区"红色队伍"，形成以社区党组织为轴心，居民委员会、业主委员会、物业服务企业、驻区单位、社会组织等各类组织和居民广泛参与的"1+5+N"城市社区治理架构，让"没人管"变成"全员干"，合力画好城市基层治理的"同心圆"。目前，宁阳县打造了"宁·聚力"网格驿站 53 个，实现"微阵地"广覆盖。

信用体系建设助推社区诚信治理

威海市环翠楼街道塔山社区的树山书屋门口摆起了"菜摊"，这里没有摊主看管，新鲜的黄瓜、茄子、豆角等蔬菜，被装成袋或打成捆摆放在"摊位"上，每份售价一元钱，顾客只需扫码或投币支付一元钱，就可以挑选自己心仪的蔬菜带走，整个过程全靠"诚信"。

"这里的蔬菜都是 1 元钱一份，可以扫码也可以现金支付，便宜又新鲜，还在家门口，太方便啦。"塔山社区居民刘昌娥说。自从社区设立"信用菜摊"后，居民反响都很好，辖区不少老人都喜欢来这里选购。"社区相信我们，我们也不能让社区失望，我觉得这个摊点设置得非常好。"塔山社区居民马翠玲说。

塔山社区"信易＋一元爱心菜"只是环翠楼街道信用体系建设的一个缩影，除此之外，街道 17 个社区还积极打造各种形式的"信易＋"小场景、小应用。

2021 年以来，街道立足于"精致社区"的打造，积极探索符合街道的诚信工作新模式。成立了以街道党工委副书记为组长，分管班子成员为副组长的诚信工作领导小组，建立了诚信工作专题联络群，在群里对诚信工作进行日调度，对信用知识竞赛、星级诚信商户评选等典型案例进行定期通报，营造了良好的诚信工作氛围。

此外，街道还积极开展中小企业"大走访"活动，积极宣传"信易贷"相关政策，鼓励辖区内诚信企业通过全国信用融资平台进行融资申报。

近年来，环翠区抓住文明城市创建契机，不仅鼓励商贩参加社区各项诚信活动，还积极探索诚信指数、星级评定、红灰榜诚信评价等多项举措，对于诚信评级高的商贩推行摊位费打折、免费宣传等优惠，对于诚信评级低的商贩加强监督管理，规范商户行为，有效解决了社区治理难题，为居民生活提供了诸多便利。

"社区赋能、书记赋权"让为民服务更有温度

"石油公司家属院因前期维修排污管道操作不当，造成路面下沉及破损，潍坊市寒亭区祥亭街社区立即为其维修了路面，消除了安全隐患，共花费 587 元。

"锦江苑小区一处楼顶漏水，但因处汛期，维修基金审批需要时间，居民着急上火，益新街社区垫资 2000 元立即帮助进行了防水维修。

"自来水公司家属院 2 号楼 3 单元落水管道堵塞，雨水无法正常流出，运河西街社区第一时间找专业维修人员进行了维修疏通，共花费 350 元……"

翻阅潍坊市寒亭区寒亭街道各城市社区民生账本，一件件实实在在的惠民"小事"，在社区得到迅速落实解决。这得益于寒亭区为社区书记设立的每年 10 万元的为民服务专项基金。别看社区账本上每笔几百几千金额不大，在以前，需要走的审批流程却不少，等到资金

寒亭区修复小区内破损道路

批下来，可能群众已经怨气满满了。"这项基金就是我们赋给社区的'更好地为群众解决问题的自主权'，以增强社区书记及时解决群众诉求的能力和底气，让更多群众得到实实在在的实惠。"寒亭区委书记、潍坊经济开发区（农综区核心区）党工委书记说。

以为民服务专项基金加速群众诉求解决，只是寒亭区提升城市社区治理能力和服务水平的一个缩影。随着城市更新的推进，社区服务能力面临诸多挑战，其中事多权少问题突出。为此，今年以来，寒亭区创新实施了"社区赋能、书记赋权"工程，持续推动重心下移、资源下沉、保障下倾，为社区和社区书记赋予更多为民服务的资源和权力，全面提升城市基层治理服务效能。

不仅如此，寒亭区还为各个社区配备了"社区赋能、书记赋权"服务专员，由住建、市政、水利等涉民生关键部门各筛选 1 名副科级以上干部担任，通过服务资源下沉，确保群众诉求解决在社区。在此基础上，该区充分发挥物业服务企业党组织作用，积极培育各领域志愿服务力量，努力形成推动社区工作的强大合力。

为保证"社区赋能、书记赋权"工作有力有序开展，寒亭区成立了由区委书记任组长的工作专班，建立了区级领导联系包靠社区制度，并将此项工作纳入党组织书记抓基层党建述职评议考核。同时，通过选聘、委派等方式，满额配齐社区工作者，并设立专项基金用于社区为民服务经费保障。该区还将每年组织开展"最佳社区书记""最美社区工作者"评选活动，设立30万元专项基金予以奖励。

"充分赋予社区为民服务的权力，把问题更高效解决在社区，让群众切实感受到我们的诚意、暖意。"相关负责同志说，寒亭区将以"社区赋能、书记赋权"工程为引领，全面提升城市基层治理服务现代化水平，为加快打造潍坊现代化高品质城市建设的新引擎和新窗口贡献力量。

激活社区治理的"青春密码"

　　服务是最好的治理。为了让青年回归社区、参与社区治理、增添社区活力，山东部分地区积极引导青年融入社区，通过建阵地、育团队、办活动等一系列举措，以激扬的青春活力，探索新时期青年参与社会治理的新途径。

将服务阵地开到家门口　让青春、社区一起"绽"放

　　如何吸引青年人参与到社区公共生活中来，主动成为社会治理创新的参与者和主力军？

　　"青春社区"创建的不断深入，使其成为青年们参与社区、融入社区、实现社区梦想的家园。

　　济南市市中区乐山社区就是一个典型的例子。

　　在"青春社区"的打造上，乐山社区以党群服务中心为坐标，坚持党建带团建，依托"红色庭院"党建模式，积极开展团建工作。对团员实施网格化管理，将51栋居民楼划分为6个网格、35个庭院，在每个网格内设立1个团小组。通过"红色庭院"及时掌握团员动态，全面了解青年需求，精准开展联系服务，有效扩大了团的组织覆盖和工作覆盖。

乐山社区青年参与社区防疫

　　作为济南第一个旧城改造的开放式居民小区，如今乐山小区重新焕发青春活力。"我们按照区域化团建要求，依托党群服务中心、青年之家、区团校等阵地，整合各方资源开展了一系列工作。"乐山社区综合党委负责人如是说。

　　济南市共青团市中区委通过阵地建设推动"青春社区"创建，为青年打造活动阵地，让共青团阵地"建起来、聚起来、活起来"。

　　在依托阵地的基础上，社区工作也看到了实效。在2020年疫情最严峻的时期，乐山小区团组织动员青年加入防疫队伍，社区团结青年主动冲在一线，站岗、巡逻、量体温、排查外来人口，真正发挥了"先锋队"作用。不仅如此，在创建"青春社区"的过程中，乐山小区打造了一个"半潜式"青年之家，团支部围绕青年子女教育、婚恋融入、社会融入等方面的现实困难和突出诉求，积极开展四点半课堂、"团缘"服务、"吐槽大会"协商民主等具体项目，帮助青年办实事、解难题，为青年搭建服务与沟通平台，促使邻里由"陌生"变成"熟悉"，让青春、社区"绽"在一起。

多元主体共治体系不断完善　让青年参与社区、融入社区

完善社区治理，关乎治理能力现代化、关乎改革发展百姓的获得感。位于济南市市中区的鲁能领秀城社区里，有一个青春激情的青年组织"盒子青年"，他们携手推出了"鲁能 Fan 社群"。这一举措在社区居民中好评不断。

在近 12 万人的领秀城社区打造的"鲁能 Fan 社群"，策划之初就致力于品牌回馈、强化社区公共服务，立足提升社区邻里幸福感这一出发点，开启多元化社群招募，特色化、IP 化的品质社区活动。

鲁能 Fan 社群活动

当青年扎根社区，这场"青春社区"的美好探索由此开始。

"要做好基层社区青年工作，首先要了解青年需要，抓住人群特点。""盒子青年"工作人员说。鲁能领秀城是一个典型的市中心学区型社区，周围有丰富的学校资源，学生和年轻的学生家长占社区居民的绝大部分，所以开展的活动应更加"接地气"。健身运动、文艺活动、亲子教育等活动被纷纷引入社区，吸引着越来越多的社区居民参与其中。"青春社区"服务了青年，青年也通过自己的努力，积极参与社区治理，通过齐心协力"微治理"来反哺社区、服务社会。

在"青春社区"创建的带动下，"鲁能 Fan 社群"先后建立了书法、国画、音乐等各类兴趣微社群 50 余个，活跃青年社群 23 个，由社区青年开展授课，每周活动 20 余场，惠及领秀城 12 万业主，社群每年参与人数近 40 万，实现了青年参与社区共建的美好探索。

大有可为，城乡社区给了青年归属感

自山东省城乡社区青年融入行动启动以来，淄博市共青团张店区委就在积家村、齐悦国际社区创新实施了"青年人才库"项目，张萌等一批年轻人被纳入"积家村青年人才库"中。

在淄博市张店积家村"青春社区"创建中，因为有了张萌这样的青年人才积极参与，农村建成了"智慧社区"。在党群服务大厅聘用了 6 名大学生，办理综治、社保、缴费等 70 多项业务，在这里实现了一窗受理，一站式服务。

积家村党支部书记、村委会主任徐静表示，目前村里的志愿服务、卫生治理、文艺演出、四点半课堂等都是年轻人当主力。说服村居民拆迁、不养狗，利用电子监控设备预警高空抛物、老人走失等措施，也都是年轻人提出来的。

苗木成长，最重要的是打造适合的生长环境。从建设升级"青年之家"，到深化城乡志愿服务，再到服务新兴领域青年发展需求，山东各级团组织广泛开展城乡社区青年融入行动，彰显了对城市未来发展高度负责的使命担当。

在青岛，作为团中央社区青春行动试点任务承担者，即墨区北安街道新都社区的青春气息扑面而来，浓厚的创新创业氛围更是让人眼前一亮。

围绕青年需求特点，新都社区将总面积1300平方米的党群服务中心全面打造成青年创业创新、学习培训、健康成长的青年之家，开展了"放学来吧"、青社沙龙、青春会客厅等特色项目，融汇青年力量和青春智慧，创新社会治理青春模式。

在青年参与社区治理方面，新都社区建立青年圆桌议事平台，推动青年参与到社区党委领导下的居委会、业主委员会、物业企业共商事务当中，着重培养青年通过业主选举进入业主委员会。

同时，新都社区借助青年志愿者、社区青春合伙人等形式，聚集社区能人，组建红蜂志愿队等13支队伍。党员、共青团员及青年志愿者带头认领"放学来吧""温暖到家供热服务"等10个服务项目，累计发动志愿者50余人次，开展主题活动30余场次。

青春社区怎么建？要让青年有获得感，把打造青年友好型、成长型社区放到建设"青年友好型城市"的大盘上去考虑，是实现青年与社区双向服务、城乡青年有效恒久融入及参与社区管理的重要方式。

共青团山东省委书记表示，要发挥共青团组织动员和社会动员优势，充分创新社区团的工作模式，动员青年积极参与基层社会治理，让更多青年知晓"青春社区"，参与到"青春社区"中来，实现青年与社区的互促发展。

积分制管理的"村级妙用"

党员积分制考核、村民积分制管理、信用"红黑榜"带动……积分制管理这一乡村治理的有效抓手，在山东的众多村庄有了颇多"妙用"。

潍坊市昌乐县委主要负责同志介绍，自 2019 年被确定为试点示范县以来，昌乐制定出台了《关于加强和改进乡村治理的实施意见》和《体系建设试点工作方案》，坚持问题导向，聚焦乡村治理突出问题和薄弱环节，鼓励试点村庄综合运用党建规范提升、自治组织落地、制度化建设、积分制管理、党组织领办合作社等措施，推动村庄实现精彩蝶变。

小东庄："积分制考核"让党组织强起来

自 2019 年 5 月到潍坊市昌乐县朱刘街道小东庄村这个"软弱涣散村"担任"第一书记"以来，来自潍坊市委政研室的田道兵就苦思对于这个散乱村庄的治理之策："村里原先以开山卖石为主业，因为利益之争，宗族派系斗争严重，村庄建设和发展也耽误了十多年。"

现任村党支部书记刘培吉 2014 年当选以来，也曾想带领大伙儿大干一场，无奈人前捣乱、背后掣肘的因素太多，几番蹉跎下来，也就没了心气，只想着"别出乱子就行"。

"必须让党支部强起来，让党员的作用发挥出来，扭转村风民风，形成干事合力。"田道兵说。经过入户走访、分析研判，一套适用于该村发展的党员积分制考核管理办法逐渐完善起来。

该村根据党员参加会议、带头尽责和建言献策等情况，结合农村人居环境整治、"户户通"、无害化厕所改造等重点工作参与情况，对党员进行赋分，得分情况在村内一月一公布，并将其作为民主评议的重要依据。

积分管理将党员考核转变为量化比较，"先进""后进"一目了然，将党员的言行表现展现在群众眼前，接受评议和监督，让每名党员肩上有担子、心中有压力、工作有动力，形成了党员干部争先创优、你追我赶的良好氛围。

随着积分制考核的深入，小东庄村各项工作一招破题，满盘皆活，阳光议事日、信息公开日等制度先后落地，村民议事会、红白理事会等组织纷纷成立，清产核资、农村集体产权制度改革和村党支部领办合作社等举措相继推进。

"通过党支部领办合作社，统一流转土地，依托'第一书记'扶贫资金建设扶贫产业项目，吸引专业主体运营等举措，村集体年收入突破30万元。今年，我们村又争创了省级美丽乡村示范村，村容村貌焕然一新，成了远近闻名的示范村。"刘培吉说。

庵上湖："积分制管理"让小村变样板

走进昌乐县五图街道庵上湖村，宛如走进公园一角，村南湖水荡漾，村内绿意盎然。乡村振兴学院、葡萄沟、采摘园、农家乐等新事物新业态，"全国文明村""全国科普惠农先进村""全国设施蔬菜标准园"等多项荣誉诉说着这里的人气和殷实。而在十多年前，这里还是一个典型的"三无村"，人口五六百人，土地700余亩，无资源、区位和产业优势。

变化始于村党支部书记赵继斌带领村党支部领办瓜菜合作社，并对社员推行积分制管理。"咱当时的出发点就是让社员重视农产品质量，打响庵上湖蔬菜品牌。"赵继斌说，"以蔬菜质量定期检测和抽检数据为标准，社员积分与合作社年度分红挂钩，若药残超标一次，就取消分红资格。后来，又发展到社员积分与资金互助挂钩，积分越高，可从资金互助合作社获得的贷款额度就越高，利息就越低。"

2009年，靠着过硬的质量，合作社种植的韭菜卖到38元/斤，其他瓜菜也是优质优价、供不应求。看到对社员实行积分制管理的好

庵上湖村村民

处后，2016 年，庵上湖村党支部一合计，决定把这套好办法引入乡村治理中。

据村党支部委员李晓强介绍，庵上湖村以村规民约形式，对积分制管理加以确定。村里成立积分考核小组，由部分村"两委"干部和村民代表组成，每季度根据村民表现情况进行考核评分，年底汇总公示，整理入档，永久保存，村民积分结果与村内福利等挂钩。

"做志愿服务、好人好事、捐款捐物能加分，种菜不规矩、儿女不孝顺、邻里闹矛盾、卫生不达标要减分。每个季度的分数都在村口张榜公布，这福利发多发少无所谓，可咱庄户人最要脸面，分数低了谁脸面都挂不住。"村民赵继宏说。

唐家店子：信用"红黑榜"让穷村翻了身

果蔬、杂粮等产品在电商平台上供不应求，大棚里种植的草莓、葡萄引来无数游客，集约化育苗中心、田园综合体等新项目正在紧张有序地建设……走进潍坊市昌乐县乔官镇唐家店子村，就能感受到这片热土上涌动着的乡村振兴浪潮。

几年前，唐家店子村还是一个"失信村"，由于村集体经济薄弱，无力偿还贷款，上了县农商行的"黑名单"。"村集体想盘活资产，村民想发展高效设施农业，都因为贷不到款而有心无力。"村党支部书记张德增回忆。

2016 年起，唐家店子村新一届村"两委"痛下决心，重塑诚实守信的村风民风。先是通过对集体资产发包经营的方式，偿还了银行贷款；随后组建起村庄诚信宣讲队，设立诚信"红黑榜"，开始了信用治村的创新实践。

唐家店子村所获荣誉

据县委农办主任、县农业农村局局长黄军清介绍，该村"两委"与当地工商、税务、物价等部门联系，组织村民参观诚信经营图片展，引导村民树立"守信光荣、失信可耻"的观念。村中心大街立起诚信"红黑榜"，诚实守信做好事的村民上红榜，做事不实评分低的村民上黑榜。几年努力下来，唐家店子村良好的村风民风换来了县农商行的重新支持，在该村试点建设了银村合作平台，后来又获评山东省农商行"金融支持乡村振兴"省级样板村。

资金问题解决了，唐家店子村由16名党员干部带头，发动105户村民土地入股，注册成立了润海土地股份专业合作社和五棵松果蔬专业合作社，充分发挥合作社的集聚带动作用，推动农业向规模化、标准化、产业化和品牌化发展。

近年来，该村还将信用治村与新时代文明实践相结合，发动村里的文艺爱好者，把村民诚实守信、邻里和睦、拾金不昧的先进事迹编成顺口溜、快板等。村民张海强笑言："讲文明、做好事，积分高了上红榜，在村里走着都有劲儿。"

济南市章丘区三涧溪村：党建引领，激活乡村振兴新引擎

　　这里既有古村的石磨旧屋，也有新区的人脸识别门禁；既有新型农业耕种，也有火树银花的不夜街；既有古色古香的美食街，也有时尚的拓展培训……在济南市章丘区三涧溪村这个古老的乡村，党建激

2018年，济南市章丘区双山街道三涧溪村党群服务中心外景

活乡村振兴新引擎，勾画出产业兴旺、生态宜居、乡风文明、治理有效、生活富裕的新图景。

党建引领，"问题村"打了翻身仗

2020年4月20日中午，忙完午饭的赵顺利从自家小吃铺中走出来，下午他要开着铲车出工，59岁的老赵觉得"日子更有奔头了"。去年，他买了辆铲车，还在美食街开起"赵顺利特色小吃铺"。对于未来，他信心满满："日子一天一个样。"

搭上了致富快车，在三涧溪村，"一天一个样"的不只是村民生活，还有整个村子的发展。

曾经，三涧溪村是出了名的"问题村"，连换了6任支部书记也无济于事。如今在村党委书记高淑贞的带领下，党员群众拧成一股绳，打了漂亮翻身仗。

在高淑贞看来，乡村振兴的秘诀，就是要带领党员群众听党话、跟党走，要有信仰、干实事。高淑贞带领大家从文件、政策中找思路、找办法，对照解决村里实际问题，着力促进一、二、三产融合，将党建渗透到各个经济增长点之中。

几年来，村党支部实行"群众事、党员办"，引导党员积极参与村级事务，实施"一面旗帜"带动群众、"一线通"连接群众、"一张卡"便利群众、"一支队伍"服务群众、"一个职介所"致富群众。群众什么方面不满意，党支部就在什么方面下功夫，千方百计为乡亲们排忧解难。一系列立足实际、行之有效的有力举措，抓住了乡村振兴的根本，实现了三涧溪村由乱到治、由穷变富、由弱到强的历史性转变。

走在村中，处处呈现一派忙碌景象。

村东的美食街已经在装修，并已启动招商，预计 6 月 1 日开街。旁边的荷花池，莲藕已经埋下。不夜街的灯光也在安装中。紧邻的老宅子正在修缮，改造为民宿。在村北，集科研、种养殖、采摘于一体的农创园焕发生机，"薯立方" 20 多个大棚里村民正在出地瓜苗，今年预计出苗近千万棵。村东南侧，产业园区先后引进引办了 72 家企业，乡村振兴学院已投入使用。

此外，这两年村里先后投资修建了学校塑胶跑道、法治文化广场、康养休闲区、环村路等设施，2020 年前已实现了 5G 信号覆盖，智能化车棚、人脸识别门禁、智慧监控等智能化社区管理手段都在建设中。2018 年，村固定资产为 1.13 亿元，到 2020 年，已超过 2 亿元。

支部建在产业上，村民人均收入年均增长 10% 以上

"把支部建在产业上"，成为三涧溪村党组织引领产业发展的重要 "法宝"。

年过花甲的村民于成爱，在乡村振兴展馆打扫完卫生，喜欢到外面晒晒太阳。家里的十几亩土地流转出去，一年收入 16000 元，于成爱除了打扫卫生，去年还入股了巾帼商贸专业合作社，享受分红，吃穿不愁还有富余。"如今不懒不馋都能赚钱有饭吃。"于成爱说。

村里不少年龄偏大的女性，没法出去打工，如何盘活、动员她们？去年，高淑贞提出成立 "娘子军" 合作社，主打土特产和工艺品销售。在党支部带领下，去年 7 月 1 日巾帼商贸合作社注册完成，从提出想法到落地不到 10 天。高淑贞跟百脉泉酒厂洽谈，推出了三

涧溪地道酒作为主打产品。群众纷纷要求入股，为了让更多家庭受益，规定每人入股不超 1 万元。合作社负责人刘淑美介绍，最终 109 人入股，全部为女性，其中 50 岁以上的占到六七成。半年时间，合作社纯收入就达到 6 万元。

合作社一分红，越来越多村民被带动起来。如今村里已成立了绿涧生态农业、巾帼商贸、古村旅游、四邻餐饮、素腾养种植 5 个合作社。目前还在紧锣密鼓地推进美食街、民宿、商贸楼、儿童乐园、生态大酒店等合作社。

除此之外，在美食街和民宿区，乡村振兴合伙人模式正在成为新的致富路径。"以美食街为例，村委会＋运营公司＋合作社成立新的公司。"高淑贞介绍，美食街可以成为劳动就业、创业培训基地，也可以通过三产服务解决剩余劳动力就业问题，村里包括周边村子的农副产品都可以进到这个篮子里，一举多得。

经过努力，三涧溪村集体收入由 2018 年的 263 万元，增加到 2019 年的 303 万元，如今村民人均收入年均增长 10% 以上。

党员带动，群众跟着学跟着走

"经济发展乘上了动车，思想观念不能还坐大牛车。"高淑贞认为，党建要渗透到乡村治理的细节，渗透到精神文明建设，渗透到民风、家风中。

疫情期间，千辆私家车在村里停放，车位不足，由此产生的邻里矛盾、安全隐患等问题都暴露出来。

为一竿子插到底解决问题，党委开会部署，党员干部、党员骨干带头整车位、铺装、划线，一个半月划出 500 多个车位。解决了停车难题，规范了秩序。

为了发挥党员带动作用、将治理延伸到末梢，三涧溪村还实行"四邻联动""四人一栋"管理方式，一个党员带动四邻，一栋楼由楼长、消防、楼栋、绿化四个人实现小网格化管理。党员起到了模范带头作用，群众就会跟着学、跟着走。

榜样的力量正在显现。疫情期间，赵顺利第一个来到村党委，捐赠出 1000 元："国家有难，咱们也尽自己一份力。"

如今的三涧溪村党员群众拧成一股绳、劲儿往一处使，为乡村振兴注入强大动力。

十一、法制维权篇

近年来，山东坚持以习近平新时代中国特色社会主义思想为指导，深入学习贯彻习近平法治思想和习近平总书记关于政法工作的重要指示，锚定"走在前列、全面开创""三个走在前"总遵循、总定位、总航标，以推动政法工作高质量发展为主题，认真履行维护国家政治安全、确保社会大局稳定、促进社会公平正义、保障人民安居乐业的主要职责，着力推进更高水平的平安山东、法治山东建设，不断深化政法领域改革，加强过硬队伍建设，有力维护了全省社会大局持续和谐稳定，为新时代社会主义现代化强省建设提供了坚强政法保障。

高度重视平安建设工作，省委成立平安山东建设领导小组，全省16市成立平安建设领导小组或相关工作机制，先后出台《平安山东法治山东建设三年规划（2019—2021年）》《关于建设更高水平的平安山东的若干措施》，形成了部门联动、协作联防，齐抓共管、共创平安的良好格局。

2018年，以习近平同志为核心的党中央作出开展扫黑除恶专项斗争的重大决策部署。山东省各级党委政府闻令而动，打响了声势浩大的扫黑除恶"山东战役"，取得丰硕战果。四年来，全省共侦办涉黑组织252个、恶势力犯罪集团854个，立案查处涉黑涉恶腐败和"保护伞"问题5768起。全省社会治安环境持续改善，营商环境持续优化，党风政风持续好转，人民群众安全感、满意度持续提升。全国调查显示，2021年人民群众对全省扫黑除恶斗争的满意度达97.38%，位居全国第二。

山东持续开展打击治理电信网络诈骗犯罪，强化系统观念、法治思维，注重源头治理、群防群治，坚持靠前一步、主动作为，"打防管控宣治"各项措施多维推进，打击治理电信网络诈骗犯罪工作取得了阶段性明显成效，"全警反诈、全社会反诈"格局基本形成。2021年破获电诈及上下游关联犯罪案件3.4万起，止付资金416.5亿元，"国家反诈中心"APP安装率全国最高，万人发案数全国最低。

好口碑好政策铸就
法律援助 "山东品牌"

2021 年 8 月，司法部发布了 5 个法律援助工作指导案例，山东省一件为农民工讨薪提供法律援助的案例入选，为 "山东品牌" 的法律援助再次增加荣耀的光环。

多年来，无论是一件件具体亲民的援助案例，还是频频推出的便民新政，法律援助在山东铸就了良好的口碑。

成功讨薪，山东法律援助案获评司法部指导案例

2016 年刚过春节，包括家境困难的老刘在内的十多位日照莒县的村民高高兴兴地找到了工作，受雇于山东省日照市莒县某建设工程有限公司。

这家建筑公司虽然不大，但业务线很长，在好几个省都有活儿干，并不局限于日照本地的工程。不怕吃苦又厚道的老刘等人，又是跑新疆，又是去安徽，奔波各地，修渠铺路，以苦为乐，不仅是为了下力气挣钱养家，同时也盼望着能够发财致富。

愿望越美好，失落也越大。工程完工了，该结算工钱了，公司只支付了部分工资，拖欠的 14.5 万元却以种种借口推托。

莒县法律援助中心

老刘预感不好，他别的工作也不找了，带着大家多次向公司催要。公司被缠得没办法，就想出一个招，说是欠的工资给利息。于是，公司出具了加盖公章的书面"借据"，约定7%的年息。但老刘等人手持"借据"，多次到该公司索要剩余工资仍旧无果。

2020年6月12日，老刘等人提出法律援助申请。莒县法律援助中心经过审查后，决定给予法律援助。

承办律师在查阅案件资料后了解到，该公司将本应支付给农民工的工资用于资金周转，拖欠工资数额较大，且该公司在莒县人民法院还有其他案件，资金情况并不乐观。

承办律师担心如果案件通过法院判决，然后申请强制执行程序，将会经过较长时间，具体何时能够执行到位无法确定。鉴于此，承办律师多次与受援人沟通案情，分析案件调解和判决的利弊，决定采用诉讼加调解的手段。

最终，经法院庭前调解，双方达成调解协议，涉案公司同意分期支付拖欠的工资及利息。

因为这一法律援助案例十分典型，切实维护了受援助者的合法权益，受到了司法部的认可，很快就入选了司法部的法律援助工作指导案例。

农民工属于社会困难群体，由于缺乏法律知识，再加上诉讼能力不足，很多农民工因为没有催要工资的维权证据，所诉案件最终经常是以败诉告终。因此，着重保障农民工的合法权益，对于法律援助工作尤为重要。

据媒体报道，仅是2021年上半年，山东省各级法律援助机构就办理了法律援助案件9.87万件，其中涉及农民工讨薪案件1.5万余件，帮助农民工讨回工资2亿余元，切实维护了农民工的合法权益，为山东法律援助工作再次赢得了好口碑。

农民工发放工资现场

承诺即办，困难群众申请法律援助无须烦琐证明

山东法律援助口碑好，不仅仅因为每一位从事法律援助工作的人无私的付出与奉献，还有一个重要的因素，那就是山东在制定法律援助政策方面，一直走在全国的前列。

2021年10月25日，经山东省司法厅批准，山东省法律援助中心制定了《申请人经济困难状况个人诚信承诺制度》。一时间，此措施成为各大媒体报道的热点。

毋庸讳言，法律援助因为面向的是困难和特殊群体，在申请的时候需要开具为数不少的证明，这无形之中给需要救助的人带来了很大的不方便。

该制度规定，当法律援助申请人符合《山东省法律援助条例》规定的经济困难标准，同时又难以提供经济困难证明时，只要选择对经济困难状况进行书面承诺，并对承诺内容的真实性负责，即可申请获得法律援助。

另外，制度还规定八种情形下当事人无须提供经济困难证明，也无须对自己的经济状况作出承诺即可获得法律援助。

这八种情形包括：英雄烈士近亲属为维护英雄烈士的人格权益；因见义勇为行为主张相关民事权益；再审改判无罪请求国家赔偿；遭受虐待、遗弃或者家庭暴力的受害人主张相关权益；无固定生活来源的未成年人、老年人、残疾人等特定群体；社会救助、司法救助或者优抚对象；申请支付劳动报酬或者请求工伤事故人身损害赔偿的进城务工人员；法律、法规、规章规定的其他人员。

这项制度同时还规定，对于虚假承诺的申请人，将会终止法律援助，并要求申请人支付已实施法律援助过程中的全部费用，今后也不

再享有承诺即办的资格。

山东省法律援助中心开启的这一"承诺即办"法律援助模式，是法律援助中心落实"放管服"改革的又一利民便民举措，有力地推进了"减证便民"工作的深入开展，让简化程序、方便当事人申请法律援助迈上了新台阶。

全程监督，法律援助确保高质量群众才有获得感

除了减证便民，简化程序，确保为群体办实事，更重要的环节，还包括好政策如何执行好，好政策如何落到实处。简而言之，只有把每一件援助案件做到高质量，才能保障"山东法律援助"品牌的美誉度。

2016年10月，山东省司法厅出台了《山东省法律援助案件质量监督管理办法》，这一管理办法消弭了法律援助案件可能出现质量问题的关键环节，旨在全程监督法律援助案件的质量。

只有高质量地做好每一件法律援助工作，才能让困难群众在法律援助中权益得到保障，真正有获得感。

根据监督管理办法，我省各级法律援助中心，都设置法律援助案件质量监督岗位，配备质量监督员，全程监督法律援助案件办理情况，对发现的问题及违规行为应当及时向司法行政机关报告，并通知相关律师协会、基层法律服务工作者协会、公证协会、司法鉴定协会。

同时，法律援助案件监督的内容非常细致，如同"天眼"一样，时时监控着每一个法律案件的动态进程，其监督内容主要包括：

首先是在各级法律援助机构在作出给予申请人法律援助决定之

前，是否以书面形式告知其权利和义务；法律服务机构是否在 24 小时内安排承办案件的法律援助服务人员；法律援助服务人员无特殊原因，是否在 3 日内接待案件当事人，制作谈话笔录，办妥委托代理手续。

其次是法律援助机构工作人员是否在诉讼案件受理之后和开庭之前，电话回访受援人和承办案件的法律援助服务人员；法律援助服务人员是否及时书写递交相应法律文书，进行必要全面的调查取证，按时出庭；刑事案件的委托手续是否征得受援人的同意并签字确认，会见过程、会见笔录是否符合要求，有无违法违规行为；起诉（上诉、申诉）书、答辩状、代理词、辩护词等法律文书能否全面、客观、准确提出法律意见。

此外，重大疑难案件是否经过讨论研究，重大情况有无及时向司法行政机关报告；有无拒绝、怠慢、拖延或无正当理由中（终）止法律援助事项的行为；法律援助事项完成后，是否按时交卷归档，及时报送审查；有无其他违法违规或有损法律援助信誉的行为。

法律援助工作的核心目标，是真正为困难群众排忧解难，切实维护困难群众的合法权益。山东省法律援助之所以拥有好口碑，之所以成为"山东品牌"，正是因为这些层层递进的配套政策，确保了法律援助工作一步一个脚印，稳步取得一个又一个傲人的佳绩。

2021 年 8 月 20 日，十三届全国人大常委会第三十次会议表决通过《中华人民共和国法律援助法》，自 2022 年 1 月 1 日起施行。

在这部法律援助法的指导下，山东省法律援助工作会让广大需要救助的困难群众获得更加充分的法律援助服务，"山东品牌"的法律援助也将在新阶段迈向新辉煌。

青岛反诈中心，全天候守护百姓"钱包"安全

据中国之声《新闻晚高峰》报道，近几年电信诈骗事件高发，犯罪分子作案手段不断翻新，受害人一旦中招，追回损失的可能性很低。为破解困局，青岛市反电信诈骗中心于 2016 年 9 月应运而生：公安、银行、电信运营商等部门共同组建了统一的指挥作战平台。五指成拳，形成合力，以快制快，以专制专，从而全天候 24 小时精准地阻击了电信诈骗。

一年多帮群众避免经济损失近亿元

2017 年 5 月份，家住青岛市李沧区的宫女士，接到一个陌生的来电。来电谎称是公安机关办案的电话，并一直威胁宫女士按他的指令办，否则后果自负。

宫女士感到十分恐慌，就按照来电者的要求，购买了新的手机号码，同时关闭了之前的手机号。

接着，对方要求宫女士把家中所有的银行存款和理财产品共计 80 余万元，汇到他指定的所谓"安全"账户上。

青岛市反诈中心的民警根据市民提供的线索，发现了这起数额巨

反诈小课堂

大的诈骗案件。反诈中心立即组织电信、银行、公安各部门紧急联动。

终于，在宫女士即将把 80 多万元汇到诈骗分子指定账户时，公安民警及时出现在了她的面前。民警耐心地向她揭露了这一诈骗骗局，阻止了汇款，成功避免了宫女士的巨额财产损失。

除了宫女士之外，反诈中心的民警已经阻止了上万次此类诈骗行为，并且尽最大努力挽回市民的损失。

据了解，青岛反诈中心成立仅仅 18 个月，就接到报警 1.5 万余起，破案 800 余起，成功劝阻 2 万余人，止付冻结涉案账号 8000 余个，避免损失近亿元。

同时，反诈中心还封停诈骗电话数千个，有效阻断不法分子继续利用该批号码实施诈骗。

据介绍，电信诈骗的另外一个手段，就是通过伪基站发送虚假诈骗信息，为了打掉这个"毒瘤"，青岛市反电信网络诈骗中心加大打击力度，即时发现即时打击，从源头截断诈骗信息传播渠道。

此外，反诈中心牵头各个反诈专业队，通过综合研判，捣毁伪基站、黑广播窝点 90 余个，有效打击了诈骗分子的嚣张气焰。

全天候 24 小时应对警情精准狙击

2016 年 9 月 9 日，青岛市反电信网络诈骗中心在市公安局刑警支队挂牌成立，由专人 24 小时接警，凡是电信诈骗报案都由这里统一受理。

青岛反诈中心同时也是山东省东部地区的指挥中枢，淄博、东营、烟台等其他 7 地市警方也将派民警在此轮值，确保能够在第一时间落地查找被害人，并开展防范拦截。

虽然青岛反诈中心办公面积不大，但是各个功能区域一应俱全。接警大厅内，民警向咨询的市民详细解答相关问题。在办公室一面墙壁上，挂满了市民送来的锦旗，在多功能视频会议室内，反诈中心的民警正在给前来参观学习的市民讲解反诈骗知识。

青岛反诈中心由公安、金融监管机构、通信管理部门等 25 家联席会议成员单位组成，承担对电信网络新型违法犯罪信息的接警处置、技术反制、研判打击和预警宣防等职能，并引入移动、联通、电信三大运营商。

青岛反诈中心利用三方通话平台，110 指挥中心将报警人员电话推送到中心接警平台，接警人员在获取涉案账号和通讯号码的同时，分别转到警情审核、银行、电信等岗位，实现快速、专业、准确处置。同时，工、农、中、建、邮五家银行及相关警种的专业技术人员常驻中心。

据中心民警介绍，凡是涉及电信网络诈骗，市民可以通过拨打110报警电话，由110报警平台推送到反诈中心的接警平台，由专业民警进行解答、受理、咨询。

接到报案后，负责案件的警员同在反诈中心办公的电信运营商和银行派驻人员根据相关信息同步开展工作。

其中，电信运营商负责对涉案电话号码快速关停、封堵关停"钓鱼网站"，清理网上虚假有害信息。银行对涉案账户进行紧急止付和冻结查询。

而以前，民警需要亲自前往银行进行止付，如果是省外案情又非常紧急的情况下，还需要携带查询冻结通知书乘飞机前往涉案账户所在地，耗时耗力。

青岛市公安局刑警支队相关负责人表示，这种模式主要是想要从案件处理的效率出发，让银行和运营商都进驻到中心，让他们带着最大的资源和最大的权限，主要为了能够实现"快"，快接警，快止付，快查控。

这位负责人还说，特别是对于有条件止付的案件，直接拿到账号，在中心就可以做到直接止付，如果有转移账户，全国各个省市也都建了一些反诈中心，跟他们的平台之间也有联系，也可以很快地做到止付，最大化减少损失。

反电信诈骗是全民参与的"持久战"

如今，诈骗分子无孔不入，电信诈骗的其中一个重要特点就是其犯罪日趋职业化，电信诈骗犯罪团伙组织越来越严密，且分工明确，各司其职，一般由技术、信息、通话、转账、取款等几批人马组成。

"犯罪嫌疑人的诈骗方式总是不断翻陈出新，打击难度也越来越大。"青岛市公安局刑警支队六大队民警表示，"在不断打击的同时，仍然不断有市民在上当受骗，而且犯罪分子的手段也在不断升级。"

与之相对应的，警方反诈骗举措也在不断提高，反诈中心的民警也在加强学习。经过实战锻炼，反诈中心大多数民警也都成长为了反诈骗的"专家"。

但是，打击电信诈骗犯罪最好、也是最行之有效的方式，就是增强市民的防范意识，让犯罪分子失去诈骗的土壤。

因此，青岛反诈中心一直把反电信诈骗知识的宣传放在重要的位置。他们通过认真研究电信诈骗手段和规律，分析受骗群众的心理特点，自编教材课件，掌握授课技能。

中心牵头各分、市局联合各大媒体和相关部门，通过制作宣传材料、拍摄视频短片，编排文艺节目，预警提示连载、反诈主题宣讲、

防范电信网络诈骗犯罪知识讲座

媒体宣传报道等群众喜闻乐见的形式，深入社区、企业、学校、商场、银行等场所开展多角度、多层次的反诈宣传，如今不少的社区、学校、企业也都成为反诈宣传阵地。

"宣传反诈骗不仅要走出去，还要引进来，多管齐下扩大反诈骗宣传的覆盖面和影响力。"反诈中心的民警说，针对层出不穷的骗局，他们主动去邀请一些老师、学生、社区爱心志愿者到反诈中心参观学习，给他们讲解反诈骗知识，让他们成为反诈骗的志愿者，让更多人了解不法分子的诈骗手段，以此降低受骗率。

民警表示，防范和打击电信网络新型违法犯罪是全民参与的一场"持久战"。

据介绍，反诈中心将按照"防范为主，打击跟进"的工作原则，不断加强和完善"政府主导、实战引领、部门联动、警企联合、技术反制、以快制快"的防范打击工作机制。

同时，反诈中心将继续发挥防范打击工作中的集约优势，争取全社会的支持与配合，形成"警民联动、有效防范、精准打击、高效互动"的新格局，全力维护人民群众合法权益，坚决打赢这场反诈骗人民战争。

青春由磨砺而出彩！
"泉城义警"登上《焦点访谈》

　　济南市历下区的"泉城义警"是一支以摩友为主体的公益社团组织，成立于 2019 年 6 月。谁也没想到，这支以服务社区"小事"为旨归的志愿者队伍，却在为民服务过程中"义"动全国，以其正能量而登上焦点访谈，生动诠释了只要愿意为社会奉献爱心，即事事可为，时时可为，处处可为，人人可为。

"泉城义警"登上《焦点访谈》

　　2020 年 5 月 4 日晚，央视《焦点访谈》以《青春由磨砺而出彩》为题，报道了济南市历下区燕山街道"泉城义警"志愿服务团队积极开展志愿服务活动的故事。

　　疫情期间，志愿队员们第一时间赶赴社区抗击疫情的"战场"，连续三个多月坚守在社区防控一线，配合社区工作人员及时开展上门随访、体温监测、社区封闭、防控消毒等工作，被社区群众称呼为"社区卫士、抗疫先锋"，入选"山东战'疫'最美志愿者"群体。

　　金衍虎便是这个团队里的一员，1992 年出生的他，算是队伍中最年轻的一个。他是一名退伍军人，也是槐荫区交警大队一名辅警队

2020 年 1 月"泉城义警"队员排查进入小区车辆，为外来人员测量体温

员，工作之余在"泉城义警"这支队伍中担任教官一职。

"我是一名军人，更是一名党员，当祖国需要我的时候，我必须肩负起军人的责任与使命。"铁骨铮铮的誓言让他在春节期间疫情防控最为严峻的那几天没有丝毫犹豫退缩。

晚上，他在济南北高速路口做防疫检查工作，下了夜班便接着赶到社区参与防疫工作，那段时间，连轴转成为他生活的常态，他用实际行动彰显了退伍不褪色的军人气概。

随着疫情防控形势不断转好，在做好社区防疫工作的前提下，金衍虎和他的"战友们"也主动承担起了越来越多的社会职责，将服务市民的道路越走越宽。

2019 年 12 月，两轮电动车挂牌业务在济南全市铺开，随后因受新冠肺炎疫情影响，济南暂停电动车挂牌业务办理，直到 2020 年 3

月，因国内疫情形势持续转好，济南市才重启电动车挂牌业务。

根据相关规定，从 2020 年 6 月份开始将全面禁止无牌照电动车上路，大量没有挂牌的电动车要在两个月内完成挂牌计划，任务十分艰巨。

在这一背景下，"泉城义警"志愿团队主动领取任务，在做好社区防疫工作的同时，安排人员协助交警和社区人员进行车辆挂牌，除此之外，志愿团队还会利用中午时间，前往各商务大楼提供上门挂牌业务，为市民提供便利的同时展现了志愿者的社会担当。

"在春节之前我们就在工作之余协助交警进行电动车挂牌业务，除了发放牌照外，也会帮着市民挂车牌。"燕山街道和平路北社区党委书记兼"泉城义警"志愿服务队大队长于永峰说："我们的队员都是摩托车发烧友，因平时修车需要，工具相对齐全，挂车牌更是得心应手。"

和平路北社区居委会是历下区电动自行车挂牌代办服务点之一。每天从居委会路过的市民都可以看到：社区工作人员、历下交警大队车管所民警、泉城义警志愿者，大家各司一职有条不紊地忙碌着。一辆又一辆的电动车根据他们的指点放置在固定位置，出示证件、查验材料，发放牌照。

为民纾困凝聚青春正能量

"喂，是于书记吗，需要麻烦你个事情，老伴身体不好，我在家照顾他出不去门，家里又没菜了，看能帮我买点菜回来吗？"

正在给队员们开会的于海峰接到辖区居民丛阿姨寻求帮助的电话后，便立即安排人员出去买菜，而这个工作便落在了金衍虎的身上。

"我对丛阿姨比较熟悉，在之前疫情防控的关键时期，就经常帮她买菜，现在虽说疫情形势有所好转，但考虑到老人的安全，买菜这件事也就一直延续了下来。"金衍虎说。

从阿姨的丈夫身体不好，她自己腿脚也不太方便，子女们又不在身边，"泉城义警"志愿团队平时都会帮他们做一些力所能及的事情。

据了解，作为志愿服务组织，"泉城义警"成立后便一直致力于社会公益事业，相继开展高考护航、红色教育、泉马保障、唐马开道、精准扶贫、爱心助困等活动，每当市民有需要时，他们就会挺身而出、温暖大家。

"除了从阿姨外，我们与大多数困难户都建立了密切联系，他们有需求可随时打电话，我们将会第一时间上门送服务。"金衍虎如是说。

作为"义警"，他们充分发挥摩托车机动、灵活、便捷等优势，协助历下公安燕山派出所和历下交警在辖区的重点路段、校园周边及重点单位展开治安巡逻工作，协助相关部门进行路线指引，秩序维护，人员疏导，有效防范和震慑各类违法犯罪活动，切实提高了辖区见警率，以积极诚恳的努力和实实在在的工作赢得群众的真正满意。

"在参与社会公益服务当中，虽然有时比较累，但我们每个人都感觉每天过得很充实，不仅遇到更多志同道合的朋友，也获得了市民的认可和赞誉，相信通过我们的努力，一定会把'泉城义警'这个品牌做得更加强大。"

金衍虎表示，只要愿意为社会奉献爱心，时时可为，处处可为，人人可为。

人人爱济南，处处有义警

现在，"泉城义警"已经成为济南的一大特色品牌，志愿者们通

泉城义警开展"一盔一带"交通安全宣传活动

过行动,在社会中传递爱心,传播文明,时时处处维护着省会济南的良好形象,彰显着整座城市的文明品质,最终汇聚为文明城市的一股暖流,潜移默化地温暖着整座城市,让每一个市民都能从中受益。

2021 年 9 月 16 日下午,济南公安"安全感满意度"主题问政启动暨爱济南·泉城义警成立仪式在济南市公安局举行。

这是为了深入推进公安队伍教育整顿,认真贯彻落实全市公安机关"提升安全感满意度六大攻坚工程",济南市公安局与爱济南新闻客户端联合开展"云问政",共同策划济南公安"安全感满意度"主题问政活动。

新成立的爱济南·泉城义警,目的就是增强群众参与社会治理的集体意识,营造共建共治共享社会治理新格局,创造社会治理"人人参与、人人尽责、人人共享"的良好局面,这种"警察+义警"专群结合的创新模式,对提升居民安全感满意度、建设"平安济南"具有重要意义。

2021 年 11 月 18 日下午 3 点多，一位老人来到济南闫千户村委大院，声称外出遛弯时迷路，找不到家。此时正值泉城片区义警队员巡逻，队员们马上将老人搀扶到室内仔细询问。

经询问，得知老人已经 90 多岁了，由于老人不能说清居住的小区和楼号，经过多方调查走访和老人回忆，最终确定了老人在千户豪庭居住，由义警队员将老人安全护送回家。

安全到家后，老人的老伴正在焦急地等待着，看到亲人安全回家，老人喜极而泣，拉住义警队员的手连声道谢。队员们一再叮嘱老人以后尽量避免独自外出，并送给老人一张身份信息联络牌，告诉老人外出时佩戴，方便与家人联系。

泉城片区义警作为"泉城义警"的延伸，是确保辖区治安秩序的持续稳定，筑牢维护社会治安的前沿阵地。

这是济南市槐荫公安分局段店北路派出所按照"专群结合、依靠群众"的方针理念，率先在闫千户村居建立"泉城义警 1+3"工作模式，组建的"夕阳红""萤火虫""青春飞扬"爱济南·泉城义警巡逻队。

片区义警队成立以来，每天坚持社区巡逻，在辖区大街小巷处处可以见到他们的身影，打造了社会治安防控体系坚强有力的"警民联防"基本作战单元，形成了整体防控局面，成了辖区一道靓丽的风景线。

剑不入鞘！扫黑除恶战果赫赫

全国扫黑除恶专项斗争开始后，山东各地迅速向黑恶势力发起凌厉攻势，坚决打好、打赢扫黑除恶这场硬仗。山东省委、省政府以打好打赢扫黑除恶"山东战役"为战略目标，在全国首创了"五级书记"抓扫黑除恶的工作机制。各级主要领导把专项斗争作为"一把

应命出击的人民警察

手"工程抓在手上，政法部门更是发挥"主力军"作用，实施兵团联合作战，取得了赫赫战果。

全国扫黑办挂牌督办，山东除掉硬茬"黑大队"

2020 年 8 月 19 日，全国扫黑办举行挂牌督办案件第 4 次新闻发布会，发布山东杨彦军案等 4 起垄断行业领域的黑恶势力犯罪典型案件，冒充公安民警垄断烟花市场的杨彦军案位列第一。

山东省扫黑办归纳此案有 4 个特点：涉案人员多、暴力特征明显、涉案资产多、拉拢腐蚀公职人员充当"保护伞"。

"当年做生意血本无归，机动车被强行开走，还被无故辱骂殴打受伤，家中生活一度陷入绝境。"谈及过往，受害人王志强老汉泣不成声。

曾让王志强陷入绝境的"黑大队"共 20 余人，他们在杨彦军的领导下建立了结构紧密的组织，非法配备了仿警用稽查车辆、特警制式服装、警用装备，还通过伪造政府文件、公章，假借政府部门职能，只要不是从他们公司购进的烟花爆竹，无论是经营者、销售者还是消费者，都会遭到他们的殴打，并被抢夺没收烟花爆竹。

从 2006 年杨彦军成立"黑大队"，到 2018 年 2 月被立案查处，该团伙垄断邹城市烟花爆竹市场长达 13 年之久，致使当地烟花价格远高于其他地区，杨彦军也因此攫取了巨额经济利益。在侦办杨彦军案过程中，办案人员共查封房产 6 处，扣押涉案车辆 4 部、烟花爆竹 500 余箱、酒水 4173 箱，冻结存款人民币 2800 余万元。

"黑大队"何以如此猖獗？据山东纪委监委通报，邹城市原副市长康建国等人给他们充当了"保护伞"。11 年前，康建国违规批准邹

邹城市杨彦军涉黑性质组织案庭审现场

城市安监局关于不再审批设立其他烟花爆竹批发经营企业的请示，为杨彦军的安庆公司垄断经营提供了便利条件。长年来，康建国等人还多次收受杨彦军所送购物卡和提货券。

据透露，本案共依纪依法查处 30 名公职人员，分别给予党纪政纪处分，涉嫌犯罪人员移送司法机关依法处理。

经过 13 天庭审，2020 年 7 月 7 日，济宁市中级人民法院二审宣判，杨彦军以组织、领导黑社会性质组织罪，寻衅滋事罪，非法搜查罪等七项罪名，被判处有期徒刑二十年，剥夺政治权利四年，并处没收个人全部财产。其他 28 名被告人分别被判处十三年六个月至一年五个月不等有期徒刑。

全国首创，山东"五级书记"抓扫黑除恶

山东省委、省政府以打好打赢"山东战役"为战略目标，按照治标、治根、治本、管长远的推进主线，筹划部署"山东战役"实施方

案，区分为声势战、攻坚战、破袭战、阵地战"四个作战阶段"，聚焦"十个重点"实施打击行动，推动专项斗争无缝衔接、梯次推进。

山东在全国首创了"五级书记"抓扫黑除恶的工作机制，各级主要领导把专项斗争作为"一把手"工程抓在手上，许多市县扫黑除恶专项斗争领导小组实行党政主要领导亲自挂帅的"双组长制"。政法部门发挥"主力军"作用，省委政法委牵头，联合省直20多家成员单位实施兵团联合作战。

各级还注重发挥考核督导"指挥棒"作用。省委、省政府将专项斗争纳入对各市经济社会发展综合考核体系，从战果和线索核查两方面进行定量指标考核。

紧盯大案打攻坚战。聚焦中央确定的10类重点黑恶势力，调整打击部署，集中优势兵力，加大破案攻坚力度。对影响较大的重点案件，采取挂牌督办、提级办理、异地用警等措施，排除干扰，推动案件实现突破。

循线深挖打目标战。坚持精准识别案件线索，立起打击靶标，各个歼灭黑恶犯罪分子，确保打得主动、打得精准、打出成效。全省部署开展了以"黑恶积案清零、问题线索清零"为目标的"百日会战"行动。

扭住重点打破袭战。坚持以破案攻坚开路，以"打伞破网"断根，以"打财断血"绝后，通过打掉"外援"，彻底把黑恶势力根除。对已侦破的案件，逐案过筛，梳理查找党员干部和监察对象涉黑涉恶腐败问题线索。抓捕涉案人员与清查涉案财产同时进行，深挖犯罪线索与彻查利益链条同向发力，彻底斩断黑恶势力资金链条和伸向经济领域的黑手。

灵活机动打麻雀战。针对各行业领域排查出的线索，依法依规处置。对易滋生黑恶势力的重点行业和领域，健全和落实市场准入、规范管理、重点监控等日常性工作机制，堵塞管理漏洞。

依法依规打法律战。严格依法依规依纪精准办案、处置，不凑数拔高，不降低依法办案门槛。对重大涉黑涉恶案件，第一时间启动案件会商机制，加快案件在公安机关、检察院、法院之间的流转，提高办案效率。

密切配合打协同战。纪检监察机关与政法机关合力"打伞破网"，公安机关与金融领域相关部门携手"打财断血"，政法机关与各重点行业领域配合整治行业乱象等，形成了合力共为、合作共赢的工作格局。

夯实基础打堡垒战。各市对"两委"候选人逐一"过筛子"，全面清理受过刑事处罚、存在"村霸"和涉黑涉恶等问题的村干部，进一步优化农村干部队伍，提升党组织战斗力。

广造声势打舆论战。实施宣传"三个一"工程，即宣传一批先进典型、制作一批典型案例警示教育片、组织开展媒体记者集中暗访活动，定期召开新闻发布会，营造强大整治声势。

在扫黑除恶斗争中，各级挑选精兵强将，充实到各个工作专班和斗争一线，并通过办班培训、大会战、沙场砺兵，提高政法干警履职能力，锻造能打胜仗的刀尖铁拳。广大政法干警号令声起敢受命，危难之时敢舍命，涌现出了一大批"扫黑英雄"。

宜将剩勇追穷寇，山东扫黑除恶战役实现常态化

2018 年至 2020 年，扫黑除恶专项斗争中，山东省各级各有关部门重拳出击，全力清扫，累计打掉涉黑涉恶组织一千余个。

2021 年是常态化扫黑除恶斗争开局之年，山东省向着残余黑恶

势力发起新一轮凌厉攻势，取得显著成效。全省新立案侦办涉黑组织 10 个、涉恶犯罪集团 57 个、涉恶犯罪团伙 25 个，破获刑事案件 1307 起，刑拘犯罪嫌疑人 700 人，进一步巩固扩大了专项斗争成果。

为了在打黑除恶斗争中让老百姓更有获得感幸福感，山东特别针对非法集资、"套路贷"、电信网络诈骗等涉及民生领域的黑恶违法犯罪，开展专项打击行动。

2021 年 5 月 18 日，山东省高级人民法院对潍坊一特大网络"套路贷"恶势力犯罪集团案作出终审判决，主犯傅某被判处无期徒刑，剥夺政治权利终身，并没收个人全部财产，其余 21 名被告人分别被判处十九年至一年三个月不等的有期徒刑。

自 2013 年开始，该犯罪集团在江西、上海等地成立多家所谓"互联网金融"公司，非法获取公民个人信息 19 亿多条，设置"套路"实施诈骗，被害人多达 26 万余人，遍及全国 32 个省（自治区、直辖市），涉案金额 7 亿多元。

为迫使借款人还款，该犯罪集团通过发送威胁侮辱短信、进行语音威胁、合成淫秽图片、电信轰炸等方式，对借款人及其亲朋、同事实施"软暴力"滋扰，造成恶劣社会影响。

潍坊从群众举报线索入手，从全市抽调精干力量组成专案组，一举打掉该犯罪集团。

以打为先、以打开路，全省各级政法机关充分发挥扫黑除恶斗争"主力军"作用，持续保持对黑恶违法犯罪高压态势。

2021 年以来，坚持一手抓积案清结，对专项斗争期间侦办的存量案件加快办理进度，共对 1100 余名被告人提起公诉，对 700 余名罪犯完成一审判决。

截至 2022 年 1 月，全国扫黑办确定的 5 名境内重点目标逃犯已全部缉拿归案。

亮剑执行难，法院直播抓"老赖"引千万网友围观

亮剑执行难，直播抓"老赖"。

近年来，山东各级法院搭建了法院、被执行人、网友三方平台，公开直播抓老赖行动。通过搭建曝光平台和执行行动直播，山东法院阳光执法，织就了舆论围剿"老赖"的天网，震慑了失信被执行人，促使被执行人自动履行义务，收到了良好的法律效果和社会效果。

曝光"老赖"，"法信通·山东省失信被执行人曝光台"上线

2017年7月20日，"法信通·山东省失信被执行人曝光台"上线仪式在济南举行。

山东全省失信被执行人的信息在经各级法院审核后，将会在"法信通"电脑端、手机端以及省内各大媒体公开发布，公众随时可以查询"老赖"信息。

当天，曝光台发布了首期失信被执行人名单，15名自然人和5名公司法人"老赖"被公开曝光。

"法信通·山东省失信被执行人曝光台"由中共山东省委宣传部指导，山东省高级人民法院、大众报业集团主办，山东省高级人民法

院执行局、山东省互联网传媒集团承办，济南仲裁委员会协办。

平台具备公开曝光、公众查询、举报监督、新闻宣传等多项功能，联合多方力量，形成"不敢失信、不能失信"的惩戒防范机制。

这一平台的搭建，在山东开创了人民法院、新闻媒体、仲裁机构、金融机构联合惩戒失信被执行人新模式，是惩戒失信行为、弘扬诚信美德的立体化传播平台。

据了解，全省失信被执行人的信息在经各级法院审核后，将会在"法信通"电脑端、手机端以及省内各大媒体公开发布。除曝光涉民生、涉金融案件外，曝光台在全国首次曝光了限制高消费失信被执行人。

平台还设置被执行人查询、法律服务、众播抓"老赖"等10多个特色栏目，汇聚了山东各级法院发布的抓捕"老赖"的悬赏公告，调动社会群众参与围捕"老赖"。社会公众还可在平台上举报、查询"老赖"，进行法律咨询等。

"法信通·山东省失信被执行人曝光台"的上线，拉开了山东法院全网直播抓"老赖"飓风行动的序幕。

青岛："蓝色风暴"行动直播吸引1500万网友

2018年11月29日上午9时，由最高人民法院新闻局、最高人民法院执行局、山东省高级人民法院联合主办的第三十二期"决胜执行难"全媒体直播活动启动，聚焦青岛"蓝色风暴"冬季执行专项行动，对青岛市市南区人民法院、李沧区人民法院、黄岛区人民法院、胶州市人民法院的5起执行案件进行了现场直播。

上午9点，青岛"蓝色风暴"冬季执行专项行动开始，青岛全市

青岛市城阳区人民法院在"蓝色风暴"春雷执行行动暨城市更新和城市建设执行攻坚专项行动中腾迁别墅

两级法院的执行干警整装出发，奔赴执行现场，对 207 起案件开展执行行动。

9 时 12 分，黄岛区法院执行干警赶到青岛经济技术开发区澎湖道街 86 号，对被执行人青岛友林木业有限公司及其法定代表人尹某某采取搜查等措施。被执行人欠厂房租赁费等 317 万余元逾期不还，前期，法院经网络查控划拨被执行人存款 40 万元，查封车辆 19 辆，经调查，被执行人有偿还能力，但拒不履行生效法律文书确定的义务。当天，执行干警对被执行人办公场所的财物账目、现金财产及尹某某的个人财产等进行了搜查、扣押，并对机械设备、木材等依法进行了查封。

9 时 23 分，市南区法院执行干警赶到青岛市崂山区香港东路 316 号弄海园，对违反"限高令"的被执行人程某某采取拘留措施。被执行人程某某、拉图拉甘国际酒业集团有限公司借款 190 万元，虽与申请执行人达成和解协议，约定了还款期限，但逾期仍不还款。

虽然执行干警在程某某家扑了个空，但下一步，执行法官将拘传程某某到法院，如其仍不还款，则将其涉嫌拒执罪线索移送公安机关，并根据财务账目追查公司财产下落。

9 时 35 分，在李沧区夏庄路 124 号，李沧区法院执行干警对被执行人青岛五月城置业有限公司办公场所展开了搜查行动。该房地产公司在商品房预售合同纠纷系列案件中，拖欠业主逾期交房违约金数百万元，虽与被执行人达成和解协议约定了付款期限，但到期后仍未履行付款义务。

经搜查，执行干警发现了以该公司法定代表人名义开立的十几张银行卡和存折，其中一个账户内有余额 60 余万元，还发现 11 月 22 日至 26 日的高消费单据、近期签订的合同等，多种信息显示该公司有公款私用的情节。直播刚结束，被执行人的法定代表人就与执行法官联系，表示将于今年年底前付清所有款项。

9 时 50 分，在青岛市黄岛区珠江路 1389 号银领国际小区，胶州市法院执行干警对青岛华瑞置业有限公司被执行的 41 套房屋进行确权和移交。青岛华瑞置业有限公司欠款 4598 万余元逾期不能归还，其拥有的 41 套房产，经两次网络司法拍卖，均因无人竞拍而流拍。41 处房产中，有 3 处房产已签订购房合同且交付首付款后装修入住，有 3 处房产已出租给租赁人居住使用。经各方当事人协调一致，41 套房产被以物抵债交付申请执行人。在现场，法官制作了现场询问和交接笔录，向各方当事人宣读、送达了确权裁定。

10 时 20 分，市南区法院干警又赶到位于青岛老城区的德县路 18 号，对一处具体位置有争议的被执行房屋进行现场确认。被执行人崔

青岛市市北区人民法院向当事人集中发放案款，由人大代表现场见证

某某借款 25 万元，并以其名下位于市南区德县路 18 号 101 户的房产作抵押，然后拒不还款，并于 2014 年出国后迄今未归。

慑于全媒体直播的强大压力，在上午直播过程中，被执行人崔某某通过其亲属向申请执行人转账 32 万元，申请执行人同意结案，该案圆满执结。

此次直播持续近 2 个小时，青岛新闻网等 60 余家新闻媒体全程参与报道，1500 余万网友在线观看直播。

据统计，青岛"蓝色风暴"冬季执行专项行动首场战役共执行案件 207 件，其中涉民生案件 175 件，执结 41 件，执结标的总额 5058 万余元，执行到位金额 4851 万余元；达成和解协议案件 15 件，拘传被执行人 7 名、拘留 4 人，罚款 4 案 1.8 万元。

济南："我为群众办实事"全网直播猎"赖"行动

2021年3月23日，济南市历城法院开展了"我为群众办实事"直播执行"老赖"的行动。

早晨6时15分，当大部分人还沉浸在甜美的睡梦中时，济南历城法院执行团队成员及法警，整装待发，开展春季猎"赖"行动。

山东广播电视台《一切为了群众》栏目的记者通过官方抖音、快手等形式进行全网直播，吸引了110万网友围观，短视频最高播放量超过500万人次。

第一站，历城区鲍山花园。

该案系委托执行案件，标的额仅2000多元。被执行人韩某欠账不还，态度特别嚣张，多次传唤拒不到庭。2021年3月12日，法院前往济南市住房公积金中心，查询并扣划了韩学刚住房公积金共计1068元，案款尚余1400元，韩某某依旧赖账不还。

6：30，执行法官敲开被执行人韩某某房门，核实身份信息后，将韩某带上警车，带离时，允许韩某某联系其居住于同小区的岳母来家照看孩子，并留下一名女法警在其岳母到家之前予以照顾。

8：00，到执行局后，韩某还是万般狡辩，执行人员向其释明相关规定，并告知其拒不履行的法律后果。后韩某某迫于执行措施的压力，支付了剩余案款，本案执行完毕。

第二站，历城区花园小区。

该案件是一起抚养费纠纷案件，因被执行人胡某某未按照本院生效裁判文书载明的义务支付抚养费，申请人向法院提出申请，要求被执行人支付2020年3月至2021年抚养费共计11000元。

3月8日胡某某到法院接受询问，称已经履行部分抚养费，确定本案尚有案款 6400 元未予支付。同日，胡某某向法院出具保证书，称将于 2021 年 3 月 14 日前履行完毕。

3 月 15 日胡某某未履行义务，法院多次拨打胡某某电话，均不予接听。法院向其下达传票，要求其于 3 月 19 日到院接受询问也未到。

7：20 分，执行人员到达胡某某住所地，开门的正是胡某某本人。胡某某被带上警车带回执行局。在路上，胡某某就打电话协调筹款。

下午 4 时 30 分，被执行人偿还全部抚养费，本案圆满执结。

直播中，执行干警将执行行动变成了普及法律知识、弘扬法治精神、培育法治信仰的现场，对"老赖"形成了强大震慑，彰显了法院在执法过程中严格执法，善意文明执行的工作作风。

生效法律文书的执行，是整个司法程序中的关键一环，事关人民群众合法权益的及时实现，事关经济社会发展的诚信基础。

经过专项行动，山东法院直播抓"老赖"取得了阶段性的战果，有力维护了司法权威和司法公信力，为全面依法治国基本方略的贯彻落实作出了贡献。

十二、生态环境篇

"十三五"期间，山东认真贯彻落实习近平生态文明思想，牢固树立"绿水青山就是金山银山"理念，工作力度持续加大，生态环境明显改善，美丽山东建设迈出坚实步伐。国家下达的九大约束性指标圆满完成，三年污染防治攻坚战圆满收官，蓝天、碧水、净土等八大标志性战役取得决定性成效。其中，PM2.5 年均浓度较 2015 年下降 37%，优良天数比例较 2015 年提高 14.2 个百分点；地表水国控断面优良水体比例达到 72.3%，优于 2015 年近 20 个百分点；土壤和地下水环境质量总体稳定，污染初步得到有效管控。

　　进入"十四五"时期，在省委、省政府的坚强领导下，全省上下深入学习贯彻习近平生态文明思想和习近平总书记对山东工作的重要指示要求，全省生态环境保护工作取得显著成效，生态环境质量持续向好，PM2.5 浓度连续两年保持两位数改善；国控地表水断面优良水体比例同比改善 13.1 个百分点、改善幅度全国第一，在 2020 年历史性全面消除劣五类水体的基础上，再次历史性全面消除五类水体，实现"十四五"良好开局。

　　"蓝天白云，繁星闪烁；岸绿景美，水清鱼游"，今天的齐鲁大地上，承载百姓希冀的幸福愿景已悄然变为现实。

护黄河之水，享生态之美，
奋力在黄河流域生态环境保护上走在前

　　黄河流域生态保护和高质量发展，是事关中华民族伟大复兴的千秋大计，是重大国家战略。九曲黄河在山东入海。滔滔黄河，哺育了齐鲁儿女，孕育了齐鲁文化，润泽了齐鲁大地。

黄河入海流

然而，生态脆弱是黄河流域最大的问题。作为黄河流域经济最发达的省份，山东是黄河流域唯一河海交汇区，黄河山东段长 628 公里，占黄河总长度的 11.5%，共流经全省 9 个市 25 个县（市、区），是下游生态保护和防洪减灾的主战场。

黄河宁，天下平。治理黄河，重在保护、要在治理。近年来，山东扛牢责任，迎接挑战，大力推动沿黄生态环境保护治理，打造黄河下游绿色生态通道，为黄河安澜贡献齐鲁力量。

护大河之洲，引百鸟来栖

在黄河尾闾的东营新汇海滩上，两只混群的国家一级保护鸟类——勺嘴鹬，正晃着娇小美丽的身形悠然散步。幸运的摄影爱好者、"鸟友"孙杰，把它们的第一次光临定格在影像中。勺嘴鹬是极度濒危物种，全球数量仅存不到 200 对。孙杰说，是黄河三角洲的好生态引来了各种珍稀鸟类的眷顾，成为鸟儿们的"国际机场"。

"刚进 10 月，鸟儿就多起来了！"在黄河三角洲国家级自然保护区从事讲解工作的王彩虹说。20 米高的电线杆顶端，东方白鹳高高站立；湿地中央，天鹅在水中游弋……生态优先，换来了芦苇叠翠、柽柳摇曳、百鸟欢腾。

事实上，作为退海之地，黄河三角洲大部分地区成陆时间短，土地盐碱，植被少，生态环境脆弱。智慧的黄河口人民深知：黄河水沙资源是黄河口湿地生存和发育的根本，黄河水沙量是否丰富，决定着河海交锋的胜负，关系着陆与海的此消彼长。

20 世纪 90 年代，黄河在 9 年时间内平均每年断流 100 天，也就是说自然保护区河段每年近三分之一时间内处于干涸状态，这意味着

东营黄河入海口湿地

海水倒灌，打破湿地生态平衡，黄河口湿地面临生死存亡。

2002 年以来，黄河水利委员会开始实施调水调沙，为自然保护区生态恢复创造了良机。保护区通过筑堤修坝向湿地引水、蓄水，恢复地表径流，补充地下水，用淡水冲碱压盐，以促进湿地的自我恢复、自我发育。

抢引黄河水由此成为保护区人每年的头等大事。自然保护区管委会副主任说，黄河水是湿地的"命根子"，水来了，不仅湿地得以恢复，随之而来的还有鱼类和鸟类种类的丰富和数量的增加。在保护区，鸟类由建区时的 187 种增至 371 种，其中国家一级保护鸟类由 12 种增加到 25 种，每年有 600 多万只鸟经此迁徙、越冬、繁殖。

2019 年以来，黄河三角洲生态建设迎来新契机，保护区人又借机开启了新一轮湿地修复之路。2020 年，黄河三角洲累计生态补水 1.74 亿立方米，相比近 10 年均值增加超过两倍。据了解，大流量生态补水期间，河海交汇线向外最远扩移距离达 23 千米，大大遏制了海水倒灌破坏湿地生态系统的趋势，增强了三角洲湿地生态系统自然修复能力。

除了生态补水，保护区正加快黄河口国家公园建设，逐步走向陆海统筹、河海兼顾，2020 年退耕还湿、退养还滩 7.25 万亩，修复滨海湿地 3.3 万亩。数据显示，2017 年至 2020 年，黄河三角洲自然保护区北部区域湿地面积占比增加 14.96%，南部区域湿地占比增加 10.96%，湿地功能进一步增强。

如今，一幅"蓝绿交织、清新明亮，湿地在城中、城在湿地中"的生态惠民画卷，正在黄河三角洲上徐徐铺展。

抓好大保护，推进大治理

"你看这一泓清水，来之不易！"从事网箱养鱼多年的王梁在泰安市东平县东平湖岸边开了一家特产超市，告别了"老渔民"的身份，他站在岸边，指着蔚蓝的湖面，看着群鸟翱翔。

东平湖是黄河下游最大的湖泊，也是京杭大运河复航和国家南水北调东线工程的重要枢纽。

过去，东平湖 25 万多亩的水域面积中，网箱网围面积一度占到 55%，每年投入湖中的饵料就达 1 万多吨。不仅如此，湖岸村庄遍布、污水横流、杂草丛生，东平湖水一度富营养化，局部水域水质降到了 V 类，生态破坏十分严重。

环境污染的问题日益严峻，把东平县推到了壮士断腕的紧要关头。通过调研探讨，县里决定开展"九大攻坚"综合整治，进行清网净湖、餐船取缔、环湖生态隔离带建设、砂场清理、拆违清障、蒲草清理、船只整治、沿湖村居环境整治、沿湖路域环境整治。东平县全面打响东平湖生态环境综合治理攻坚战，彻底让东平湖变成"美丽湖""幸福湖"。

黄河三角洲和东平湖的变化只是山东大力推进黄河流域生态保护的缩影。

北依黄河的淄博市高青县常家镇天鹅湖村，村民李连平直到现在都清晰地记着当年"十米不见人、张口满嘴沙"的情景，如今荒地变公园、沙尘变清风，高高的黄河大堤上，一条绿色长廊蜿蜒前行，优美的环境促进了乡村旅游业的发展，为当地居民带来了生态红利。

"决不让带着污染的水进入黄河。"泰安市肥城高新区田山灌区（肥城）干渠与河湖连通一期工程开工时，相关负责人指着西面的群将湖说，"黄河水引过来先存入群将湖，再通过泵站提水至大山水库，由大山水库自流至百尺河，然后汇入康王河，实现了干渠与河湖连通，不仅让肥城人吃上了黄河水，还激活了全市的水生态。"

这些实践表明，河流是流动的有机体，全流域是一个生命整体。江河治理，不谋全局者，不足谋一域。黄河流域生态保护需要不断加强沿黄区域联动，深化共治合作。

2021年5月中旬，山东省与河南省签署了黄河流域第一份省际横向生态补偿协议，最高资金规模1亿元。以"协议"来实现生态补偿的目标，是联合统筹黄河流域生态保护的重大举措。

2021年10月底，山东在全国率先实现县际黄河流域横向生态补偿全覆盖，水污染治理从行政驱动转为行政、经济杠杆双向驱动，实现黄河流域生态环境的共担共治共享。

融入服务国家战略，展现山东担当。山东主动加强与沿黄省区的联动合作，与沿黄8个省区对接会商，围绕产业发展、生态环保、科教文卫等7大领域，谋划实施102个跨省合作事项；与国家级科研机

黄河口湿地蓝天白云

构协同联动，与30余家国家级科研机构合作，成立8家野外监测和科研教学平台，建设黄河三角洲生态监测中心，联合开展湿地修复模式等科研攻关，形成20余项可复制推广科研成果。

黄河奔流，见证齐鲁担当。山东将牢记嘱托，勇担使命，切实守好改善生态环境的"生命线"，努力让黄河成为造福人民的"幸福河"。

济南小清河：由"黑"到"清"的嬗变之路

"小河萦九曲，茂木郁千章。"一渠清水，万千鱼虾，绿荫夹岸，舟楫林立，商贾如云。千余个人物、百余条帆船、沿岸的风土人情及田园风貌……山东济南的退休教师杨勇，用一幅 15 米长、0.5 米宽的画卷重现了百年前小清河全貌。

早在 20 多年前，杨勇就开始关注小清河。据他回忆，那时候的小清河，"不见其河，先闻其臭"，和现在的小清河天壤之别。虽然当时的小清河又脏又臭，但杨勇却对这条小河颇感兴趣。每逢周末，他就背上相机、骑着车，在小清河沿岸随走随拍，听沿岸居住的老人讲述小清河的历史。2014 年，他萌发了绘制小清河航运繁荣时期长卷的想法，希望通过这种方式，让更多人了解小清河，把曾经小清河繁荣的航运历史展现给后人。

长期污染得不到解决，治污立下"军令状"

小清河，发源于"泉城"济南，流经滨州、淄博、东营、潍坊等 4 市，至寿光羊角沟入海，全长 237 公里，是济南市城区唯一对外排污、泄洪的河道。

小清河实现岸绿水清景美

曾几何时，小清河藕池遍地、风光宜人，拥有济南八景之一"鹊华烟雨"的美景。但由于济南市地形南高北低，城区所有18条河流均注入城北地势低洼的小清河，致使小清河成了济南的"城市下水道"，水质长期处于劣Ⅴ类标准，污染日益严重。

1996年，开始对小清河进行第一次大规模治理，2007年再一次开展综合治理工程。2012年，山东省政府提出要求，到2015年小清河流域干流要达到水环境功能区标准，主要支流消除劣Ⅴ类水体。

2017年8月，中央环保督察组对山东省开展环境保护督察，反馈意见中明确指出，济南市建成区污水直排、雨污混排、污水处理厂超负荷运行等问题突出，城区每天约6万吨生活污水直排小清河，导致小清河流域污染问题长期得不到有效解决。随后，济南市对11名履职不力的相关责任人员进行了严厉追责。

在2018年城市黑臭水体整治环境保护专项行动中，小清河再次被认定为"黑臭水体未消除"。督查组指出，小清河整治段下游发现非法排污口，市水质净化一厂超负荷运行，造成每天5万至6万吨污水未处理直接排入小清河。生活在小清河沿岸的居民苦不堪言，每天经过时总能看见一股股深色的水流从岸边溢流口中喷涌而出，溅起白色的泡沫，空气中弥漫着刺鼻的臭味，选择搬离的居民越来越多。

为彻底治理小清河的污染问题，近年来，济南市生态环境局统筹做好水污染治理有关工作，打通信息壁垒，生态环境、水务、城管、农业等部门构建联合督导机制，形成治污合力；联合市纪委、检察院，通过公益诉讼、生态环境损害赔偿、联动执法等手段，以督促改，以改促变，破解治污难题。各部门、各区县纷纷签订污染防治"军令状"，层层落实责任，形成上下联动、左右协调、齐抓共管的工作模式。

全流域综合治理，小清河由"黑"变"清"

治理过程中，济南首先坚持精准施策补短板，源头防治减污染。全市不断加大污水处理厂设施建设力度，三年累计新增污水处理能力42.1万吨/日，实施污水厂之间污水管网连通工程，各污水处理厂处理水量不平衡矛盾得到有效缓解。截至2019年底，建成区内共建成市政污水管线3211公里，雨水管线3117公里，城市生活污水得到有效收集；完成城区31条黑臭水体治理，以支流保干流，为小清河实现长治久清奠定了基础。

同时，济南从严审批高耗水、高污染建设项目，对造纸、焦化、印染行业实行减量置换。全面深化供给侧结构性改革，对过剩产能企业和"两高一低"企业坚决关停，累计完成济钢集团、裕兴化工厂等66家工业企业关停搬迁，取缔非法"散乱污"企业7190家，济南二

机床集团有限公司等 8 家小清河流域涉水企业转型为绿色工厂，实现
了从源头上减少工业污染排放，还济南市民以绿水青山。

另外，济南发挥考核指挥棒作用，通过河流断面考核、排水设施
考核、水十条重点攻坚任务考核等几大考核体系，倒逼水污染防治责
任落实到位；坚持沿河巡查常态化，强化涉水污染源环境监管，严厉
打击违法排污行为，持续保持对企业环境违法行为的高压态势，确保
工业污染源全面达标排放；创新"人防＋技防"，充分利用"互联网＋"
系统，打造"国标站＋微站"的全域监控系统，实时监控济南市水
环境质量状况。

除此之外，济南市还发挥省会城市的模范带头作用，率先全面完
成横向生态补偿协议的签订，充分发挥上下游治污的协同作用，积极
推进流域污染联保共治，努力打造以联合预警、联动执法、联合会

小清河实现岸绿水清景美

商、协同解决为主体内容的上下游、左右岸区域联防联控机制，实现流域断面联防联控常态化共治新格局。

经过系统彻底治污，小清河水环境质量得到彻底改善：2019年辛丰庄出境断面水质一年内从劣Ⅴ类连续改善至Ⅲ类，全年稳定达到Ⅳ类，实现了40多年来的历史性突破。此后连续两年，小清河辛丰庄出境断面年均值均达到地表水四类水体标准。2020年，济南小清河48公里全新生态景观带惊艳亮相，串联起济西湿地、大明湖、云锦湖、华山湖等多处城市景观，一举成为聚人气、得民心的泉城新地标。作为全国环保督察整改典型示范案例，小清河成为城市纳污河流治理的典型示范。

如今，经过治理的小清河已变成了名副其实的"清河"。

泰山石保护：治理风暴中的生态转型

"岱宗夫如何？齐鲁青未了。"2019 年一场保护泰山石、守护泰山自然和文化双遗产的行动席卷环泰山区域，由此带来生态、管理、观念、市场等方方面面的变化。

"五岳之首"泰山，是我国首个世界自然和文化双遗产、世界地质公园。产于泰山山脉周边溪流深谷的泰山石，因独特的品貌、丰富的文化内涵驰名中外，深受人们喜爱。然而，过去的若干年里，泰山石盗采、售卖行为屡见不鲜，形成了靠山吃山、挖石卖石的产业链，导致泰山周边地质地貌和自然生态遭到破坏，城市形象受损，引起了各方面关注。

2019 年，山东省出台史上最严"封石令"。这一旨在保护泰山世界自然和文化双遗产的举措，在泰山周边掀起了一场生态转型风暴。

盛名之困

从泰安高铁站向东 15 公里，就到了泰安市泰山区省庄镇羊西大型石头封存点。放眼望去，散落在杂草间的碎石如繁星般铺在空旷的广场上，地面的积水留下秋雨的痕迹，紧锁的铁栏门锈迹斑斑。

很难想象眼前的这片沉寂的地区，两年前还是每天都上演着日进斗金财富故事的奇石交易市场。在泰安，像羊西这样的大型奇石交易市场还有岱岳区的卧牛石。

从 20 世纪 90 年代初在溪边捡石头自个儿把玩，到成为卧牛石奇石交易市场最大的"石头贩子"，陈立民过去的 30 年，就是与泰山石相依相伴的 30 年。

"生意好时一年利润上百万元，2008 年天津一个月就从我这儿拉了 80 块大石头，净赚 400 万元！"回忆昔日的辉煌"战绩"，陈立民

泰山拱北石

百感交集。他说，卖石的日子像坐过山车，市场好时日子真是好，但没人买时也愁得整夜睡不着觉。作为土生土长的泰安人，陈立民坦言，大型的石头都是从很深的地下挖出来的，对泰山周边自然环境造成了破坏，这让他深感不安。

泰山石主体岩石形成年龄约 27 亿年，是我国最古老的岩石之一。人们对泰山的崇拜，加之"稳如泰山""石（时）来运转"等的民间说法的盛行，使得泰山石被视为收藏、馈赠、装点的上品，受到热捧。

小石上千元，大石上万元。市场需求催生了开采、加工、销售"一条龙"服务。山里采、河道捡、地下挖……叮叮当当的锤凿声一度响彻山谷。受经济利益驱使，外省石头大量流入，打着泰山石的名号转眼价格翻了几番。有的石头甚至没下车，在泰安转了一圈便被拉往全国其他地方售卖。

据统计，2011 年鼎盛时期，泰安区域经营泰山石的商户达到1200 余家，从业人员 1.5 万余人，交易场所占地 1300 余亩，年交易额高达 10 亿元。

真假难辨、占道经营、哄抬价格……"疯狂的泰山石"破坏了泰山周边自然生态环境，扰乱了公共秩序，引起各界人士的强烈不满。投诉、举报如雪片一般飞向监管部门。

管控之变

"如牛负重，夜不能寐。"身为泰山石保护工作领导小组成员、泰安市自然资源规划执法支队副支队长的田焕峰站在了泰山石保护工作的执法一线。

2019 年 3 月，泰山全域关闭取缔泰山石交易市场的期限进入倒

泰山"国泰民安"石刻

计时。矛盾冲突激烈时，70多名经营户联名写下血书以示不满。

"血本无归，搁谁谁都心疼。"捯饬了17年泰山石的陈伟如是说，"早些年政府并不反对卖石，经营户都有正儿八经的营业执照，现在让全部关掉，道理虽然都懂，但一时无法接受。焦虑的根源在于'弃石转型'代价太大，具体到个人，很难割舍家庭这本小账。"

"有销售就有市场，有市场就有破坏。"在一线摸爬滚打多年的田焕峰深知其中症结。事实上，2004年至2017年，泰安围绕泰山石保护先后开展了5轮综合整治，但由于种种原因，问题没有得到根治。在田焕峰看来，一是当时缺乏法律依据，整治只能停留在清理乱摆乱放、无证经营层面。二是政府没有完全下定决心关掉市场，许多人心存侥幸。

怎么办？是久拖不决还是啃下"硬骨头"？泰安市委领导班子坚决表示，泰山脚下的广大干部群众，理应是泰山的守护者、家园的养护者，保护好泰山石，守护好泰安的绿水青山责无旁贷。

泰安对全市泰山石经营户、存储场所、销售网点进行了全面摸底，逐一登记造册。组建由自然资源、市场监管、公安、交通运输等部门组成的8个工作专班，对泰山石开采、运输、交易、存放进行"全链条"管控。

在严控开采源头方面，出台《泰山风景名胜区生态保护条例》，发布《关于禁止开采泰山石的通告》《关于关闭取缔大型石头存放和交易场所的通告》，将泰山石保护纳入法治化、规范化轨道。泰山自然保护区、地质公园、生态红线保护范围内全面禁采山石。在严控市场交易方面，关闭所有奇石交易市场，核查整治460余家电商销售平台，将全市90余家物流企业纳入监控范围，彻底斩断了泰山石交易链条。

泰山石交易叫停的同时，为减轻对经营户的影响，泰安市政府筹

资 3.9 亿元，按照 800 元 / 吨的标准对大型石头予以补助，真金白银
"赎买"。

进退之道

"疯狂的泰山石"落幕了，一场"齐鲁青未了"的环保行动如火
如荼地展开着。

泰安市抓住实施泰山山水林田湖草生态保护修复工程的契机，重
点修复泰山、大汶河、东平湖三大区域。据山东省国土空间生态修复
中心研究员介绍，工程修复区以泰山核心区为中心，跨越黄河和淮河
两大流域，涵盖济南、泰安两市 14 个县（市、区）共 1.52 万平方公
里，山水林田湖草生态类型丰富，范围大、系统性强，是全国最大的
生态修复项目之一。

2021 年上半年，北短翅蝗莺首次出现在泰山，泰山野生鸟类家
族再添新成员。泰山野生鸟类由 2002 年的 155 种增加到 338 种，这
得益于泰山生态环境的不断改善。

"泰山生态区的修复主要实施了五大保护工程，包括泰山石整治、
森林生态修复等内容。"山东省自然资源厅矿产资源保护监督处副处
长介绍，山东省按照"尊重历史、实事求是"的原则，对生态保护红
线和自然保护地进行了优化调整，调整后泰山核心区保护范围更加科
学，也更有利于泰山自然资源的管护和利用。

固山、治污、护林、整地、扩湿……稳步推进的泰山山水林田湖
草保护修复工程交出了喜人的成绩单：累计修复矿山生态 819.9 公顷，
保护地质公园及地质遗迹 244.9 平方千米，新增造林 20.8 万亩，整治
土地 2.68 万公顷，保护湿地 9.4 万亩，森林覆盖率达到了 94.8%。泰

安市空气质量达到了历史最好水平，水环境质量指数位居全省第一，沉寂了 60 年的泰山名泉大众泉复涌了。

生态变，人也在变。

"顺走石头"的现象明显减少了。在泰山风景名胜区管理委员会监控大厅，景点、路口、河道的实时画面可以清晰地呈现在监控大屏上。"摄像头可以自动锁定人脸进行追踪。"泰山景区综合行政执法局执法监督科负责人介绍，自 2020 年泰安修订《泰山风景名胜区生态保护条例》，明确捡拾带离泰山石最高罚两万元以来，未出现一起处罚案件。

为推动"美丽风景"变"美景经济"，泰山立足生态优势大力发展农业和旅游产业，目前形成了以泰山板栗等林果产业为主，泰山茶、泰山螭霖鱼、花卉苗木、泰山四大名药、生姜为辅的特色产业。泰山脚下一大批"卖石户"解"石"归"田"，日子过得有声有色。

"当村民享受到绿色发展带来的利好，思想境界和收入水平得到提高，反过来也会主动保护泰山的一草一木。"欣喜于泰山世界地质公园周边村庄的发展变化，著名地质专家、中国地质大学（北京）教授田明中如是说。

跟踪研究泰山地质遗迹和历史文化 20 多年，田明中见证了泰山保护的起起伏伏。他说，真真假假的泰山石搅乱了市场，也加速了泰安周边及全国其他地区山石资源的开采，对泰山造成了不好的影响。泰安保护泰山石的行动在全社会作出了表率，让人们看到了政府管理部门贯彻习近平生态文明思想，践行"绿水青山就是金山银山"理念的坚定决心。

威海华夏城：历经愚公“填”山，今成中国生态环保第一城

　　"愚公移山"是众所周知的寓言故事，如今在山东威海，也有一群努力"填"山十余年的"愚公"们，他们将脏乱不堪的废弃矿山变成遍布青山绿水的精致景区。这一景区就是威海华夏城景区。

威海华夏城内华夏第一牌楼

威海华夏城位于里口山脉南端的龙山区域，如今号称"中国生态环保第一城"，中国 AAAAA 级景区。

然而，在 20 世纪 50 年代，为了发展集体经济，龙山上建起了养蚕场，龙山区域的植被遭到不同程度破坏。20 世纪 70 年代末，随着城市建设步伐的加快，这里成为建筑石材集中开采区，30 多年间采石矿坑多达 44 个，被毁山体 3767 亩，森林植被损毁、粉尘和噪声污染、水土流失、地质灾害等问题突出，区域自然生态系统退化和受损严重，周边村民无法进行正常的生产生活，苦不堪言。

愚公"填"山，将矿坑废墟变绿水青山

改变发生在 2003 年。

当地企业华夏集团响应威海市生态立市、荒山绿化的号召，集团董事长夏春亭带领一队人马上山，他们以"愚公移山"的精神修缮造林，开启了长达十余年倾尽全力、造福桑梓的修复项目。

夏春亭出生于龙山脚下的夏家疃村，五六岁的时候，最喜欢和小伙伴一起钻进山里游玩。大山深处，那参天的古木、盘曲的虬枝、深深浅浅的绿，成为他一生难忘的画面。等他长大成人后，美丽的龙山以及里口山的众多山脉，却已到处都是采石场。

看到满目疮痍、千疮百孔的大山环境问题日趋严重，年轻气盛的夏春亭说："我要是有钱，一定把这片山水恢复成原来的样子。"

"没想到，自己吹过的牛，会有实现的一天。"2003 年，在塔机行业赚了钱的夏春亭，真的走进了遍体鳞伤的龙山，拿出"愚公移山"般的韧劲儿，与一个个矿坑较上了劲儿。

矿山修复是老大难。夏春亭自己也没有想到，修个山竟然会这

么麻烦。

首先是缺水的问题。威海市全年大多数时间的降雨量非常少，面对龙山矿坑最高断面107米，堆积矿渣矿粉达40多米的现实情况，降雨量低导致无法采用挂网喷泥的措施，只能选择难度和繁复度最大的拉土回填方式。

而这一方式又带来了"在山缺土"的现实问题。修复矿山的土很多都从5000米外专门拉过来，同时，每填一个矿坑，运输车都需盘行而上。一座仅有150米高的山路，工程车需盘9道弯才能将土送到山顶。

但是，这些困难都没有拦住华夏集团——有些山沟周围的山体均被开采，山谷渣石成堆，他们因地制宜将其建成水库，利用水面进行遮掩作美化；有些采石场，因双面开采导致山体几乎被打透无法修复，他们将其规划为隧道，隧道上面覆土绿化，隧道下面通车行人。

数据显示，在整个项目生态治理期间，他们动用了130多辆工程车，共运输土5692.67万立方米；修复矿坑44个，建造大小水库35个，取平一座800多米约1530万立方的山岭；栽种各类绿化树木1127万株；共建设了4条隧道，总长度达405米。

凤凰涅槃，走一条生态修复与文旅产业相结合的路子

绿水青山来之不易。

为了把绿水青山做得更美，把金山银山做得更大，华夏集团坚持走生态修复治理与文化旅游产业相结合的路子，依托修复后的自然生态系统和地形地势，打造不同形态的文化旅游产品，促进绿水青山向

金山银山的转化。

先是打造宣传教育基地。依托长21米、宽171米的矿坑，创新打造360度旋转行走式的室外演艺《神游传奇》秀，集中展现华夏五千年文明和民族精神，并依托矿坑建设了长172米、宽93米的国家人民防空教育基地，依据山势建造了集中展示胶东民俗特色的夏园，推动了文化事业和文化产业发展。

然后是创新建设生态文明展馆。采用"新奇特"技术手段，将观展与体验相结合，建设1.6万平方米的生态文明展馆，集中展现山东省威海华夏城的生态修复过程和成效，让游客身临其境、亲身感受"绿水青山就是金山银山"的理念。

慢慢地，曾经的采石立面变成了九曲情人街，堆放碎石、废渣的山谷变成了龙湖，巨大矿坑变成了民俗馆和剧场……就这样，华夏集团用了十余年的时间，花费44.3亿元，填土5692万平方米，种植1127万棵树，终于将龙山恢复成绿水青山的样子，并在此基础上建起了一座国家5A级景区，成功转向文化旅游产业，将其打造成为全国矿坑修复和生态文明建设的典范。

站在景区那条长370米、高80米的高空玻璃桥上，"环保生态城"的美景尽收眼底：山环水抱之中，绿树葱葱，古朴典雅的建筑错落有致，龙腾凤舞的中国元素点缀其间，到处鸟语花香、郁郁葱葱。景区深处，30余处湖泊星罗棋布，20多处景观顺势绵延，古建筑集南北之精华，新场馆融现代之科技。

据了解，景区先后入围"中国最具潜力的十大主题公园"，荣获"中国创意产业最佳园区奖"，并被评为"首批山东省文化产业示范园区""国家级文化产业示范基地""国家休闲渔业示范基地"。

守住绿水青山，擘画百姓富、生态美的新图景

人不负青山，青山定不负人。

2018 年以来，华夏城景区共接待游客约 450 万人次，营收 3.7 亿元，周边 13 个村直接受益，拉动 1000 多名村民就业，三年来，这些村集体经济收入年均增长 15%。有的村改造成了新型社区，村民搬进了宽敞明亮的楼房，有的村则在华夏城的示范引领下，因地制宜开展生态修复和环境保护。

距离华夏城 5 公里的环翠区小镇村舞台上，村民们正在自发举办一场文艺演出活动。这个 300 多平方米的舞台是村里打造的"石窝剧

绿水青山华夏城

场"。一年多以前，这里还是一个废弃的采石场，存在山体滑坡、落石等安全隐患。

对此，当地投资 500 多万元，在广泛征求村民建议意见基础上，聘请中央美院的专家团队，进行山体修复和规划设计，清理附近的河道，打造了国内首个利用采石场改造的露天剧场，获得 7 项国际建筑大奖。生态环境提升了，村里还发展户外运动产业，举办了全国山地自行车赛等 10 多场赛事，累计吸引游客 7 万多人次。

华夏城附近嵩山街道河北社区党支部书记表示，华夏城的环境越来越好，周边村民是最大的受益者。"老百姓从原来低矮的民房住上了楼房，很多村民在此就业，腰包鼓了，生活也越来越好。"

2018 年以来，威海市自然资源和规划局积极申请山东省矿山地质环境治理奖补资金 3900 万元，市、县两级财政投入近 2 亿元实施废弃矿山治理。威海市充分发挥财政资金的引领作用，进一步拓宽融资渠道，积极吸引社会资本参与废弃矿山治理。

以华夏城生态修复的典型案例为示范，威海正在进行新的探索，力求把生态环境优势最大限度地转化为生态经济优势，描绘出一幅百姓富、生态美的新图景。

十三、文化惠民篇

文化工作，是一个地方的文脉传承所在。过去几年，山东坚持以习近平新时代中国特色社会主义思想为指导，认真贯彻落实中央各项决策部署，积极应对世纪疫情冲击和百年变局加速演进的严峻挑战，逆风破浪、危中育机，围绕中心、服务大局，履职尽责、创新实干，统筹抓好疫情防控和文化工作高质量发展。坚持稳中求进工作总基调，树立"严真细实快"工作作风，持续繁荣艺术精品创作，不断提升产业发展质量，扎实推进文物保护利用，积极完善公共文化服务体系，规范治理文化市场，文化领域各项工作"稳"的态势持续巩固，"进"的动能更加强劲，真正实现了全省工作"稳中向好、进中提质"的工作要求。

　　经过几年努力，山东人民的文化获得感日益增强，对优秀传统文化的解读阐发更加深入，艺术创作持续繁荣，公共文化服务体系日臻完善，齐鲁大地的"文化 IP"引领力更加突出。

　　得益于各级党委政府的关注支持，山东文化工作目前总体走在了全国前列。经济社会的快速发展，在文化领域最直观的反映，是普通群众的获得感明显增强，文化自信更加坚定。全面小康路上，一个不能少。期待山东文化事业更加繁荣，期待文化大省的明天会更好。

弘扬优秀传统文化：
以文化人，润物无声的力量

冬日的齐鲁大地虽然寒冷，但这里处处涌动的传统文化热流却温暖人心：遍地开花的乡村儒学讲堂，涵养心性的干部政德教育，丰富多彩的道德实践活动……古韵今风在这里交融碰撞，源远流长的优秀传统文化被重新阐发、转化，焕发出勃勃生机，绽放出时代光芒。

党的十八大以来，习近平总书记高度重视中华优秀传统文化的传承与弘扬，得到全党全社会的广泛关注和热烈反响。2013 年 11 月 26 日，习近平总书记在山东曲阜考察时发表了弘扬中华优秀传统文化的重要讲话。

作为中华文明的重要发祥地和儒家文化发源地，山东拥有独特丰厚的传统文化资源。习近平总书记关于弘扬中华优秀传统文化的重要论述，为山东推动优秀传统文化创造性转化、创新性发展提供了根本遵循。山东深入实施优秀传统文化传承发展工程，着力加强研究阐发、普及教育、实践养成、保护传承、传播交流等体系建设，带动优秀传统文化春风化雨、泽润齐鲁、引领风尚。

优秀传统文化融入百姓生活

"爱人者，人恒爱之；敬人者，人恒敬之……"在济宁市汶上县康驿镇东樊章村儒学讲堂内，不时响起阵阵掌声，专职讲师曾君利正在给群众上中华传统文化课。

2020 年，像这样的讲座在东樊章村已进行了多场，场场座无虚席。"远亲不如近邻，帮人一把，情长一寸；容人一回，德宽一尺。"说起邻里相处之道，东樊章村的村民张协义打开了话匣子："以前村里人闲下来就知道打牌、打麻将，现在打牌闹事的少了，这都是乡村儒学的功劳。"

近年来，山东着力推动优秀传统文化扬弃继承、转化创新，大力实施"乡村儒学""社区儒学"推进计划，用优秀传统文化滋润乡村。儒学讲堂上，讲师们不讲道理讲故事，不讲天边讲身边，从孝道、《弟子规》入手，结合群众生活琐事，沉睡多年的儒学文化正慢慢苏醒。如今，乡村儒学已经走向河南、江苏、黑龙江等地，取得良好的社会效果。

普及优秀传统文化教育，山东迈出了关键一步。在地处鲁西的聊城市冠县，每到一年级新生入学时，一场别样的"入泮礼"都会如期举行。仪式现场，家长牵着孩子的小手缓缓走过红地毯，穿过棂星门，正衣冠、拜师长、点朱砂、击鼓鸣志、描红开笔等环节有序进行。"'入泮礼'是古代学童入学启蒙的仪式，是隆重庄严的入学大礼。"冠县第二实验小学副校长说，举行入泮仪式能让孩子们在庄严的仪式感中感受传统文化的魅力。

山东在全国率先实现中华优秀传统文化进学校、进课堂、进教材，并在中小学全面开设优秀传统文化课程。2017 年秋季开学，山东省组织编写的中华优秀传统文化教材正式启用，山东省成为全国第一个在小学、初中和普通高中三个学段全面开设中华优秀传统文化课程的省份。

为让传统文化"活"起来，山东创新传承载体。从 2013 年开始，山东省先提出了"图书馆＋书院"的模式，在全省县级以上公共图书馆建设"尼山书院"。

山东稳步推进新时代文明实践中心建设，丰富多彩的知识讲座、生动活泼的文艺演出、形式多样的美德评选，文明实践中心已成为融思想引领、道德教化、文化传承于一体的基层综合服务平台，为乡村治理和经济发展提供了有益补充。传统美德融入现代生活，齐鲁大地日益呈现"郁郁乎文哉"的美好气象。

汲取传统文化　涵养为政之德

"图中的大禹头戴斗笠、身着布衣，手里拿着劳动工具耜……"

在嘉祥县武氏祠汉画像前，济宁干部政德教育基地现场教学教员赵国栋指着《大禹和夏桀》图讲解道："大禹治水，十三年三过家门而不入，后被舜帝选为继承人。"

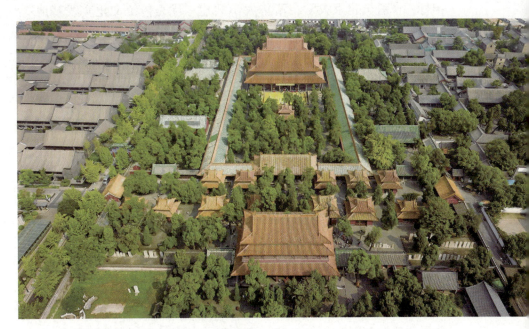

孔府俯瞰

2015 年以来，山东将优秀传统文化创造性应用于干部教育培训中，以"弘扬优秀传统文化、涵养干部为政之德"为主题，在全国率先建立干部政德学院，设立了独具特色的济宁干部政德教育基地，把理想信念教育、宗旨意识教育、道德品行教育等有机融合于政德教育中，帮助干部增强党性、固本培元、涵养政德。

和武氏祠一样，曲阜的"三孔"、邹城的"两孟"、嘉祥的曾庙……这些著名的人文景观，被开辟成济宁干部政德教育基地现场教学点。这些历史古迹均蕴含着丰富的中华优秀传统文化信息，目前，济宁依托传统文化资源和孔子研究院、孔子博物馆等现代文化设施，共打造了 30 多处现场教学点。

为满足教学实际需要，济宁不断提升干部政德教育的内涵质量：连续三年在省社科规划中设立"干部政德教育"专项，开展多项课题研究；专门设立中华优秀传统文化"两创"研究项目，面向社会公开招标；分别与北京大学、清华大学共建"优秀传统文化实践基地"；成立干部政德教育丛书编委会，译注中华优秀传统文化经典。

山东还依托临沂革命老区红色资源，打造沂蒙党性教育基地，建设了 18 处现场教学点，编写了 30 多部特色教材，成为全国干部教育培训的重要平台和宣传弘扬沂蒙精神的重要载体。

推动中华优秀传统文化"走"起来

身着华服、手擎龠翟的学子，随乐音迈开佾舞特有的步子，儒家文化中的"礼"贯穿于举手投足间，引得台下掌声不绝。

这是 2019 年 9 月在澳门大学举办的"儒家文化高端论坛"，由孔子研究院指导的佾舞表演。澳大学子向至圣先师表达崇敬的同时，也对这一祭祀舞蹈所传达的"敬、爱、和"有了更深的理解。

2013年以来，孔子研究院在强化专业性学术交流基础上，不断创新成果转化形式，激活中华优秀传统文化的细胞。

近年来，山东坚定推动中华优秀传统文化创造性转化、创新性发展，越来越多中华经典从这里走向世界，越来越多嘉朋懿友走进孔子故里。

2020年9月27日至28日，2020中国（曲阜）国际孔子文化节、第六届尼山世界文明论坛在曲阜举行，来自17个国家和地区的150多位专家学者，以线上线下方式出席大会，深入挖掘古老文明智慧。

尼山世界文明论坛作为人类文明对话的高端国际平台，自2010年以来已成功举办了七届，目前，尼山世界文明论坛已实现机制化，与国际孔子文化节一体举办。

为让优秀传统文化"走"起来，山东加大"请进来"力度，精心举办尼山世界文明论坛、世界儒学大会、国际孔子文化节等高端国际

尼山世界文明论坛

峰会，使之成为永不落幕的"大舞台"；同时加快"走出去"步伐，在不同国家和地区开展"山东文化年""孔子文化周""齐鲁文化丝路行"等系列文化交流活动。以孔子诞生地尼山命名的尼山书屋，以书为媒传播传统文化，自 2013 年 7 月首家海外尼山书屋成立以来，目前已遍布世界五大洲。成立尼山世界儒学中心，标志着全球儒学研究传播交流实体平台正式诞生。

中华优秀传统文化"走"起来，中华文明与世界不同文明间的对话交流也日益频繁。

专业机构请进村，文化大餐端上来

　　组建舞蹈队、秧歌队、合唱队等90余支基层文化团队，建起乡村美学堂、乡村剧社……山东省威海市通过实施公共文化服务公益创投，引导文化类社会组织进入乡村提供精准服务，降低供给成本、提高服务效能，不断满足群众文化新期待。

　　山东省威海市环翠区张村镇王家疃村，一场小雨过后，30多名村民来到综合性文化服务中心，学习非遗技艺葫芦烙画。非遗传承人

张村镇王家疃村"留住传统留住美"传统艺术公益课堂

一边讲解葫芦烙画的故事，一边手把手教技艺，现场好不热闹。

王家疃村综合性文化服务中心还提供蒸花饽饽、剪纸、布艺等形式多样的培训活动，许多活动都是由威海乡土文化研究会根据群众需求精准开设的。

威海市 2019 年开始实施公共文化服务公益创投，创新乡村文化供给方式。公益创投指的是公益性质的创业投资，旨在引导文化类社会组织进入乡村提供公共文化服务。政府协调社会组织对接基层文化需求，并聘请第三方机构对社会组织进行培育，让成长起来的社会组织面向基层提供类型丰富的公共文化服务。

统筹资源 协调社会组织对接基层需求

"之前，村里的综合性文化服务中心虽然建起来了，但组织力量有限，活动内容比较单一，不能充分满足村民个性化的需求，所以人气并不高。"王家疃村村支书李向君说。

2020 年，《威海市公共文化服务公益创投实施意见》出台，威海将该项工作列入全市文化体制改革重点任务。当年，52 个社会组织深入 25 个乡村调研，针对村民的迫切需求，通过设计、培训、初审、优化、路演、终审等环节，遴选出 25 个项目，实现乡村公共文化服务的专业化、精准化供给。

在王家疃村，威海乡土文化研究会对当地优秀传统文化进行挖掘、保护和传承，开展形式多样的活动。丰富的农耕文化研学活动、富有地方特色的文创开发活动等蓬勃开展。几年过去了，王家疃村现在每周开展 2 至 3 场活动，人气很旺。

据了解，威海市公共文化服务公益创投实施以来，共开展 41 个项目，服务时长达 13120 小时，为乡村公共文化发展引入 60 多个文化类社会组织，服务 6.1 万人次，共支出 120 万元。以威海乡土文化研究会为例，2020 年在王家疃村开展活动 90 项，获公益创投资金 3.6 万元，平均每场活动 400 元。

威海市文化和旅游局主要负责同志表示，公共文化服务公益创投让有限的财政资金精准用到群众文化需求上，降低了供给成本、提高了服务效能，让政府、社会组织和群众实现了多赢。

精准供给　筛选专业队伍提供个性化服务

在周末和节假日，王家疃村许多在外上班的年轻人会带着孩子回乡。威海乡土文化研究会有针对性地开设了陶艺、草木扎染等小朋友喜欢的项目。

经典文化诵读、红色文化普及、民风民俗梳理、传统技艺传承、基层文化团队培育、文艺骨干培训……通过文化公益创投，威海市共组建舞蹈队、秧歌队、合唱队等基层文化团队 90 余支，培训基层文艺骨干 1600 余名。一个个基层综合性文化服务中心"活起来"，乡村美学堂建起来，乡村剧社唱起来，村里的公共文化服务水平不断提高，群众的文化新期待不断被满足。

"在保障基本文化权益的基础上，让群众享有更充实、更丰富的精神文化生活，满足群众对美好生活的新期待。"山东大学威海发展研究院研究员郭剑雄介绍，"如今群众可以'点餐'公共文化服务，通过公益创投模式筛选出专业队伍，有效提升了文化服务供给的质量。"

凭借美丽的自然风光，王家疃村开始发展乡村旅游。乡亲们琢磨着如何在吸引更多游客的同时增加收入，大家把需求反馈给威海乡土文化研究会。威海乡土文化研究会项目负责人王金说："我们深入乡村，挖掘村里的历史文化，发动村里人一起分享乡村故事，发动孩子们描绘家乡美景。"王金还带领团队为村里设计文创，引入手艺人向村民传授技艺。如今，许多游客都会购买村民制作的布艺、剪纸、木艺作品作为纪念品。

提升效能　专业机构在提供服务中成长成熟

威海荣成市大鱼岛有着久远的渔家文化，石岛芬芳青少年社工服务中心设立在这里后，整理口述史、搜集老照片、挖掘和传承民俗表演渔家大鼓，让更多人对渔家文化有了深入了解。

2020年，山东省级工艺美术大师田世科来到威海市文登区葛家村教授鲁绣。"通过文化公益创投，我们走进社区、农村，扩大了服务覆盖面。通过专业机构的陪伴式辅导，我们的服务能力也得到了进一步提升。"田世科说。

"公共文化服务公益创投带来的是多方共赢。"郭剑雄介绍，公益创投是政府支持文化类社会组织参与供给、促进公共文化服务全面发展的文化治理方式，"它强调资助方和受资助方长期深入的合作伙伴关系，共同成长、互利共赢。"

郭剑雄说："公益创投由第三方专业机构作为承办单位对各个项目进行督导、监管、评估，并为获选实施项目的社会组织提供培训、辅导、咨询等服务，帮助社会组织成长成熟、提升服务能力。"

在项目征集阶段，各社会组织在第三方机构指导下深入基层掌握群众需求，并据此进行项目设计和申报，经过严格的培训、初审、优

中国最大的自然渔村——大鱼岛

化、终审等环节，入选项目才能最终获得公益创投资金支持。在项目实施阶段，第三方机构每周跟踪、指导不同公共文化服务公益创投项目，及时纠正项目实施过程中的偏差，确保项目良性运行。

打造文化旅游消费升级的
"山东样本"

    冬季历来是齐鲁大地旅游市场的淡季。2021年底以来,借助北京2022年冬奥会举办的契机,山东文旅部门统筹策划,以提振文旅消费为目标,推出系列冬游齐鲁产品,在全省广泛开展"精彩冬奥会 齐鲁冰雪游"系列活动,以"冰雪+"助力冬季旅游升温。

    相比民生刚需领域,文化旅游消费的刺激,更需要相关部门扎实的工作和创新的思维。近几年,山东将文化旅游消费作为推动新旧动能转换的"强心剂""潜力股",通过完善促进文旅消费长效机制,瞄准供需两端持续发力,全面营造放心消费环境,孔孟之乡的文旅产业发展态势良好,吸引金融等部门的关注和热情参与。

跟上潮流 丰富供给

    冬奥会恰逢虎年春节假期,山东各级文化和旅游部门巧借奥运东风,打造推出系列冰雪旅游项目,推动冰雪旅游活力充分释放,冰雪文化魅力进一步彰显,冰雪主题游成为旅游新时尚。济南各景区推出多类冰雪主题活动,助力冰雪旅游"出圈",济南九如山推出"冰瀑戏雪+浪漫野奢"生活体验,红叶谷举办首届冰瀑节,跑马岭景区可体验趣味冬奥会，传递冰雪运动精神。

近年来，山东文旅部门加强资源整合。

比如，积极协调冰雪资源公共服务场馆配合推出相关冬季产品，推动"冰雪旅游＋文化""冰雪旅游＋民俗""冰雪旅游＋体育"等资源深度融合。加强创意策划，鼓励各市创意策划冬季观鸟、观星、摄影打卡、剧本杀等新兴的小众旅游产品，扩展山东冬季旅游业态。加强产品创新，鼓励创新产品形式，迎合微度假、周边游等需求，整合高星酒店、民宿等资源，推出"住宿＋冬季旅游景区""住宿＋冰雪体验项目""住宿＋年节民俗活动"组合产品，开发定制化、深度体验的高品质产品。

"十三五"期间，济南将文化旅游产业列入十大千亿产业振兴计划，先后出台系列政策，从景区降价、金融支持、带薪休假等多维度汇集形成促文旅消费的政策合力，文旅消费环境不断优化、消费规模持续升级，积极的政策收到了良好效果。

以"泉城夜宴"为切入点，济南精心策划灯光秀、演艺秀、夜间游

东营黄河入海口

船等项目，构建标志性"夜旅游"发展带；开发护城河、大明湖夜间游船项目，开设泉水船宴、明湖船宴等特色筵席，打造夜晚"船游泉城"系列产品；创新设立"艺人资格评审"机制，引导街头演艺发展；引进德云社、开心麻花等著名演艺品牌，升级夜间休闲品质；推出"非遗小夜市""百日霸王餐"等夜娱夜食活动，展示泉城不夜城的文化魅力。

山东省文化和旅游厅主要负责同志说，构建新发展格局是振兴文化和旅游业的重大机遇，文旅消费促进工作大有可为。供给创造需求的关键在于文旅产品和服务的高质量，需求牵引供给的关键在于引导消费愿望和行为的好机制，实现生产与消费有效对接的关键在于消费服务的便捷化。

最近几年，烟台市着眼提升城市综合能级，系统布局 60 个文旅项目，全力推进总投资 180 亿元的"芝罘仙境"，实现两个历史文化街区 +1 个 4A 级景区 + 城市核心湾区 + 海上标志性岛屿整体开发，打造山东文旅新高地；全力推进总投资 1500 亿元的海上世界，建设集"船港城游购娱"于一体的高端商旅综合体，打造"烟台之窗、城市之眼"。

同时，烟台市用好线上线下"双阵地"、国内国际"双引擎"、市场供给公共服务"双渠道"，安排 1000 万元专项资金，积极开展"两节两游一会一季"等万场靶向式消费活动，大力发展数字化沉浸式消费内容。

拿出诚意　做好服务

家住潍坊市奎文区的刘晓燕，对这座城市的变化感触深刻。"明显能感觉到，这两年文化旅游活动特别多。'五一''十一'小区周边的景区会搞门票折扣，大家出去玩的热情很高。"刘晓燕说，"文化旅游业代表的不仅是城市的文化底蕴，更是城市外在形象价值的体现。"她希望相关部门延续一些好政策的热度，让更多外地人到潍坊体验。

潍坊市人民政府相关负责人介绍，当地计划利用 3 年时间，力争全市接待国内外游客数量和旅游年度总收入步入全省前列。充分挖掘特色非遗、文物资源，形成一批独具特色的文化旅游大项目，将文化旅游资源优势转化为产业优势。做大做强一批创新活力足、市场潜力大、带动能力强、管理科学规范的文化旅游集团企业，形成规模化、集群化、专业化、高端化发展格局。

为刺激文化旅游消费，潍坊出台的政策可谓"干货满满"。比如在鼓励旅行社引进外地游客方面，当地提出，年度累计向潍坊市输送境内过夜游客满 1 万人按每人 20 元奖励，超出 1 万人的部分按每人 30 元奖励；年度累计向潍坊市输送境外过夜游客 1000 人以上且不足 2000 人的，按每人 40 元奖励；2000 人以上的，按每人 50 元奖励。

青岛东方影都

国内旅游包机一次性输入 120 人以上的团队，按每人 100 元奖励。

"外在活动"吸引人们眼球，"内在机制"决定消费行为。山东省文化和旅游厅提出，必须把开展丰富多彩的文旅活动与建立完善消费促进机制紧密结合起来，必须促进线上线下消费融合发展。

山东省文化和旅游厅相关负责人介绍，山东将依托全省统一的政务云、政务网和大数据管理平台，整合各级目的地文旅资源，建设文旅主题数据资源库，实现全省文旅数据资源统一汇聚、共享利用。重点建设全省智慧文旅公共服务体系，满足游客"自由自在"云旅游服务需求；重构全省文旅消费服务体系，推广移动互联网新兴支付方式，引入移动支付、刷脸入园、扫码识景等工具，实现主客共享的一脸一码游全省旅游体验。

创新模式 多方共赢

陕西游客杨小辉，曾到山东滨州、东营、临沂等地游览，其在相关平台发布的游记，浏览量过百万人次。杨小辉说，普通游客关注的，一是产品的吸引力或者叫新鲜程度，二是服务，三是知名度。近些年，他陆续走过全国的上百座城市，齐鲁大地给他留下了深刻印象。

近年来，山东省委、省政府高度重视文化和旅游消费工作，从创新供给、机制建设、惠民活动、优化环境等方面发力，全面促进文化和旅游消费。

2021 年 6 月 18 日，"惠游云集·吃喝玩乐 go"云集之夜活动，在泰安市岱岳区泰山云集文化商业街区正式启动。今年，泰安市在第五届泰安文化和旅游惠民消费季启动仪式以及山东省 2021 年"文化和自然遗产日"暨"红色文化主题月"启动仪式上累计发放了 40 万元文旅惠民消费券。本次在"惠游云集·吃喝玩乐 go"云集之夜活动启动仪式上，集中发放 20 万元省级定向券和 25 万元市级定向券，旨在加快推动文化和旅游消费融合，丰富夜间游憩、文化体验、特色餐饮、时尚购物等多业态文旅供给。

过去几年，山东创新举办多届文化和旅游惠民消费季，全省各级各部门协同开展群众性文旅消费惠民活动，着力构建"一券、一卡、一平台"文旅消费促进体系。

通过多年培育，山东文化和旅游惠民消费季构建了消费者得到实惠、企业扩大销路、电商平台提升流量和金融机构拓展文旅业务的互惠互利、多方共赢的良性循环，社会参与度不断提高，活动规模和影响力不断扩大，形成了"政府搭台、企业唱戏、惠及民众"的促进文旅消费长效机制。

提升获得感，齐鲁大地公共文化
让群众"身临其境"

作为山东省潍坊市临朐县文化志愿服务团队的一员，2022 年春节以来，赵明堂一直组织团队成员排演新的周姑戏节目。"等到疫情形势平稳了，咱们的文化志愿服务团队要下到各个镇，为群众在家门口演戏。"赵明堂说，今年以来，临朐县以"群众文化艺术公益志愿联盟"为载体，探索乡村文化服务体系建设，通过群众文艺演出、数字文化服务、艺术鉴赏等形式，多措并举，多维度、多元化提供形式多样的志愿服务活动，让群众享受更充实、更高质量、更高层次的精神文化生活，获得当地乡亲好评。在新时代，公共文化服务战线应该有也必须有更大的作为，这是由时代决定的，是由百姓的需求决定的。

聚焦一个"问"字，从乡亲们的反映出发

"我们村虽然有不少文艺团队，但仅仅就是自唱自跳，除了文艺汇演也不知道有哪些更好的途径为村民服务。"威海荣成市俚岛镇中我岛村妇女主任、基层综合性文化服务中心工作人员王玉红说。

2019 年，处于起步阶段的威海公共文化服务公益创投项目，开始实践项目的具体模式，而"问需于民"则是该模式的先决条件和必

济南市文化馆举办文化惠民演出

要保障。威海市文化和旅游局委托的社会组织进村入户，在中我岛村了解到了该村村民的现实需求。

　　详细分析、梳理和研判后，在群众文艺领域比较在行的社会组织被指定为中我岛村的指导团队。指导团队从接到威海市文化和旅游局的通知起，便每隔一个月到中我岛村去一趟，具体任务包括安排专业文艺工作者辅导村民、及时了解村民新的需求和学习进展、年底形成完整的调研报告汇报相关辅导成效等。

　　几年时间过去，中我岛村的文艺团队"旧貌换新颜"。因为有了专业人员的辅导，村民的舞蹈动作更加标准；因为有专业人员的督促和组织，村民参与文艺活动的热情更加高涨，村里陆续举办了文艺晚会、文艺队伍擂台赛、文化广场大宣讲等活动。

　　中我岛村的文艺新风貌，是威海开展公共文化服务公益创投的成效缩影。而在这其中，一个主要环节就是做好"问"字文章，在最开始就把百姓的需求搞清楚、弄明白。

推动公共文化服务高质量发展的关键，在于准确把握群众精神文化需求，创造性开展活动，提供更加优质的服务内容。

近几年，山东文旅部门从供给侧改革入手，推动公共文化服务从传统的"被动服务"到"主动问需"，实现服务精准配送的管理模式。

推动公共文化服务高质量发展，既需要统筹谋划、综合考量，也离不开务实精准、特色服务。过去几年，潍坊市推动公共文化服务传统项目提档升级，围绕"百姓喜欢的，就是我们要做的"这一理念，坚持从大处着眼、细处着手，有力提升了群众的文化生活满意度。

秉持一个"专"字，让乡村文艺办出特色

面对基层剧团在大型剧目创排上的人才短缺和项目资金争取难等现实困境，自 2016 年起，滨州市从挖掘地域特色、有效保护剧种个性出发，以国家艺术基金申报和戏曲进乡村全覆盖为契机，确定了基层专业剧团为主体、小型剧目精品打造为重点的艺术创作策略，量身定做了一批剧种个性鲜明、鲁北地域风情浓郁、以喜剧风格见长的小戏佳作。

滨州市文化和旅游局主要负责同志，近几年滨州市坚持采风与创作并重、"深扎"机制建设与艺术成果转化并重的理念，加大艺术作品讴歌时代和人民的情感力度。2016 年至今，围绕精准扶贫、乡村振兴、红色基因等时代主题，滨州市策划开展了扶贫题材小戏小品采风创作与剧本征集活动、文明城市创建文艺作品创作征集巡演活动、"扫黄打非"进基层文艺作品征集活动、红色主题采风实践活动、疫情防控专题创作座谈活动。同时，每年组织文艺创作培训班，邀请文艺界知名专家为全市文艺工作者授课解惑，为学员布置作业，并对提

山东推出全省范围新创文艺作品汇演

交作品汇编成册、研讨推介，为精品剧目创排夯实人才和剧本基础，形成了采风调研论证、剧本创作储备、成果推介转化、基层演出检验的良性互动。

过去几年，山东省文化和旅游厅坚持以人民为中心，以社会主义核心价值观为引领，以戏曲、曲艺、音乐、舞蹈等群众喜闻乐见的艺术形式为载体，切实加大"三农"题材文艺创作生产力度。

山东省文化和旅游厅一级巡视员介绍，山东推动各级文旅部门深入挖掘全省乡村振兴战略进程中的重大事件、重大成果、先进事迹、鲜活事例，创作推出一批展示当前乡村振兴重大成就、反映当代农民精神风貌的优秀文艺作品，努力丰富农民文化生活、改善农民精神风貌、提升农村文明程度。

经过多年打基础的工作，齐鲁大地乡村的文化生活可谓丰富多彩。

这几年，山东各级党委政府加强资源整合，综合用好文化科技

威海荣成市业余文艺团队开展活动

卫生"三下乡"、文化惠民消费季、文艺汇演展演、"一村一年一场戏"免费送戏工程等平台载体,把更多优秀的电影、戏曲、图书、期刊、科普活动、文艺演出、全民健身活动送到农民中间,丰富农民群众文化生活。持续办好"文化惠民、服务群众"实事项目,每年为农村(社区)免费送戏1万场。深化"深入基层、扎根人民"主题活动,深入开展"我们的中国梦——文化进万家"活动,组织文化文艺小分队深入乡村开展送文化活动。加快推进"书香乡村"建设,精心组织农民读书节、读书月和"三农"主题书展、书市、大讲堂等活动。

　　人民群众所需要的,是与自身生活紧密相关的精神文化产品。近年来,山东推动各级文旅部门、文艺单位进一步完善"深入生活、扎根人民"主题实践活动工作机制,落实活动经费,创新实现形式,支持文艺工作者带着题目、带着任务、带着目标深入乡村体验生活、采风创作。

把握一个"精"字，注重科学分工和监管

新时代的公共文化服务，一方面要跟百姓需求紧密结合，另一方面也要统筹区域内资源，吸引社会力量参与，形成合力。

作为山东省 8 个示范点之一、济南市唯一的展示点，商河县储家村于 1 月 23 日全面录制完成"村晚"。整场"村晚"主题突出，地域文化特色浓郁，奉献了一场喜迎冬奥会，欢乐过大年的文化大餐。

以乡村为主体，以百姓为主角，才能充分发挥群众的参与性与创造性。储家村文化大集自 2011 年以来每逢农历三、八，群众便会自发组织来储家村登台献艺，至今已有十年。本次"村晚"的举办，受到广大群众的积极响应，演出多为当地群众自编自导自演的节目，花棍舞、东信民歌等商河本土年俗特色和优秀民间文化得到充分展现，"年味""乡土味""文化味"呈现了商河人民欢乐过大年的愉悦心情和满怀豪情创造幸福美好新生活的奋进精神。本台"村晚"的成功举办，不仅进一步丰富了村民的年节精神文化生活，而且为山东举办"村晚"探索出了成功经验。

2020 年，山东省委办公厅提出贯彻落实《关于加强和改进乡村治理的指导意见》的实施意见。

实施意见明确，山东将实施德治乡村培育行动。坚持文化引领，实施公民道德建设工程，推进新时代文明实践中心建设，持续开展文化、科技、卫生"三下乡"活动，打造一批有特色、可复制、影响大的志愿服务项目品牌。支持群众自发开展丰富多彩的文化活动，鼓励社会力量参与乡村公共文化服务体系建设。结合传统节日、民间特色节庆、农民丰收节等，因地制宜广泛开展乡村文化体育活动。加强历

史文化名镇、名村、传统村落保护和科学利用，开展重要农业文化遗产挖掘与传承。实施乡村旅游精品工程。

家住烟台市莱山区的白新玲，如今是两个孩子的妈妈。周末和节假日，她经常带孩子到小区附近的公共文化设施"打卡"。"孩子还小，培养阅读习惯很重要。"白新玲说，烟台市这几年对图书馆等公共阅读空间的打造非常关注，且招募了很多阅读推广人，组织的一些活动孩子特别喜欢。

这几年，烟台市文化和旅游局按照"政府主导、重心下移、社会参与、共建共享"思路，构建市、县、乡、村、社会"五级联动"一体化"建管用"机制，持续促进区域协调发展，推动基本公共文化服务均等化。

"宜未雨而绸缪，毋临渴而掘井。"科学合理的顶层设计，是推动公共文化服务高质量发展的前提。过去几年，烟台市文化和旅游局牢牢把握社会主义先进文化前进方向，强化公共文化服务的政治引领价值，推动公共文化机构切实承担起举旗帜、聚民心、育新人、兴文化、展形象的使命任务。

同时，烟台市深化公共文化服务体制机制改革，创新管理方式，扩大社会参与，形成开放多元、充满活力的公共文化服务供给体系。

十四、消费升级篇

消费是拉动经济增长的主要动力源，2021年，山东紧盯扩大内需战略基点，持续提升全省需求链的扩张力、附着力和联动力，为内需潜力加速释放增加新的、更加强大的动力。全年社会消费品零售总额33714.5亿元，比上年增长15.3%，两年平均增长7.4%。按消费类型分，餐饮收入3828.2亿元，增长22.4%；商品零售29886.3亿元，增长14.4%。传统消费品提档升级，全年限额以上体育娱乐用品、通信器材、金银珠宝类零售额分别比上年增长61.5%、54.3%和69.7%，两年平均分别增长38.6%、34.2%和13.7%；智能型消费成市场亮点，限额以上可穿戴智能设备、智能家电、智能手机零售额分别比上年增长21.1%、26.0%和64.6%，两年平均分别增长25.2%、42.8%和52.8%。升级类商品旺销，限额以上体育娱乐用品类、通信器材类和新能源汽车零售额分别增长61.5%、54.3%和92.0%。直播电商、社区电商等消费新业态逐步成长为消费新增长点，山东建设县域直播电商产业园区、产业基地，推动重点电商平台新业务在山东省落地。

山东省扎实组织开展放心消费全域创建，着力营造安全放心的消费环境，全省参与放心消费创建并作出承诺的市场主体达678万户，基本实现应创尽创。同时，大力推行线下购物无理由退货，全省承诺推行无理由退货的实体店经营者达19.86万家，促成退货商品430.62万件，涉及金额5.57亿元；推动在消费集中场所设立消费维权服务站8100多个；全省公示各级放心消费示范单位17.16万家。

打造医养新模式，泰安聚力
构建"康养福地"

2021 年泰安市政府工作报告再次明确提出，"十四五"时期要着力打造康养福地，持续提升"养老泰安·养生泰山"服务品牌影响力，把泰安建设成为省内一流、国内有一定影响力的医养健康基地。

"泰安模式"医养健康服务脱颖而出

2022 年 2 月 25 日一大早，泰安市财源街道更新社区的王太琴老人，准时来到社区养老服务中心。

泰安市泰山医养中心

王太琴老伴去世多年，儿女不在身边。在这里，她能享受到健康查体、日间照料等贴心服务。

像她这样的独居、空巢老人，更新社区有300多位。2021年10月，社区与第三方机构合作，成立多维融合居家养老服务中心，为居家高龄、空巢、失能老人提供专业化护理和远程监护等服务。

据泰安市泰山区财源街道更新社区居家养老中心工作人员介绍："我们的采集器和我们服务中心的平台相连接，24小时实时监控我们老人的心率、血压、血氧饱和度，如果老人的身体出现了特殊情况，我们的平台会第一时间接收到信息。"

近年来，为解决医疗机构不能养老、养老机构不能看病等问题，泰安市深入推动医养融合发展。目前，泰安市已形成"医、养、康、护、配送"结合的八大综合模式，医养结合机构建成48家。

泰山医养中心是山东首批医养结合示范机构，由政府投资建设、专业三甲医院运营。在这里养老的2600名老人，足不出户就能享受到优质医疗服务，以及智能评估机器人、测温机器人、陪伴机器人等智慧化服务。

泰安市卫生健康委医养健康科负责人表示："通过签约、合作、托管、派驻医护人员等形式，全面提升医养结合服务质量和智慧养老水平，切实夯实基层医养结合的服务能力。"

2020年11月21日，山东省社会福利中心暨泰安市泰山医养中心二期建设工程已启动。二期工程为家庭式养老，计划设计550套，建成后将成为全国最大的老年人集中供养医养结合社区之一。

山东泰山社会福利中心、泰山医养中心作为省、市共建重点项目，是市里养老服务体系建设重要组成部分，也是市里实施新旧动能转换和养老服务结合的重大举措，更是一项尊老、敬老、爱老的民心工程。

2020 年，泰安市实现医养健康产业增加值 162 亿元，占全年 GDP 的 5.9%；医药制造和医疗器械制造产业集群规模以上企业发展至 24 家，实现营业收入 56.2 亿元。

"泰安模式"下的医养健康产业已具规模效应。

"全国示范区"目标拉长医养产业链

近年来，围绕建设"康养福地"的目标，泰安积极推进养老服务创新，不断提升老年人的满意感、获得感、幸福感。

泰安把医养健康产业作为主攻方向，以建设全国医养结合示范区为目标，以泰山健康谷为载体，先后引进微医集团、诺莱医学、中生北控、京泰生物等一大批高端化、产业链项目，创建全国首家慢病互联网医院，积极争创全国智慧健康养老应用示范区，医养健康产业已经进入集聚发展、快速发展的新阶段。

据了解，目前泰安市医养健康产业涉及医疗服务、中医中药、健康养老、医疗器械、健康旅游等多个领域。此外，泰安市致力于拉长医养健康产业链条，聚力打造医养健康小镇。

2019 年，国泰民安康养产业小镇项目经省双招双引项目考核纳入医养健康产业项目，项目位于岱岳区夏张镇，万亩御道梨园之中，着力打造集智慧健康颐养、休闲度假、生态游憩、文化体验、体育健身和高效农业于一体的康养产业小镇。

目前，泰安市有泰山护理职业学院、山东医药技师学院、山东力明科技职业学院、岱岳区职业中专四个医护类职业院校，开设了护理专业、康复治疗技术专业、老年服务与管理专业等多个医养结合发展需要的专业，每年有几千名毕业生，为泰安市提供了专业技术人才保证。

为提升泰安市医养结合水平，市卫健委举办了多期全市医养结合工作培训班，累计参加培训人员近 600 人次；市人社局将"养老护理员"专业培训作为政府补贴培训项目，按照取得《培训合格证书》的初级 1000 元 / 人，中级 1500 元 / 人，高级 2000 元 / 人标准给予培训补贴，为泰安市养老护理事业发展贡献人社力量。

泰安市民政局积极引进和培育养老服务专业组织，提升养老服务的能力和水平，先后成功引进江苏九如城、湖南康乐年华、沈阳万佳宜康、山医康养等全国品牌化龙头养老服务企业，培育泰山医养中心、泰山慈恩颐养中心、泰山养老中心、泰山康乐年华居家养老服务中心等一批本土养老服务组织和机构。

此外，市民政局还建立分层、分级培训机制，积极开展养老专业队伍培训，每年培训养老服务从业人员 4000 名以上。

泰山护理职业学院自 2013 年以来，累计培训各级养老护理人员2300 余人，为全市健康养老行业培养出一批技术骨干和中坚力量。

泰山护理职业学院

"我们注重创新创造，不断完善人才培养模式，为全市健康养老行业培养出一批技术骨干和中坚力量，有力辐射带动了养老行业从业人员职业技能的整体提升。"

泰山护理职业学院相关负责人说，养老服务涉及千家万户，事关百姓福祉。学院将牢牢把握培养医护专业技术技能人才的办学定位，努力提升人才培养质量，为全市医养健康产业发展提供坚强人力资源支撑，与社会各界共同倾力守护多彩"夕阳红"。

"养老泰安·养生泰山"品牌持续擦亮

泰安资源禀赋条件良好，医疗养老基础扎实，文化旅游品牌突出，优势产业特色鲜明，医养融合发展是破局的关键。

为了着力打造医养结合的"泰安模式"，不断擦亮"养老泰安·养生泰山"服务品牌，2021年，《泰安市康养福地建设实施意见》经泰安市委、市政府批复实施，为加快推进泰安市医疗康复、养老养生、旅游休闲深度融合，促进泰安市医养健康产业发展、康养福地建设提供了重要依据。

《实施意见》作为保障和促进康养福地建设的重要举措，对泰安市充分发挥生态环境、文化旅游、医疗资源、交通区位等优势，推动康养领域和重大项目发展具有积极指导意义。

《实施意见》明确了泰安市"十四五"时期要构建覆盖全生命周期医养健康产业体系，建成省内一流、国内有影响力的医养健康基地的发展目标。同时，确定了八项重点工作任务，即：全面提升医疗服务水平、创新发展生物医药和高端医疗器械产业、加快发展健康养老服务业、提升发展文旅康养产业、大力发展健康体育产业、大力发展中医药健康产业、壮大发展健康农业产业、推动科技创新与健康产业融合。

医养健康产业被称为"永不衰落的朝阳产业",成为新一轮技术革命下最重要的战略性新兴产业之一。

泰安市的一系列举措,为医养健康产业新一轮快速发展明确了方向和路径,乘着"全面推进健康中国建设"国家战略的东风,正在致力于打造"康养福地"的泰安必将迎来养老服务和医养健康产业发展的黄金期。

黄发垂髫,怡然自乐。泰安北依泰山,南邻汶水,自然禀赋得天独厚,文化底蕴厚重坚实,发展养老服务和医养健康产业独具优势。

养老泰安,养生泰山;康养福地,未来可期!

强势"出圈":"曹县电商"故事在大江南北传唱

2021 年底,山东曹县再次交出一张霸气的成绩单:作为山东人口第一大县,2021 年,曹县生产总值达到 503.2 亿元,其中电商销售额达到 281 亿元,位列全省县域第一。

有着"华夏古都、电商强县"美誉的曹县,早在 2019 年就被国务院评为"农产品流通现代化、积极发展农村电商和产销对接工作典型县",成为全国十大电商发展典型县之一,并被国务院列入"落实重大政策措施真抓实干成效明显地方名单"。

女县长当"主播",半小时售出汉服 3000 余件

"大家好,我是曹县县长梁惠民,我为家乡的特色产品代言!曹县是中国最大的汉服生产基地,曹县汉服,全国闻名,请大家多关注,喜欢的尽快下单!"

在 2020 年 3 月 19 日晚举办的"抗疫复工、多多美丽"拼多多女装——曹县汉服源产地直播专场上,梁惠民在网络直播间,向全国网友打招呼,为曹县"汉服服装"直播代言。

晚上 8 点整,梁惠民走进直播间,霎时间,"县长来了""县长为

汉服代言""县长能穿一下汉服吗"……弹幕瞬间活跃了起来。

首次进入直播间的梁惠民，在介绍曹县汉服产品时如数家珍："曹县汉服手工艺者传承的是匠人精神，用料上乘，设计精美，上身舒适，一针一线都很有讲究，每一件都是精品。"

随着直播渐入佳境，观众邀请县长换上汉服的声音越来越多。盛情难却，梁惠民答应试穿。她一边穿，还不忘一边科普汉服小知识："大家穿的时候注意要左襟压右襟，不要压反了，汉服讲究穿戴方式、穿戴场合，切记不要衣冠不整。"

从晚上 8 点开始到 8 点 35 分结束，短短的半个多小时，直播观看量达到 164 万多人次。参与活动的 180 多家商户在半小时内售出了汉服 3000 余件。

谈起这次直播带货，梁惠民说："曹县产业比较丰富，电商经济发展较快，从事电商人员较多，与外界互动也多。曹县需要被关注，也需要流量。只要对老百姓有利的，我就会做。"

梁惠民认为，有产业，能乐业，能让老百姓在家门口实现梦想，这就是高质量就业，也是实现乡村振兴和县域经济高质量发展的重要体现。

"曹县电商发展特点是'一核两翼'，即以农民致富、草根创业为核心，电商平台与服务型政府双向赋能，通过农民的大规模电商创业就业实现乡村振兴。一店带一户、一户带一街、一街带一村、一村带一镇、一镇带全县，最终汇集成推动电商发展的强大合力。"曹县电商服务中心工作人员介绍。

山东曹县作为一个工业基础薄弱、贫困人数曾全省第一的农业县，如今电商经济却呈"燎原"之势"火遍天际"，不能不令人啧啧称奇。

借力电商经济，曹县形成江北最大淘宝村集群

2021年5月，一位年轻主播在短视频中，用方言喊出"山东菏泽曹县666"，引起火热"围观"。

"宁要曹县一张床，不要上海一套房""宇宙中心曹县""北上广曹"……山东曹县"火了"！

关于曹县的种种调侃接踵而至。但与网络"玩梗"的喧嚣形成反差的，是曹县不为人知的实力。

曹县大集镇丁楼村有着20多年的传统影楼表演服装生产经验，依托这一产业，电商经济以星火之势开始燎原。2013年，丁楼村成为全国首批、山东首个"中国淘宝村"，在此后的9年时间里，丁楼村持续获得此项殊荣。

"全村九成以上村民都开有淘宝网店，2019年生产的演出服饰销售额达5亿元。2020年因为疫情影响，销售额降到一半。我们及时调整战略，从生产表演服拓展到汉服、校服、工装等，2021年全村的销售额又回升到5.3亿元。"曹县大集镇丁楼村党支部书记任庆生说。

小村庄，大故事。

在孙庄村一站式党群服务中心，硕大的电视屏幕非常醒目。2022年春节期间，孙庄村党支部书记孙学平像往常一样，召集几个村干部和村民在服务中心看春晚。

"春晚是每年的流行风向标，别人看的是晚会的精彩，我们看的是服装潮流。"孙学平告诉记者，每年大家都一起探讨服装细节，研判当年流行趋势和设计风向。

孙学平曾参与全村三次转型，三次改道易辙换来三次"弯道超

车"。如今，孙庄村外出打工村民纷纷回流，760户村民中有560户开店，2000多家淘宝店年销售额超过3亿元。

在明星村的辐射带动之下，大集镇旧貌换新颜。2014年，大集镇被认定为中国首批"淘宝镇"。

如今，步入大集镇的主干道，这条上下游齐整的服装街道绵延15公里，道路两侧的门店人来人往，生意红火，拥有从辅料、布匹到加工、绣花，再到销售、物流的完整产业链。

丁楼村网络销售尝试，拉开了大集镇电子商务经济大发展的序幕，也为"曹县电商"品牌的形成写下注脚。

借力电商经济，这个曾经的鲁西南传统农业县现已成为江北最大的淘宝村集群，并创下多项全国纪录：

全国最大的演出服产业集群，网络销售全国第一；全国最大的汉服生产基地；木制品产业集群的销量占淘宝和天猫的40%，京东的50%；全国唯一的中国木制品跨境电商产业带。

目前，曹县电商企业发展到5500家，网店6.6万个，已带动35万人创业就业，超过全县人口的五分之一。

"4+1"集聚模式，曹县电商促进"返乡创业就业"

在10余年的发展过程中，曹县电商及相关产业呈现出"3+1"集聚模式，即三大产业集群加一个跨境电商产业带：表演服产业集群、木制品产业集群、农副产品产业集群，以及木制品跨境电商产业带。

从"不恋三分田，出去赚大钱""一人在外，全家脱贫"，到"在外东奔西跑，不如回家淘宝""家家开工厂，户户办企业"。目前，全县淘宝村已经发展到168个，每5个村就有一个淘宝村。

曹县返乡创业服务中心主任蓝凯记得，十几年前，自己的主要工作还是"输出转移农村富余劳动力"；如今，他的工作重点是"促进返乡创业就业"。而他的角色变迁，恰好折射出曹县乃至菏泽市整个创业就业环境的不断优化。

"我现在的工作，就是把当初送出去的人再请回来。"蓝凯如是说。

曹县劳务输出工作起步早，仅"十二五"期间，劳动力县外输出最多时达35万人。近几年，这一现象有了大变化——自2017年被国家发改委、人社部等10部委联合认定为返乡创业试点县以来，县内返乡创业就业人员已达到6.9万人，在外人员返乡步伐加快。这些返乡人员，也成了"曹县电商"品牌的生力军。

毕业于大连理工大学的博士生胡春青与妻子孟晓霞就是其中的典型代表。2014年一次回乡探亲时，孟晓霞发现了曹县电商的广阔市

汉服服装工厂内女工正在为衣服缝制绣花

场："县里、镇里大力发展农村电商，现在很多年轻人都在做，很多人因此发家致富。"

曹县的人才引进政策力度很大，像胡春青这样的博士回乡创业，政府提供了很多优惠政策，不仅提供 2000 平方米的车间免费让他们使用，还为他们申请到各类贷款。

在政府的搭台助力之下，夫妻二人的创业之路越走越稳，年销售额已达到 1000 万元以上。胡春青还当选为菏泽市人大代表，积极为打造曹县汉服品牌、推广汉服文化奔走。

曹县因势而动，顺势而谋，大力实施引凤筑"曹"工程，加快发展归雁经济，先后出台《全民创业实施方案》《曹县支持人才优先发展若干政策》《关于实施曹县籍优秀人才"回流计划"的意见》等，提供财政扶持、金融支持、税费减免、子女就学等诸多优惠政策，鼓励引导曹县籍优秀人才回乡发展，通过深化政策激励机制，为创业创新赋能。

近年来，曹县主动将电商发展融入全县经济社会发展大局，建设曹县电商产业园区，推动电商向区域化、集群化、园区化蓬勃发展。

从 2019 年开始，曹县职业中专率先在全省县级职专开设电商专业（直播电商），目前共有 7 个班 300 余学生。这些学生全部是当地生源，这将为曹县电商发展储备后续人才，为培养电商达人、"网红"直播打下基础。

未来，曹县将更加注重在"氛围"上下功夫，利用本县"网红"优势，培育更多正能量"网红"，并围绕曹县特色产业、历史文化、自然风光、本地美食等，通过各类媒体持续发力、不断造势，全力打造"华夏古都、电商强县"的曹县品牌。

扩容升级！ 2021 年山东省社会消费品零售总额突破 3 万亿元

2021 年，拉动经济增长的主力是什么？答案是消费。国家统计局公布的数据显示，2021 年，最终消费支出对经济增长的贡献率为 65.4%，拉动 GDP 增长 5.3 个百分点。具体到山东，2021 年，全省消费市场呈现明显的稳健前行之势，全年社会消费品零售总额突破 3 万亿元大关，达到 33714.5 亿元，比上年增长 15.3%，两年平均增长 7.4%，分别高于全国平均水平 2.8 和 3.5 个百分点。

新业态为消费扩容

春节临近，工作繁忙，年货哪里买？疫情影响，年货怎么卖？无论是对消费者还是对商家而言，这都已不是问题。消费者打开任意一个网络购物平台，各地特色年货任选，同城商超甚至可一小时内送达；与此同时，众多商家一直在紧张备货，积极参与网上年货节，潍坊凯旋供应链有限公司的"船鲜生新零售"淘宝店铺年货节开售 1 小时内，红酒、坚果等年货产品销售额就达 106 万元。

"居民消费习惯的线上拓展与商贸企业的数字化转型，共同促进了网上销售的持续快速增长。"省统计局贸易处主要负责同志介绍，

网上年货节

2021年，山东省网上消费高位运行，全年实现实物商品网上零售额4763.3亿元，比上年增长16.5%，两年平均增长17.6%。

在高密柏城电商创业园，以服装销售为主的蔡国强转型做电商之后，店铺的年均盈利比原先实体店翻了好几倍，一年的营业额达300万元。像这样的电商企业，高密柏城电商创业园已经孵化了100多家，年交易额超过2亿元。像这样的电商创业园已在全省多点开花。

扩大内需、促进消费，新业态、新模式是实现提质扩容的重要手段。"直播电商、社区电商等消费新业态的发展和完善，促进了线上消费额的不断增长。"省商务发展研究院商贸流通研究所所长商庆竹表示。据统计，2021年山东省实物商品网上零售额拉动社会消费品零售总额增长2.5个百分点，比上年提高0.5个百分点。其中，限额以上实物商品网上零售额增长 39.1%，高于限额以上零售额增速 22.6 个百分点。

为培育消费新业态，山东省在 2021 年大力发展直播电商、社区电商，建设县域直播电商产业园区、产业基地，推动重点电商平台新业务在山东省落地。淘宝直播济南直播基地于 9 月份在济南落地；抖音电商在山东省临沂和威海落地两个直播基地，两家基地进驻商家均达上百家。

"聚焦新消费模式拓展，2021 年山东省实物商品网上零售额占社会消费品零售总额的比重已达到 14.1%。"省统计局副局长陆万明介绍。

传统消费提档升级

当线上消费成为越来越多消费者的新选择、新习惯，线下商超是不是必然"风光不再"？去年 11 月 26 日盒马鲜生济南经四路万达店开业时的盛况给出了否定答案。当日，店门口热情的消费者排起了长队，平均进店时间达 1 小时，万达商场的整体客流创近三年来的新高。

据盒马鲜生济南分公司总经理张东征介绍，情侣、家庭、年轻闺蜜和兄弟、白领是到店最集中的四类客群，其中 80% 的消费者是"80 后""90 后"。这类消费者的共通点是追新尝鲜、关注生活品质，更追求到店的体验感。

线上消费的便利并不能取代"逛街"的乐趣。省统计局公布的数据显示，2021 年全年山东省新增限额以上批零住餐单位 8180 家，比上年增长 38.4%；实现零售额 826.9 亿元，拉动限额以上单位零售额

山东文化和旅游惠民消费季活动现场

增长 5.9 个百分点。不过，要想吸引消费者，传统商业体系需要不断优化供给、提升品质，满足消费升级需求。

"山东近几年城镇化率明显提升，这部分新城镇化人口和城镇内原有的中等收入群体组成了规模庞大的消费群体，推动了山东的消费升级。"中国社会科学院数量经济与技术经济研究所研究员郑世林表示。

"升级类消费增势强劲。"王慕然介绍，一方面，传统消费品提档升级，全年限额以上体育娱乐用品、通信器材、金银珠宝类零售额分别比上年增长 61.5%、54.3% 和 69.7%，两年平均分别增长 38.6%、34.2% 和 13.7%；另一方面，智能型消费成市场亮点，限额以上可穿戴智能设备、智能家电、智能手机零售额分别比上年增长 21.1%、26.0% 和 64.6%，两年平均分别增长 25.2%、42.8% 和 52.8%。

消费升级不断向纵深发展，对城市商业体系的丰富完善提出了更高要求。去年，山东省启动城市"一刻钟便民生活圈"改造提升工程，济南、青岛、烟台 3 市获批国家级试点，临沂、东营、滨州、济宁 4 市被评为首批省级试点城市。

筑牢提振消费根基

省统计局公布的数据显示，2021 年山东省居民人均消费支出22821 元，比上年增长 9.0%，两年平均增长 5.7%。"疫情以来各地出台的促进消费政策，对释放居民消费需求贡献明显。"山东社会科学院经济研究所所长周德禄表示，"各地加大消费刺激力度，消费拉动性明显增强，城乡消费协同性进一步提高。"

"一年来，山东省坚持稳政策、增收入、提信心，助推全省消费市场稳步复苏、持续向好。"陆万明介绍，去年山东省消费品市场呈现出专项政策给力、"内外循环"发力、消费升级有力、线上消费加力的明显特征。不过，影响消费的因素很多，要进一步扩大内需、促进消费，关键是要让消费者想消费、愿消费、敢消费，进一步筑牢提振消费的根基。

比如，放心的消费环境。去年，山东省扎实组织开展放心消费全域创建，着力营造安全放心的消费环境。省市场监管局一级巡视员朱昆峰介绍，全省参与放心消费创建并作出承诺的市场主体已达 678 万户，基本实现应创尽创。同时，大力推行线下购物无理由退货，全省承诺推行无理由退货的实体店经营者达 19.86 万家，促成退货商品430.62 万件，涉及金额 5.57 亿元；推动在消费集中场所设立消费维权服务站 8100 多个；全省公示各级放心消费示范单位 17.16 万家。下一步，山东省将持续深化放心消费全域创建，着力构建集企业自治、行业自律、群众参与、社会监督、部门监管、政府领导于一体的共建共治共享格局。

再比如，收入的不断提升。据统计，2021年全省居民人均可支配收入35705元，比上年增长8.6%，两年平均增长6.3%。按常住地分，城镇居民人均可支配收入47066元，增长7.6%；农村居民20794元，比上年增长10.9%。城乡居民人均可支配收入比为2.26，比上年缩小0.07。近日，省政府印发《进一步提高居民可支配收入若干政策措施》，从稳步提高居民工资性收入水平、大力促进农民增收、稳步提高居民财产性收入、持续完善社会保障体系四个方面提出了52条切实举措，这将为进一步促进消费奠定良好的基础。

济南市民记账 35 年，从月收入 60 元到月支出 6000 元——家庭账本里的时代变迁

"社区工作人员送给我一个小箱子，我把账本都放了进去，才发现这些年攒了 20 多本……"

生于 1951 年的姜慧龙和刘巧云是一对恩爱夫妻，他们住在历下区东关街道菜市新村社区。老姜夫妇的这箱账本，封面上都标注了起止时间、编号，其中不少字迹已经有些模糊，它们记录着从 1985

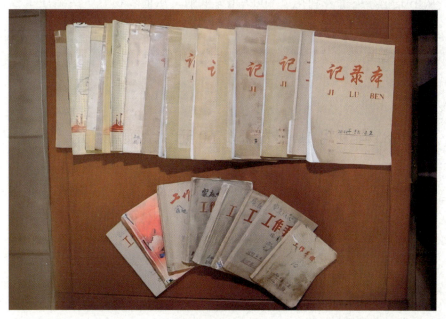

老姜夫妇的账本

刘巧云记下最新一笔开销

年开始至今的所有家庭收入和开销：从月收入 60 元到退休金数千元，从用工业券买手表到花近 8000 元买电脑，从追求物质生活到注重教育、养生……

一晃 35 年，大时代就这样被老姜夫妇藏进了小小的账本中。

1985 年 9 月 19 日发工资 60 元　余额 160 元

60 元，在很多人眼中也许还不够一个人全天的饮食花销，而在 1985 年 34 岁的刘巧云眼中，这是一笔绝对不低的月收入。1985 年 9 月 10 日，刘巧云家的第一本账本第一页，"增加"一栏写着"60 元"，余额一栏写着"160 元"，那是刘巧云和老伴儿姜慧龙的共同积蓄。

"那时候我在原济南制药厂工作，我老伴儿在原济南燃料集团总公司市中公司，这可都是别人挤破头想进的单位。"刘巧云回忆，在

老姜夫妇看着第一本账本陷入回忆

20世纪70年代两人结婚时，自己的工资每月只有39元5角，老伴儿的工资是37元7角4分，"那个年代都这样。"

　　那一年，两人的儿子刚五六岁，夫妻两人除了工资和偶尔的奖金收入外，还会领到计划经济时代的必需品——粮票、油票、工业券。"每个人每月25斤粮食，半斤油、半斤肉，粗粮和细粮明确分开，面粉和大米占比例很少。"姜慧龙说，家里的细粮都要攒到过年才买，而且要紧着孩子先吃。

　　各类票券很大程度上支撑着一家人的温饱，工资花起来却是"没数"的，每次核对开销，两人发现对不起来的账都会拌几句嘴。而本就不多的工资还要应付人情往来、孩子生病等突发状况，很多时候不到月底就花光了。"我老伴儿提出来说要把工资记账，小到买一个馒头也得记下来。1984年开始在纸片上简单记录，1985年9月开始就有了你们看到的这些账本。"姜慧龙把标着号码的20余本账本摊开，其中有巴掌大小颇具年代感的"工作手册"，也有记录本、作文本，其中不少还包了外皮、用透明胶带封边保护。

"你看，肉、鸡蛋、油都是 7 毛 9 分钱一斤，'馍馍' 5 毛钱一斤，烧饼 6 毛钱一斤……" 姜慧龙戴上老花镜仔细找寻着时代的印记，"那时候赶上别人结婚，份子钱最多才随 3 块，我俩 1978 年结婚的时候还有人随 5 毛呢。"

20 世纪 80 年代，姜慧龙和刘巧云购置的"大件"是人生第一辆自行车和第一块上海牌手表，各花费 50 张工业券，而这都是要开家庭会议才能决定的。

2000 年 12 月 19 日支出 7890 元　购置电脑一台

进入 20 世纪 90 年代，计划经济取消，各种票券成为一代人的回忆。老两口的工资开始以 15 元一级的幅度逐渐上涨，达到几百元，而烧饼也涨价到 1 角钱一个。说起那时候，老两口最大的感受就是小商贩开始遍布大街小巷，那些从前不敢想的物件也能买到了。

2000 年 12 月 19 日，是这个家庭至今难忘的日子，他们花了一笔"大钱"。那天，已经参加工作的儿子发了 500 元工资，家庭账户余额 11310 元，一家人咬咬牙支出 7890 元购入了一台组装电脑。"那台电脑'屁股'很大，放在桌上很占地方，但绝对是当时最时兴的，物以稀为贵嘛，很多家庭都舍不得买。"姜慧龙至今清楚地记得，那台电脑 CPU 型号是"奔腾 800"。对比那时鸡蛋 2 元钱一斤、青菜几角钱一斤的物价，就能估算这台电脑的分量。

实际上，2000 年这个家庭已经有了危机感。"1999 年，我退休了，每月领取 640 元退休工资。老姜所在的单位是计划经济产物，随着市场经济发展而被取缔，工资降到了从前的 50%。"刘巧云说，他们两人也"下海"了，摆了个小地摊来改善生活。这一箱子账本中，也有不少是当时进出货品的记录。

"多亏了记账的习惯才能让我们攒下些钱，即便遇到些困难也能满足孩子一些看起来奢侈的愿望。"姜慧龙感慨，如今普通电脑、电视机只要两三千元，科技的飞速发展在对比之下格外令人震撼。

2021年1月25日孙子上围棋班　每学期4000元

老姜夫妇的最新账本，是2020年9月1日启用的。最近10年的账本与从前相比，"增""减""余额""备注"几栏中，"增"已经不再记录。"以前领工资都是现金，现在直接打到卡里，每次取钱的时候记录下金额和余额就可以了。"刘巧云说，他们还是喜欢花现金，"这样比较有数"。

第一本账本，时间横跨近5年，而近几年的账本几乎都是一年一换，如今物质生活的极大丰富让一家人的开销也随之增加。仅从饮食上，20世纪80年代，家里购入物品多是鸡蛋、青菜，20世纪90年代账本上越来越多地出现月饼、烤鸭，而现在燕麦、扒鸡、锅巴、山楂卷、猕猴桃等各种美食每天都变着花样买回家。

"过去吃完西瓜瓤，都得把西瓜皮炒成菜。过年最多炖个猪头、炸个鱼，平常也不舍得去外面吃饭，在食堂买馒头回家拌个萝卜丝儿就能对付。"姜慧龙说，如今虽然过上了顿顿有肉的日子，可老两口的整体消费，从过去几十年追求不同的物质生活转向丰富文化生活、孩子教育，每个月的总支出多在6000元左右，"瞧，我前两天刚买了一套练功服，锻炼身体的时候穿！"

1月25日，刘巧云外出归来打开账本开始记录，依旧是连3元钱的馒头也没有放过。她扭头跟正在沙发上用智能手机与棋友聊天的老伴儿说起，临近寒假，孙子的辅导班要开课了。"我儿子、儿媳压力也很大，我们现在退休金俩人加起来有七八千元，所以日常生活也会帮衬他们，给孙子报辅导班的费用我们负责。"刘巧云说起孙子，脸上的笑意更浓了，"孙子上小学 6 年级，上围棋课，一个学期 4000 块钱左右，现在他都是业余三段了！"

从青春少年到七旬老人，老姜夫妇携手走过 40 余年岁月，他俩戴着老花镜翻看账本的一双身影，是那样安静美好。从一个念头到一辈子的习惯，他们也没想到能把记账这件事坚持 35 年。账本里的数字就像一串串密码，守护着只有他们一家人能读懂的独家记忆。

这些数字，也是岁月变迁中一个普通家庭的生活"晴雨表"。小账本反映出的大时代，让人动容，更让人对未来充满期待。

十五、智慧生活篇

根据《数字中国指数报告（2020）》和《2020 中国数字政府建设白皮书》，山东数字中国省级指数、数字政府建设指数均居全国第三位。山东以开放共享的姿态拥抱数字化，而后者也正为全省高质量发展注入澎湃动能。

　　目前，山东省级一体化大数据平台已实现高频结构化数据按需汇聚共享。2021 年上半年"数林指数"评估中，山东省公共数据开放位列全国第二，其中数据容量和有效数据集总数领跑全国。

　　数据的价值在于应用。从应用侧发力，山东省通过"数用"倒推"数聚""数治""数管"，形成"应用—提升—再应用"的良性循环。通过开展大数据创新应用突破行动，打造了一批务实管用、群众认可的智慧应用场景。截至 2021 年底，移动端政务服务总门户"爱山东"APP 注册用户突破 7000 万，省市两级高频服务事项全部实现"掌上办"，数字化已成为山东政务服务的重要标签。

　　山东抢抓数字经济发展机遇，培育了一批"算量＋算法＋算力"特色大数据企业，同时实施智能化绿色化技改工程、工业互联网"个十百"工程等，赋能传统制造业转型升级。各种新模式、新业态加速涌现，数字"兴业"成效突显。山东省累计认定省级工业互联网平台 115 个，带动上云用云企业 26.9 万家，各类智慧农业应用基地达 232 个，网络零售店铺增至 171.2 万家。2020 年山东数字经济总量突破 3 万亿元，成为全省重要经济增长极。新模式、新业态层出不穷的同时，山东加快布局数字基建，为经济社会发展提供支撑。目前，山东累计建成开通 5G 基站超过 10 万个；建成各类数据中心 204 个，在用标准机架数超过 23 万。

"智慧城市"聪明到啥程度？

　　从数字化到智能化再到智慧化，让城市更聪明一些、更智慧一些，是推动城市治理体系和治理能力现代化的必由之路。2021年7月召开的山东省数字强省建设工作会议提出，加快实现数字基础设施建设的新突破，拿出抓传统基础设施建设的劲头抓"新基建"，着力织密"网"、提升"云"、增设"端"，强化省级统筹、体制创新、设施联动，夯实数字强省底座。

　　当前，智慧城市在经历了概念导入期、试点探索期、转型升级期之后，逐渐步入高质量发展期，山东也在融合中走出一条独特的数字化发展之路。

城市主动"拥抱"

　　过去，东营区城区路灯以传统高压钠灯光源为主，能耗高，每天亮灯不足6小时（半夜灯），城区主次干道由于设备老化严重，能耗衰减大，灯具故障率高，整体照明效果不好。

　　为改善城市道路照明设施，浪潮协助东营区打造了"节能增量、智慧管理"升级改造项目。原来需要安排多人进行巡检，如今从手机端就可以随时了解路灯照明情况。

浪潮对城区内 183 条道路 2.2 万多盏传统路灯全部进行了智能化升级改造，通过操控平台就可以达到实施观测和智慧掌控。浪潮面向城市管理，按照"多杆合一"的思路，建设多功能杆，合理布局各类路测设施，满足公安、交通、城管、环保、应急、通信、能源等多部门对城市设施的部署要求。

放眼全国，数字经济建设将促进经济高质量发展已成为共识，包括深圳、上海、武汉在内的多个城市相继推出新型智慧城市建设方案。从计算数据到平台应用，再到政务云新基建，浪潮开始探索智慧城市的新应用。

通过改造和智慧管理，东营城区路灯改造后的平均照度提升约26%，综合节能效率达到 62.32%。除了前端，后期的养护成本也是很大的支出。为此，浪潮依托通信技术以及数字城管平台，将路灯接入东营区智慧城市照明系统。如此一来，路灯也从传统的人工巡检转变为智能化、单灯智慧控制的新模式，节约了养护成本 50% 以上，故障修复率达 100%。

做有温度的"大脑"

疫情期间，济南市历城区郭店街道综合治理中心主任高英人常常接到密接人员排查任务，看似简单的工作在操作中却问题重重。

"排查对象信息并不完整，有的仅有一个名字，电话未必能够联系到本人，其次还需要通过电话输入密接者的详细情况，再反馈上传系统。"在济南市历城区郭店街道社会治理中心，高英人正在操作，一旦信息不全，很多时候就会被"打回"；一些相关涉密信息如何安全上传系统，也是个难题。

了解到目前基层工作人员的工作困难，浪潮开发出了应对管理系统。如果名单是在凌晨发送到街道，系统可以通过姓名检索实现部分内容的输入，第二天工作人员可以再进一步对比核查。此外，智能化的名单管理，避免了多次重复劳动。在开发新系统的基础上，浪潮还将郭店"泉"智慧运行管理系统接入，同样是由浪潮开发和维护的系统实现了互通。

济南市是这个智慧平台的唯一试点。有了这个平台，相当于建立了"社区大脑"，工作人员需要查找的信息导入系统，通过人脸识别、姓名检索等碎片信息分分钟锁定排查对象的身份，并通过"以人查房"功能，迅速找到住址并联系其家人，大大提高了疫情期间的工作时效。把数据用起来，让社区大脑会思考、能指导行动，才是问题的关键。

据了解，郭店"泉"智慧运行管理中心核心板块，横向整合街道综治、城管、环卫、交通等管理体系，纵向延伸 16 个村居网格，让郭店街道管理者有了"千里眼""顺风耳"，也让老百姓的获得感、幸福感、安全感更充实、更有保障、更可持续。

疫情期间，郭店所有辖区利用前期接入的各种人、房、车、视频、感知等数据，依托网格化管理平台，对各社区进行疫情摸排、帮助企业复工复产，"社区大脑"可以说立了大功。

从"社区大脑"到"城市大脑"，浪潮新基建发力城市信息基础领域。"城市大脑"采取分布式的建设和部署模式，只有"中心脑"与"边缘脑"、"行业脑"与"区域脑"的结合，形成一个"脑网络"，才能真正支撑起城市治理的智能化需求。在济南，浪潮联合生态伙伴在三个层级实践了城市大脑体系的建设理念。在市本级，构建智慧泉城大脑中枢，支撑城市防汛、森林防火、工业运行分析、智慧停车、智慧城管、智慧应急等 83 个应用场景；在行业级，联合滴滴等行业伙伴共同打造济南交通大脑；在城市基层，以街道为中心建设街道微脑，打通城市基础物联感知体系，借助非现场执法，加大对非法营运源头的打击。

建设智慧城市是利用智慧城市技术手段赋能，让社区更加温暖。谢兴昶认为，智慧大脑、智慧社区项目最终还是要反哺人、服务终端，将技术、商业和人融合才是智慧大脑打造的真正意义。

构建新生态

近些年，山东积极探索建设新型智慧城市，通过大数据、云计算、人工智能等手段推进城市治理现代化，让城市变得更"聪明"。目前，山东的相关经验为其他省市智慧城市的发展提供了借鉴样本。

以智慧交通为例，山东首条全自动无人驾驶地铁开通，标志着山东在"智慧＋交通"领域更上一层楼；在地铁乘车方面，人工智能技术应用在地铁上，搭建智慧地铁运营管理技术平台，可实现从乘客出门到邮站的全程智能服务。

山东省工信厅负责同志表示，"结合新型智慧城市建设，山东将加快大数据产业发展，推动人工智能、区块链等技术在数字经济各领域中的创新应用，将应用场景需求转化为产业发展新动能，打造数字经济新模式、新业态，激发山东数字经济发展潜力。"

智慧城市领域资深专家孙兴表示，智慧城市发展前景可期，但是目前智慧城市的建设和投资无法形成正比例，收益回报期相对较长，如何让行业企业有"获得感"，是促其长久扎根行业的根本。

济南大数据产业基地

　　对此，浪潮将原山东区销售单元和原智慧城市产业单元进行整合，成立浪潮新基建公司，致力于成为新型基础设施建设骨干企业和智慧城市解决方案与产品服务商，并且专门举行了浪潮新基建的生态合作伙伴大会，成立浪潮新基建生态联盟——银河联盟，吸引了各行各业能够服务智慧城市的商家，其主旨是打造"一站式"的服务。

　　作为浪潮新基建的生态合作伙伴，山东高新通网络科技有限公司主要做智慧园区业务，作为国内一流的产业园区"规划、建设、运营"整体信息化解决方案供应商和增值服务运营商，该公司和浪潮新基建建立了战略合作伙伴关系，双方就共同推进智慧园区、智慧社区、智慧城市等领域开展全面合作，助力和服务山东企业。

肥城：数字农业见识另一种"肥沃"

网络速度快，电脑容量大，软件种类多，便捷、高效、易得……这是数字化时代下个人可享受到的红利。而在山东肥城，政府通过组织科技型企业，建立行业联盟，搭建数字平台，让数据"穿梭"在田间地头，切实提高农业生产效率。始于产业数字化，探索数字产业化，肥城的数字乡村建设在特色农业领域上演了一出刷新"肥沃"内涵的生动实践。

"电脑"："数字底座"做硬盘，搭平台、享数据

"'数字底座'分'物理底座'和'数据底座'，'物理底座'就好比电脑硬盘，大量信息存储在这儿。"在肥城工业互联网创新中心，中心负责人之一刘勇介绍到，"这里可容纳 1000 台服务器等主设备，存储了包含农业资源数据库、农业农村档案数据库等在内的乡村信息资源库，这将为传统产业升级、新兴产业发展、政府信息化建设提供高弹性、高安全、高存储的数字空间。"

肥城市这张给力的"硬盘"背后，是政府规划在先：自肥城市入选首批国家数字乡村试点以来，当地组建了由 25 家相关公司组成的

肥城市数字经济产业园

数字乡村建设行业联盟，并投资 2 亿元建设了工业互联网创新中心，为数字乡村建设提供了坚实的技术保障。

"'数据底座'，是'桃都慧农'平台。"刘勇说，"我们为平台设定了数字农业助推、绿色乡村保护、乡村治理启航、信息惠民深化等 4 大板块 13 大业务应用场景，一方面，平台连通农业农村各业务部门系统，以及各相关部、省、市平台，可实现数据的实时传输，提高决策效率；另一方面，平台上的涉农信息可及时为肥城农业提供生产的'晴雨表'。"

肥城市委宣传部二级主任科员王秀民表示，"近年来，肥城市探索了'四个一'数字乡村建设模式，即一个数字乡村县域标准、一个数字乡村建设规划、一个数字乡村大数据平台、一个数字乡村大数据综合服务中心；将数字乡村大数据综合服务中心及大数据平台建设确定为政府主导重点项目，作为整合融合所有涉农项目的总平台和数字乡村建设的'大脑中枢'，预计 12 月中旬初步建成。"

"肥沃"的智慧，正在创造奇迹。有了数据，有了平台，"硬件"齐了，还缺"软件"，那就需要"程序员"来帮忙。

"程序员"：调研、开发、改进、推广，样样通

肥城的佛桃产业是当地农业特色，2020年，该市被中央网信办、农业农村部等七部委评为首批国家级数字乡村试点。

近期，中央网信办等7部委联合颁布《数字乡村建设指南1.0》，肥城桃产业智慧管理新平台应用场景成功入选并作为面向全国重点推荐的26个信息化典型案例。作为数字乡村的齐鲁样板，肥城再次赢得社会广泛关注。

"发展数字农业，我认为生产管理是主线，数字化只是个工具，就像电脑一样，没有数字化照样种桃，但我们能通过数字化的手段做各种研发，提高农业生产的效率。"肥城市桃园镇康顿农业负责人孙明辉表示。

孙明辉不是吹牛，数据监测分析、技术研发、工艺改进、产品推广……一谈起成果，他如数家珍：

"哪块地该浇水施肥？何时会遭遇冻害？哪个品种更受欢迎？从生产到销售的各个环节，通过大数据的深度挖掘和分析，建立桃生长种植管理模型、花期幼果期冻害预警模型、桃保鲜数字模型等，通过构建一体化物联网系统，为肥桃提供精准化种植和智能化决策。"

"对种植佛桃两亩以上的园子进行了GPS定位，为每棵桃树建立起了专属数字档案，实时监控桃子生长情况；与科研院所联合研发的果园巡检机器人，可在果园内自主行走、避让，通过人工智能技术，识别桃叶上是否有蚜虫、获取每棵树的产量、果实的成熟度等信息；而在此之前，我们会导入上万张的相关图片让机器人自主学习。"

"通过大数据分析，我们还采用了桃树的'Y'字形整形修剪技术，其效率是传统果园的4至5倍，而且对于没有学过剪枝的果农来

说，培训 2 至 3 小时就可掌握；采用传统剪修工艺则需老果农有 10 年以上经验。"

"光我一家用不叫用，得大家一起用。我们的最终目标是实现数字产业化，即把我们研究出的产品和模式推广给更多生产主体。"

"肥沃"的创意，结出"肥美"的果实。据了解，目前，该果园每亩每年节省用水、肥料、农药等投入 30% 以上，节省劳动力投入 300 元以上，销售价格提高 30% 以上，总节本增效 50% 以上。

"掌上村庄"：贴身的"导游"和"管家"

位于肥城市西南的孙伯镇五埠村是个纯山村，旅游业为该村主要产业。近年来，由于该村传统农旅产业效能低下、管理人员有限，社会治理方面问题日益突出，发展明显受阻。搭乘数字化的东风，五埠村成为肥城市"掌上村庄"示范村，如今，游客旅游、村民自治、乡村治理，所有在村人员用手机扫码就可获得"管家式"服务。

针对景区节假日游客聚集、停车位紧张、农特产品销售渠道单一等问题，该村研发"数字产业"功能模块，通过大屏、手机端小程序等途径为游客实时提供景点介绍、民宿床位等信息；设立游客服务、特色商城等功能模块，结合"直播带货"等新兴形式，促进农副产品销售。该村已实现年均接待游客 50 万余人次，带动周边各类农副产品销售实现 3000 余万元收入，间接带动 2000 余名村民就业创业。

针对在外流动人员管理难等问题，"掌上村庄"设立"数字党建"和"数字文化"等功能模块，通过云视频等形式，实施在线直播村级各类会议及召开主题党日活动，提高村务公开水平，并通过在线课堂、活动节目单的方式，实现民间非遗记录数字影像云端化以及农村人才培训数字化。目前，已累计开展主题党日活动及培训课程 30 余场次，上传各类活动 20 余场次。

针对部分服务事项办理不便以及村内隐患预防人手有限等问题，"掌上村庄"设置"应急处理"以及"政务服务"模块，重点强化服务民众属性。利用重点区域前端设备，加强对荷塘、观景台、餐饮、民宿等危险及人员聚集区管控。利用手机端小程序等，开展精准帮扶和民生保障信息化服务，极大地提升了乡村公共服务水平。

"肥沃"催生肥美。在肥城，一幅肥桃香、产业旺、人气兴的数字乡村画卷正在徐徐展开。

日照车家村：为美丽乡村
插上数字化翅膀

　　2020 年 12 月初，村支部书记孙伟站在车家村村委办公室门口的老槐树下面，看着工人们从 50 米高的电线杆子上把大喇叭慢慢卸下。在此之前的近四十年里，村委的声音都是通过这个喇叭传递到村民家中的。

　　如今的日照市经济技术开发区车家村，已经不需要用大喇叭来通知村民，他们找到了沟通村民更好的方式——数字化工具。数字化逐渐成为村民之间的纽带，也让车家村开始了乡村振兴的新征程。

先试先行　让乡村搭载上数字化

　　2002 年，在外经商的孙伟响应"能人回村"的号召回到车家村时，车家村仍保留着他记忆中的落后模样：砖石垒成的老旧平房，狭窄泥泞的乡间土路，道旁垃圾随处可见，沟渠间污水横流。村头巷尾看不到年轻人，年迈的老人在低矮的房檐下长坐，在犬吠蝉鸣声里度过漫长午后……

　　此情此景，让孙伟心里很不是滋味。经济薄弱、环境差、人才出走、老龄化严重……这些横亘在车家村通往乡村振兴之路上的问题，

日照车家村风貌

让孙伟寝食难安。上任之后，孙伟找来 4 台拖拉机，用整整两个月的时间，将村内积攒多年的垃圾清理干净。随后，他和村委班子一起，修路、修排水、整治卫生，曾经脏乱的车家村被逐渐擦亮，展现出山明水秀的乡村新貌。

住得舒服，还要有产业发展。"如果村里干净整洁，住得舒服，也有工作机会，谁也不愿意离开从小生活的地方在外面漂泊。"孙伟这样想，但产业的选择又成为新难题。坐落在奎山脚下的车家村，毗邻城市，发展城市配套产业的机会较多，但孙伟和村委班子反复商讨，决定最大限度保留车家村的乡村风貌，建起一个传承非遗文化，适合旅游、养老的村居环境。

随着茶园种植、生态旅游、工业园等产业的陆续开放，车家村的村集体经济一年比一年好，村民也因入股村集体产业，享受到了红利，生活水平稳步提升。村居焕新，产业发展，村民日子好起来了，但村委会心目中的"美丽乡村"远不止于此。

"党和国家对乡村的发展是有很多政策倾斜的，但村民不知道，或是没有渠道了解这些政策，所以错过了很多发展的机遇。"在孙伟看来，村支部书记和村委成员是传递发展政策的桥梁。从前，这些政策由村委代表开会传达，相关通知由喇叭传递，受限于地点、受众、时间，效果不尽如人意。如何让美丽乡村由内而外焕发生机，孙伟在村里年轻人的启发下，萌生了让乡村搭载上数字化的念头。

"不能紧跟时代潮流，村居就会被时代抛下。"2017年，车家村村委会成立钉钉办公群，开始了对数字化乡村的探索。2019年，孙伟与日照经济技术开发区领导去杭州招商，在钉钉总部了解到农村数字化解决方案。这让孙伟意识到，真正的数字化必须是全村数字化，不只是村委会数字化。自此，车家村开始与钉钉、中国联通签订协议，成为数字化乡村的先试先行者。

提高参与度　提升村民获得感

在车家村的会议室，除了三面荣誉墙，另外一面墙上安装了一套钉钉智能会议系统。每月村委会面向村民的会议就在这里召开，从前，只有部分村民代表参会，现在通过钉钉系统，会议可面向全村村民直播，大家通过手机就能观看，即使错过会议时间，也能收看回放。

除了每月的会议，车家村村委会也将党务、村务、财务公开同步到了线上。从前只能张贴在村委会公示墙上的内容，现在村民随时随地都能查看。从前靠喇叭、靠村民代表奔走相告才能传递的重要政策和消息，搭载上数字化的翅膀，迅速、便捷地传递到每一位村民的手机上。

数字化打通了村民们了解政策的渠道，也同时架起了村产业走向外界的桥梁。车家村村民所经营的果园，曾经受管理粗放、品牌不响、渠道单一等限制出现滞销，如今，这些优质水果在"现代数字农业产业园"模式助力下产销双增，真正让农业成为有奔头的产业，农民成为有体面的职业，农村成为安居乐业的美好家园。

村民使用手机等电子设备获取村信息场景

如今进出车家村，村民通过人脸识别门禁，实现无感出入。有客来访，可通过钉钉智能通知被访村民准备接待；家长给孩子打印作业不用再跑两三里路，打开手机钉钉，就能在村内"云打印"；家庭有矛盾，可通过钉钉上的"有事找大嫂"功能一键申请家庭纠纷援助。从村务通知、村民办事，到家庭纠纷，"数字车家村"以"钉钉"APP作为入口，整合了社区便民服务、党建服务、政务服务、公益服务、电商服务、劳务服务、乡村教育服务等生态资源，通过全数字化运营，打造了一个以政府建设、公司运营的可持续数字乡村生态发展新模式，提高了村民乡村治理的参与度，也提升了村民的获得感、幸福感，进一步实现了自治、法治、德治的结合。

物质生活稳步提升，精神生活日益富足。搭载上数字化"翅膀"的车家村，在飞速发展之余，成了数字乡村的"新样板"。基于车家村经验，日照市乃至全国范围内的不少村庄，也开始在钉钉平台上搭建起各具特色的数字乡村。

互联网、AI、5G、物联网等等炫酷前沿的科技名词，似乎总是与一线城市、发达地区有关。但乡村同样经历着数字化浪潮的"洗礼"，手机变成"新农具"，数字成为"新农资"，在这片崭新的田野上，无数像车家村这样的村落，正借助"数字化"的双翼，不断弥合城乡发展的鸿沟，重塑中国乡村的新形态。

从村头拆下的大喇叭，被孙伟放进了车家村的乡村记忆馆。这一记录了车家村"广播通知"时代的符号，已经成为车家村发展历史的一部分。同时，在车家村之外，"数字乡村"的成功经验被广泛传播，新的模式遍地开花，数字化技术正全力助推乡村振兴。

从数字山东到数字强省，驶入数字化发展快车道

　　入学报名季期间，青岛 20 余万学生家长在指尖跃动间完成了孩子的义务教育招生报名，全程"零跑腿""零证明"。在济宁，8 万路视频监控通过算法培育成为城管、港航、通信、标识、车联网的"综合杆"，为城市大脑装上了"火眼金睛"。在烟台，有了国内首座深远海智能化坐底式网箱"长鲸 1 号"的加持，4 个人每年能喂养 1000 吨鱼，渤海正变"鱼仓"。在菏泽曹县大集镇，"山东首批宽带光纤改造乡镇"的红利成就了该镇的电商造富神话，这个国内最大演出服基地正在冲刺百亿产值巅峰。

　　数字山东建设大潮如火如荼，大数据已渗透进我们日常生活的各个角落，一座座信息"孤岛"被联结，一个个数据"烟囱"被击破，营商环境日新月异，群众办事、企业办政、政府办公、市民生活插上"智慧"的翅膀。"数字强省"建设号角已经吹响，从数字山东到数字强省，山东底气何在？前景如何？

数字社会加速构建，大数据织就美好生活

　　"本来坐公交就免费了，这下又有了'爱山东'的乘车码，以后

"爱山东"APP 融合"公交乘车码"与"山东省老年人电子优待证"

坐车连卡都不用带了，真是越来越方便！"谈起公交出行新体验，67岁的聊城市民黄女士赞扬有加。2021年，"爱山东"APP将"公交乘车码"与"山东省老年人电子优待证"两个应用融合，正式在全省各市平台上线启用"公交乘车码"，成为省内首批适老化改造应用。60岁以上老年人在"爱山东"APP的"公交乘车码"选项下申领"山东省老年人电子优待证"后即可亮码乘车。

亮码乘车方便了出行，智慧社区则提升了安居质量。济南市中区的乐山小区是城市老旧小区智慧化改造的典型。在这里，无人驾驶机器人代替民警进行社区巡逻，一座名为"方寸间"的智能便民服务站内，居民可以查询处理道路交通违法行为、房产信息，办理身份证、出入境证件，还有针对酒驾的VR体验馆、远程医疗。通过综合运用云计算、物联网、人工智能等先进技术，以智慧城市为依托，打造出了智慧社区管理和服务的新模式。

医保，是人们幸福感的另一面镜子。未来几年内，山东城乡居民基本医保参保登记、基本医保关系转移接续、异地就医自助备案等高频服务事项还将实现"跨省通办"，省内异地住院联网结算将实现乡镇区域全覆盖。近年来，山东"互联网＋医疗健康"示范省建设加快推进，全省统一的"互联网＋医保＋医疗＋医药"综合服务保障体系不断完善。2021 年 7 月 16 日，国家医保信息平台在德州市正式上线运行，标志着国家医保信息平台在山东正式落地应用。门诊结算系统和住院结算系统的响应速度均大幅提升，显著减少了群众的等待时间。计划 2022 年底，全省 16 市全部上线运行国家医保信息平台，全省统一的医保信息平台将正式建成。

在大数据供给赋能下，包含智慧教育、医疗、就业、社保、医保、文旅、出行、体育、养老、救助等在内的全生命周期的数字化惠民服务体系正在加速成型。

数字政府提速建设，治理效率与民众获得感双升

招生季期间中小学报名入学现场资格审核跑腿多、排长队的痛点，如今正在终结。代替人跑的，是数据，是多个部门破藩篱、拓新路的努力。其中涉及公安、自然资源和规划、住房和城乡建设、人力资源和社会保障、市场监督管理、民政等部门，以及户籍、常住人口、不动产、商品房网签、房屋租赁、企业登记等 14 项数据、20 个接口。这只是大数据实现汇、聚、通、用，山东数字政府建设实现提速的一个缩影。

2021 年，威海实现不动产登记与"水电气暖"的协同办理，群众原先需要跑三四趟才能办完的业务，现在只需到一个窗口、跑一次腿、提交一次资料即可办结；日照率先启动打造"无证明城市"，在全省首创并应用"无证明办事"服务系统，打通了政务外网与公安内网，公安机关不但能方便获取其他部门出具的证明，还能通过系统出

具涉及户政、交警、治安、出入境四个警种部门的 16 项证明事项，"减证便民"走向"无证利民"。

近年来，山东持续加大统建统管力度，先后组织开展政务信息系统整合共享、"统云、并网、聚数"三大攻坚行动和"一个平台一个号、一张网络一朵云"建设，全省统一的数字政府基础支撑更加坚实，政务云网集约水平、数据汇聚成效和共享开放水平走在全国前列。在复旦大学联合国家信息中心开展的最新地方政府数据开放第三方评估中，山东省位列省级政府第 3 名，烟台等 7 个市跻身全国前 20 名。来自山东省大数据局的数据显示，目前，全省已归集 742 类证照数据，其中 238 类证照实现"亮证即用"。"爱山东"移动政务服务总门户接入服务事项超过 1.8 万项，注册用户突破 5000 万，基本实现"一部手机走齐鲁"。"互联网＋政务服务"深入推进，全省政务服务"一网通办"总门户实现省市县乡村"五级贯通"，事项可网办率超过 90%、全程网办率超过 80%。

数字政府建设不仅给了群众满满的获得感，更提升了政府治理效率。"互联网＋监管"扎实开展，全省一体化协同办公平台和"山东通"移动办公平台推广应用，各级各部门的组会能力和会议效率大幅提高，机关运转效能明显提升。

数字经济快速发展，为新旧动能转换插上翅膀

2021 年 7 月 13 日，山东省智能充电桩进社区活动在日照启动，山东省大数据局会同相关政府职能部门和充电基础设施运营商发出倡议，规范社区充电桩运营管理机制，推动传统充电桩数字化转型，全面助推智能充电桩进社区。以此为代表的交通、能源、水利、市政等

传统基础设施数字化改造，在山东全面推进。有专家指出，新型基础设施是数字经济的底座，"十四五"期间，国家新型基础设施将创造超过 10 万亿的市场，对于大省山东来讲，其基础性、先导性的作用无疑更为凸显。

2021 年 7 月 17 日，在国家健康医疗大数据中心（北方），产业数创中心启动，同时国家健康医疗大数据产业园（起步区）宣布启动建设，标志着北方中心千亿级健康医疗大数据产业生态建设进入全新阶段。这一承载着 14 亿人"健康中国梦"的项目，是山东服务国家战略、支持医养健康发展的重要平台。预计到"十四五"期末，该园

国家健康医疗大数据中心（北方）实景

区将承接超 100 家产业链上下游企业入驻，预计可招才引智约 5000 名创新型、专业化人才。人们仿佛听到了高水平建设国家健康医疗大数据中心（北方）的战旗猎猎。

新活动、新项目、新平台紧锣密鼓地推行，昭示着山东数字经济正在提速。山东推动人才、资本、技术、数据等要素集聚发展，目前省级数字经济示范园区已达 23 家，各地涌现出一批创新性和引领性强的数字化平台，15 个大数据产业项目被纳入国家 2020 年示范试点名单，数量在全国排第二位。

数字产业化方面，全省数字经济核心产业持续走强，已成为新旧动能转换的重要引擎。2020 年，山东省软件业务收入达 5848.5 亿元，电子信息制造业营业收入达 3676.3 亿元。浪潮集团服务器销量全国第一、全球第三。歌尔股份公司中高端虚拟现实产品市场占有率全球第一。

产业数字化同样动能强劲。山东半岛工业互联网示范区成为全国第二个示范区；全省认定各类智慧农业应用基地 232 个；山东省在全国率先开展现代化海洋牧场建设综合试点，国家级海洋牧场示范区数量占全国 39.7%。同时，新零售、"宅经济"等数字服务新业态新模式实现较快增长，全省网络零售店铺达 171.2 万家，网上零售额达 4613 亿元。

强长板补短板抓大头，山东数字化发展前景广阔

国家"十四五"规划提出，加快建设数字经济、数字社会、数字政府，以数字化转型整体驱动生产方式、生活方式和治理方式变革。展望山东，黄河流域生态保护和高质量发展等一系列国家战略叠

加布局，新旧动能转换步入关键节点，乡村振兴、海洋强省等八大战略深入实施，全省产业门类齐全、实体经济雄厚，用数字化赋能传统产业，将迸发出源源不断的新动能，创造高质量发展的最大优势。同时，户籍人口和常住人口"双过亿"，将带动在线教育、远程医疗、智慧养老等新技术新产业新业态新模式提质升级。

2020年，数字中国省级指数、数字政府建设指数，山东均居全国第三位。"十三五"时期，全省数字经济总量突破3万亿元，占GDP比重超过41%，数字赋能高质量发展取得显著成效，为数字强省建设打下了坚实基础。从数字山东到数字强省，二字之差，是顺势而为的底气，借势而进的勇气，造势而起的锐气，乘势而上的豪气。山东，气已成势。

后　记

　　千年梦想，百年奋斗，今朝梦圆。《全面建成小康社会山东变迁志》即将付梓，本书根据中共中央宣传部统一部署编写而成。在编写出版过程中，由中共山东省委宣传部牵头组建工作专班，山东省互联网传媒集团负责书稿编写，山东人民出版社承担出版任务。

　　全面建成小康社会既是山东"由大到强"跨上新台阶的雄壮交响，也是全省人民笑颜绽放的鲜活故事。它书写在消除绝对贫困的人间奇迹里，书写在日益织密织牢的社会保障体系中，书写在不断增多的蓝天、不断延伸的绿地、不断改善的居住环境里，书写在让人民生活"一年更比一年好"的不变追求里。本书选取党的十八大以来，山东人民在党的领导下打赢脱贫攻坚战、全面建成小康社会的伟大历史进程中发生的鲜活事例，用故事、案例、人民群众的感受来书写。

　　山东省互联网传媒集团赵永刚主持本书编写工作，来自大众日报、大众网、齐鲁晚报等媒体的十余位作者组成编写组，负责稿件编写。具体分工如下：就业创业篇陈洋洋；医疗篇董昊骞；教育篇孙杰；社会保障篇于潇潇、毕经纬；住房篇蔡薇；交通篇贺辉；食品篇董震、于潇潇、毕经纬；旅游篇刘英、陈润、徐晓华；乡村振兴篇张贵君；基层治理篇吕兵兵、于潇潇；法制维权篇董震；生态环境篇满倩倩；文化惠民篇苏锐、张春晓、郑海鸥；消费升级篇董震、于潇潇；智慧生活篇于潇潇、毕经纬。全书由于潇潇负责统稿。

中共山东省委宣传部高度重视本书编写工作，积极协调相关部门给予指导和帮助。中共山东省委政法委员会、山东省人力资源和社会保障厅、山东省卫生健康委员会、山东省医疗保障局、山东省教育厅、山东省民政厅、山东省住房和城乡建设厅、山东省交通运输厅、山东省农业农村厅（山东省乡村振兴局）、山东省商务厅、山东省市场监督管理局、山东省文化和旅游厅、山东省生态环境厅、山东省公安厅、山东省高级人民法院、山东省司法厅、山东省精神文明建设指导委员会办公室、山东省科学技术厅、山东省工业和信息化厅、山东省大数据局等为书稿撰写提供了大量翔实的数据资料，山东各地市宣传部给予大力支持，一些单位和个人提供了相关图片。书稿完成后，山东人民出版社邀请多位出版专家进行审读把关，为进一步完善定稿提出了中肯意见。在此一并表示诚挚的谢意！

圆梦小康不是终点，而是新生活、新奋斗的起点。踏上实现第二个百年奋斗目标的新征程，走在通往更加美好幸福生活的大道上，在以习近平同志为核心的党中央坚强领导下，亿万齐鲁儿女勇做新时代泰山"挑山工"，不忘初心、牢记使命，不懈奋斗，苦干实干，必将为实现中华民族伟大复兴不断作出新的贡献！

因时间仓促，水平有限，书中难免会有一些疏漏之处，恳请读者批评指正，待再版时予以修正。

本书编写组
2022 年 6 月